全国革命老区县发展史丛书·广东卷

深圳市盐田区革命老区发展史

深圳市盐田区革命老区发展史编委会 编

SPM 南方出版传媒 广东人民出版社
·广州·

图书在版编目（CIP）数据

深圳市盐田区革命老区发展史/深圳市盐田区革命老区发展史编委会编．—广州：广东人民出版社，2021.7

（全国革命老区县发展史丛书·广东卷）

ISBN 978-7-218-14651-5

Ⅰ．①深…　Ⅱ．①深…　Ⅲ．①区（城市）—地方史—深圳　Ⅳ．①K296.54

中国版本图书馆CIP数据核字（2020）第237269号

SHENZHEN SHI YANTIAN QU GEMING LAOQU FAZHANSHI
深圳市盐田区革命老区发展史
深圳市盐田区革命老区发展史编委会 编　　　　　版权所有　翻印必究

出 版 人：肖风华

责任编辑：李　敏　温玲玲
装帧设计：张力平　等
责任技编：吴彦斌　周星奎

出版发行：广东人民出版社
地　　址：广州市海珠区新港西路204号2号楼（邮政编码：510300）
电　　话：（020）85716809（总编室）
传　　真：（020）85716872
网　　址：http://www.gdpph.com
印　　刷：广州市浩诚印刷有限公司
开　　本：715mm×995mm　1/16
印　　张：18　　　插　页：8　　　字　数：250千
版　　次：2021年7月第1版
印　　次：2021年7月第1次印刷
定　　价：68.00元

如发现印装质量问题，影响阅读，请与出版社（020-85716849）联系调换。
售书热线：（020）85716826

广东省编纂《革命老区县发展史》丛书指导小组

组　　长：陈开枝（广东省老区建设促进会会长）
副组长：林华景（广东省老区建设促进会常务副会长）
　　　　宋宗约（广东省农业农村厅二级巡视员、广东省老
　　　　　　　　区建设促进会副会长）
　　　　刘文炎（广东省老区建设促进会副会长）
　　　　郑木胜（广东省老区建设促进会副会长）
　　　　姚泽源（广东省老区建设促进会副会长兼秘书长）
　　　　谭世勋（广东省老区建设促进会副会长）
　　　　廖纪坤（广东省农业农村厅总经济师）

办公室

主　　任：姚泽源（兼）
副主任：韦　浩（广东省农业农村厅扶贫协作与老区建设处
　　　　　　　　处长）
　　　　柯绍华（广东省老区建设促进会副秘书长）
　　　　伍依丽（广东省老区建设促进会副秘书长）

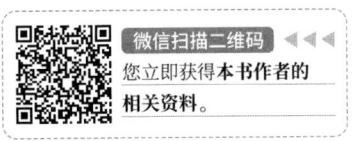

深圳市编纂《革命老区县发展史》丛书委员会

第一届

主　　任：王伟中
副 主 任：陈如桂　郑　轲　高自民
委　　员：骆文智　林　洁　田　夫　张子兴　刘庆生
　　　　　黄　敏　余新国　武启龙　程步一　杜　玲
　　　　　王　强　满新程　杨立勋

编纂委员会办公室
主　　任：高自民
副 主 任：满新程　杨立勋

编辑部
主　　编：杨立勋
副 主 编：黄　玲　王地久　张妙珍
编　　辑：毛剑峰　傅曾阳　陈耀凌　蓝贤明　廖　希

第二届

主　任：王伟中
副主任：覃伟中　郑　轲　程步一
委　员：骆文智　林　洁　艾学峰　刘连生　冯　玲
　　　　黄　敏　余新国　聂新平　王　强　张　勇
　　　　杨芝春　杨立勋

编纂委员会办公室
主　任：程步一
副主任：杨立勋

编辑部
主　编：杨立勋
副主编：黄　玲　张妙珍
编　辑：毛剑峰　陈耀凌　蓝贤明　廖　希

《深圳市盐田区革命老区发展史》
编纂委员会

第一届

编委会

主　任：陈　清
副主任：邓飞波
委　员：梁景海　武　威　董　秀　郝建勇
　　　　夏德鳌　王　琨　李小宁　袁虎勇
　　　　常　华　乔宏彬

编辑部

主　编：乔宏彬
编　委：石　磊　吴　倩
编　辑：罗韶香　杨　毅　莫志敏　刘扬开
　　　　孙青青　王志晶　肖　雪　杨智楠
　　　　朱慧敏

第二届

编委会

主　　任：陈　清

副主任：邓飞波

委　　员：乔　智　乔宏彬　谷云宏　郝建勇
　　　　　胡朝阳　夏德鳌　袁虎勇　王贵喜
　　　　　张玉领

编辑部

主　　编：乔宏彬

编　　委：王延穗　吴　倩

编　　辑：罗韶香　杨　毅　莫志敏　刘扬开
　　　　　孙青青　王志晶　肖　雪　杨智楠
　　　　　朱慧敏

总序

在举国欢庆新中国成立70周年前夕，中国老区建设促进会王健会长请我为《全国革命老区县发展史》丛书作序，作为一名在老区战斗过并得到老区人民生死相助的老兵，回首往事，心潮澎湃，感慨万千，深感义不容辞，欣然应允。

中国革命老区，是以毛泽东为代表的中国共产党人在领导人民推翻帝国主义、封建主义和官僚资本主义三座大山，争取民族独立和人民解放伟大斗争中建立的革命根据地，在这片红色的土地上，诞生了无数可歌可泣的革命英雄儿女，为后人树起了一座不朽的丰碑，她是新中国的摇篮，是党和军队的根。

在艰苦卓绝的战争年代，老区人民把自己的命运与中华民族的命运紧紧地联系在一起，与中国共产党和人民军队的命运紧紧地联系在一起，他们生死相依，患难与共。我曾亲历过战争年代，并得到过老区红哥红嫂的救助，切身感受到发生在身边的一幕幕撼天动地的革命故事，在那极其艰难的条件下，老区人民倾其所有、破家支前，不怕艰难困苦，不怕流血牺牲。"最后一碗米送去做军粮，最后一尺布送去做军装，最后一件老棉袄盖在担架上，最后一个亲骨肉送去上战场"，这是当时伟大的老区人民为建立新中国做出巨大牺牲的真实写照，它将永远镌刻在中国共产党、中国人民解放军、中华人民共和国的历史丰碑上。他们的光辉业绩永载史册，他们的革命精神必将影响一代又一代的革命新人，造就一代又一代的民族脊梁。

在社会主义革命和建设时期,革命老区和老区人民响应党的号召,面对落后的面貌、脆弱的经济、恶劣的生态环境,他们本色不变,精神不丢,自力更生,艰苦奋斗,干一行爱一行。始终坚持"革命理想高于天",自觉做共产主义远大理想的坚定信仰者和忠实实践者,勇于向恶劣的自然环境和贫穷落后宣战,他们在各条战线上为国建功立业,用平凡的双手创造了一个又一个不平凡的奇迹,彰显了老区人的崇高精神和人格力量。

在改革开放的伟大进程中,老区人民解放思想,勇于创新,发奋图强,攻坚克难,老区的经济社会建设取得了辉煌成就。特别是在改变中国的面貌、中华民族的面貌、中国人民的面貌、中国共产党的面貌的伟大实践中发挥了至关重要的作用。老区人民既是改革开放的参与者,也是改革开放的推动者。

艰苦练意志,危难见精神。老区人民在近百年的革命战争、社会主义建设和改革开放的伟大实践中,孕育形成了伟大的老区精神:爱党信党、坚定不移的理想信念;舍生忘死、无私奉献的博大胸怀;不屈不挠、敢于胜利的英雄气概;自强不息、艰苦奋斗的顽强斗志;求真务实、开拓创新的科学态度;鱼水情深、生死相依的光荣传统。这是党和人民宝贵的精神财富、丰厚的政治资源,是凝心聚力、振奋民族精神的重要法宝,也是社会主义核心价值观的重要内容。

中国老区建设促进会怀着强烈的政治责任感和历史使命感,组织全国各地老促会人员克服困难,尽心竭力编纂《全国革命老区县发展史》丛书,记录老区的光辉历史和辉煌成就,传承红色基因,弘扬老区精神,是功在当代,利及千秋的一件大事。手捧这部丛书的部分书稿,读着书中的故事,倍感亲切,深感这部丛书具有资政、育人、存史的社会功能,有着重要的时代和历史价值。它是不忘初心、牢记使命的源头活水,是赞颂共产党、讴歌老区人民的一部精品力作,是弘扬老区精神、传承红色记忆的丰厚载体,是一项继承优秀传统文化、弘扬革命文化、发展社会主义先进文化,坚定"四个自信"的宏大文化工程。它必将成为一种文化品牌,为各界人士了解老区宣传老区支持老区提供一部有价值的研究史料。希望读者朋友们能从中了解并牢记这些为党和民族的利益不断奉献的老区人民,从中得到教益,汲取人生奋斗的精神动力。

新时代赋予新使命,新起点开启新征程。让我们更加紧密地团结在以习近平同志为核心的党中央周围,坚持以习近平新时代中国特色社会主义思想为指导,增强"四个意识",坚定"四个自信",做到"两个维护",弘扬老区精神,铭记苦难辉煌。为实现"两个一百年"奋斗目标,实现中华民族伟大复兴的中国梦作出新的更大的贡献!

2019 年 4 月 11 日

编写说明

2017年6月,中国老区建设促进会组织全国各地老促会启动编纂《全国革命老区县发展史》丛书,按照"建立中国共产党、成立中华人民共和国、推进改革开放和中国特色社会主义事业"三大里程碑的历史脉络,系统书写革命老区百年历史,深入挖掘革命老区红色文化资源,这对于充实丰富中国革命史籍宝库、在新时代传承红色基因、弘扬革命精神、强固根本,对于激励人们在新的历史条件下夺取中国特色社会主义伟大胜利,实现中华民族伟大复兴的中国梦具有重要意义。

丛书编纂以习近平新时代中国特色社会主义思想为指导,以《中国共产党历史》《中国共产党的九十年》等重要文献为基本依据,以党的领导为核心,以老区人民为主体,以老区发展为主线,体现历史进程特征,突出时代发展特色,坚持辩证唯物主义和历史唯物主义相统一、历史真实性与内容可读性相统一的原则,书写革命老区从站起来、富起来到强起来的光辉革命史、不懈奋斗史、辉煌成就史,把老区人民的伟大贡献、伟大创造、伟大成就、伟大精神充分展示出来,形成一部具有厚重历史特征和鲜明时代特色的精品力作。这是一部培根铸魂、守正创新,既为历史立言,又为时代服务,字里行间流淌着红色血脉、催生着革命激情的传世之作。丛书的编纂出版将成为讴歌党讴歌人民讴歌时代、传播红色文化、为革命老区和老区人民树碑立传的重要载体。

丛书按照编年体与纪事本末体相结合、以编年体为主的编写体例确定框架结构；运用时经事纬、点面结合的方式记述史实；坚持人事结合、以事带人的原则处理人与事的关系；采取夹叙夹议、叙论结合以叙为主的方法展开内容。做到了史料与史论、历史与现实、政治与学术统一，文献性、学术性、知识性相兼容。

为编纂好《全国革命老区县发展史》丛书，打造红色文化品牌，中国老区建设促进会认真组织积极协调，提出政治立场鲜明、史料真实准确、思想论述深刻、历史维度厚重、时代特色突出、编写体例规范、篇目布局合理、审读把关严格、出版制作精良的编纂出版总要求，力求达到革命史籍精品的精神高度、思想深度、知识广度、语言力度，增强丛书的权威性和社会影响力。各省（区、市）、市（州、盟）、县（市、区、旗）老促会的同志，以强烈的使命感、责任感和紧迫感，勇于担当，积极作为，认真实施，组织由老促会成员、专家学者等参加的十余万人编纂队伍。编纂工作主体责任在县，省、市组织协调、有力指导、审读把关。各方面人员以高度负责的精神和科学严谨的态度，满腔热情地投入工作，为丛书编纂出版作出了重要贡献。丛书编纂工作还得到了党和国家有关部委、地方各级党委政府及有关部门的大力支持和积极参与，社会各界也给予了热情帮助。中共中央政治局原委员、中央军委原副主席、原国务委员兼国防部长迟浩田上将，对老区人民怀有深厚感情，对革命老区建设发展十分关注，欣然为《全国革命老区县发展史》丛书作总序。

丛书由总册和1599部分册（每个革命老区县编纂1部分册）组成，共1600册。鉴于丛书所记述的史实内容多、时间跨度长和编纂时间紧，不妥之处，敬请批评指正。

中国老区建设促进会

● 红色记忆 ●

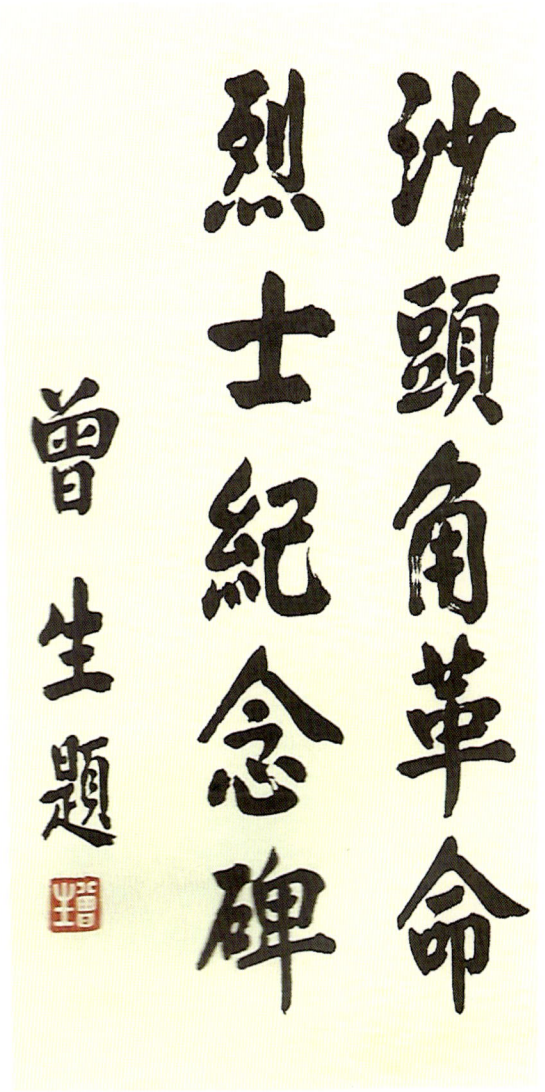

曾生（原东江纵队司令员）给沙头角革命烈士纪念碑题词（摘自《东纵在盐田》）

原东江纵队司令员曾生（中坐者）与部分东江纵队老战士在沙头角合影（1988年）（何集庆 供图）

20世纪70年代，广州军区守备第六团官兵在中英街桥头执勤。该部队是广东省公安边防总队第六支队的前身（广东省公安边防总队六支队 供图）

1997年7月1日，中英街居民喜迎香港回归祖国（中英街历史博物馆 供图）

张丁贵大院遗址（莫志敏 摄）

中英街均利渔栏地下交通站遗址现状（中英街管理局 供图）

抗日民主乡政府所在地——乐群小学

乐群小学现貌（莫志敏 摄）

小梅沙东江纵队税站纪念园（小梅沙社区　供图）

小梅沙东江纵队税站纪念园（小梅沙社区　供图）

大窝山战斗遗址（莫志敏　摄）

恩上村旧址（莫志敏　摄）

中英街博物馆(中英街管理局 供图)

中英街博物馆内景(中英街管理局 供图)

老区新貌

绿色家园(盐田海滨栈道 詹裕升 摄)

绿色家园（东部华侨城茶园 邓琼南 摄）

早上好，沙头角（盐田海滨栈道沙头角段 徐宁 摄）

俯瞰大梅沙（区经促局供图）

沙头角夜景（郑志刚 摄）

盐田区沙头角与中英街（罗家清 摄）

沙头角口岸（罗思举 摄）

盐田港（沈悦 摄）

大梅沙(郑志刚 摄)

东部华侨城全貌(姚世欣 摄)

东部华侨城茶溪谷(何兆平 摄)

港湾美景(刘自得 摄)

海岸线(罗思举 摄)

梅沙尖（刘勉 摄）

日出东方（张瑾 摄）

邻里节一（盐田街道节庆活动 何集永 摄）

沙头角鱼灯舞(沙头角街道 供图)

迎接新娘(罗家清 摄)

国际摩托艇比赛(刘伯良 摄)

微信扫描二维码
您立即开展本书的
延伸阅读。

目录 Contents

序　言 / 001

第一章　区域和革命老区概况 / 001

第一节　盐田区概况 / 002

  一、建置沿革 / 002

  二、区域人口 / 003

  三、生态环境 / 004

  四、自然资源 / 004

  五、文物古迹 / 006

  六、民俗文化 / 007

第二节　盐田革命老区的情况 / 012

  一、革命老区的评划情况 / 012

  二、革命老区村庄名册 / 013

第二章　盐田党组织的建立与工农群众运动的兴起 / 017

第一节　盐田地域党组织的建立与发展 / 019

  一、盐田地域党组织的建立 / 019

二、盐田地域党组织的发展 / 020

第二节　盐田农民运动的兴起 / 023
　　一、成立区级农民协会 / 023
　　二、盐田与省港大罢工 / 025
　　三、抗击港英军队暴行 / 027
　　四、应对国民党"清党"大屠杀 / 029
　　五、参与宝安县农民武装暴动 / 030

第三章　日军入侵和盐田抗日武装斗争的开展 / 033

第一节　抗日救亡和盐田党组织的恢复 / 034
　　一、盐田抗日救亡运动的开展 / 034
　　二、乐群小学、东和学校师生抗日宣传活动 / 036
　　三、盐田党组织的恢复 / 037
　　四、组织民众抗日自卫队 / 038

第二节　日军入侵与人民抗日武装的建立 / 040
　　一、日军在大亚湾登陆 / 040
　　二、盐田组建抗日武装 / 041
　　三、华侨、港澳同胞支援抗战 / 044

第三节　盐田地区抗日武装斗争的开展 / 047
　　一、建立敌占区秘密交通站 / 047
　　二、粉碎日军的"围剿" / 049
　　三、人民抗日武装在挫折中成长 / 050
　　四、广东人民抗日游击总队成立 / 053
　　五、港九大队在沙盐地区的抗日活动 / 054
　　六、乌蛟腾会议和抗日反顽斗争方针的确定 / 057

目　录

第四节　盐田抗日根据地的开辟与巩固 / 060

　　一、盐田抗日根据地的开辟 / 060

　　二、盐田护路税站的设立 / 063

　　三、打退国民党顽军的进攻 / 066

　　四、反日军"扫荡"的胜利 / 070

　　五、盐田抗日根据地和民主政权的建立 / 073

第五节　东江纵队成立与抗日战争胜利 / 076

　　一、参与秘密营救滞港文化名人 / 076

　　二、东江纵队成立 / 081

　　三、东江敌后游击战争的战略转变 / 082

　　四、交通情报工作 / 085

　　五、深圳地区的收复和抗日战争胜利 / 089

第四章　人民自卫斗争与盐田解放 / 091

第一节　东江纵队北撤山东 / 092

　　一、东江纵队北撤达成协议 / 092

　　二、东江纵队安全北撤 / 093

第二节　恢复武装斗争与粉碎国民党"清剿" / 095

　　一、国民党发动大规模"清剿" / 095

　　二、人民武装斗争的恢复 / 098

　　三、惠东宝人民护乡团成立与自卫斗争 / 099

　　四、广东人民解放军江南支队成立 / 101

　　五、粉碎国民党军队的"清剿" / 102

第三节　盐田人民迎接解放 / 106

　　一、边纵东一支武工队在盐田 / 106

二、沙头角解放 / 108

三、宝安县城解放 / 110

四、中共沙深宝边界工委成立 / 112

五、九龙关起义 / 113

六、解放盐田地区沿海岛屿 / 114

第五章　中华人民共和国成立后盐田的建设发展 / 117

第一节　人民政权建立与农村社会变革 / 118

一、人民政权的建立和巩固 / 118

二、实行土地改革 / 119

三、盐田老区的农业合作化 / 121

四、盐田渔改 / 122

第二节　盐田老区的曲折发展 / 124

一、"大跃进"与人民公社化 / 124

二、开展农业学大寨运动 / 128

三、建立农村合作医疗 / 130

四、边防管制与边境"小额贸易"活动 / 131

五、多种经营与农渔商贸发展 / 134

六、广东省委对盐田革命老区的关心 / 136

第六章　盐田在改革开放中迅速发展 / 139

第一节　改革开放的先行者 / 140

一、实施经济体制改革 / 140

二、成立全国第一家农村股份制企业 / 143

三、兴办现代化工业园区 / 146

四、从农业镇到工业镇的转变 / 147

　　五、农业、渔业、林业的发展 / 150

　　六、开放沙头角，设立特殊政策的示范窗口 / 154

第二节　盐田区成立与革命老区的脱贫攻坚 / 158

　　一、盐田区挂牌成立 / 158

　　二、保税市场与保税区的创建 / 160

　　三、口岸的建立 / 165

　　四、盐田港的建设 / 167

　　五、中英街商业、旅游业的发展 / 170

　　六、盐田革命老区脱贫攻坚 / 174

　　七、大力发展第三产业 / 181

　　八、旅游业已成为盐田的重要支柱产业 / 185

　　九、精神文明建设 / 189

第七章　盐田的建设成就与开启新的征程 / 193

第一节　社会经济建设成就 / 194

　　一、经济建设飞速发展 / 194

　　二、社会建设惠及大众 / 197

　　三、文化建设彰显活力 / 200

　　四、政治建设勤政廉洁 / 204

　　五、生态文明建设绩效显著 / 207

第二节　发展规划和新的征程 / 213

　　一、新的发展规划 / 213

　　二、开启新的征程 / 215

附　录 / 219

附录一　革命遗址 / 220

　　一、三洲田村落遗址 / 220

　　二、小梅沙税站 / 224

　　三、恩上村 / 225

　　四、中英街及中英街界碑 / 226

　　五、东和义学和乐群小学 / 231

　　六、中英街均利渔栏地下交通站 / 232

　　七、沙头角关厂旧址 / 233

　　八、茂生堂和济生堂 / 234

　　九、张丁贵大院和沙井头西村炮楼 / 234

附录二　纪念场馆 / 237

　　一、中英街历史博物馆 / 237

　　二、庚子首义雕塑纪念公园 / 238

　　三、庚子首义中山纪念学校 / 240

附录三　革命文物 / 241

　　一、小梅沙税站使用过的收税官印章 / 241

　　二、军用书包和书籍 / 242

　　三、临时党员证 / 242

附录四　红色歌谣歌曲 / 243

附录五　革命人物 / 246

　　一、人物传略 / 246

　　二、人物简表 / 250

　　三、烈士名册 / 251

附录六　大事记 / 255

后　记 / 263

序言

历史是最好的教科书,中国革命历史是中国共产党人永不枯竭的精神源泉。习近平总书记曾说:"多重温我们党领导人民进行革命的伟大历史,心中就会增添许多正能量。"盐田革命老区是深圳革命老区的重要组成部分,有着不可替代的历史地位。

盐田拥有光荣的革命传统。1900年,孙中山领导的三洲田起义,史无前例地在中国大地上打响创立共和政体的近代民主革命战争;经此一役,"国人之迷梦已有渐醒之兆""有志之士,多起救国之思,而革命风潮自此萌芽矣"。抗日战争及解放战争时期,长期活动在盐田的广东人民抗日游击总队惠阳大队,依靠群众、发动群众、组织群众,建立起29个革命根据地,为挽救民族危亡、实现民族独立,做出了突出贡献。

中华人民共和国成立以来,革命先辈留下的宝贵精神财富,仍激励着盐田人民顽强拼搏、接续奋斗,取得一个又一个新胜利。盐田建立了全国第一家保税工业区、全国第一家农民股份企业、全国第一个中外合资共同建设运营的港口等多项"全国第一",为改革开放事业贡献了盐田经验。特别是1998年建区以来,盐田从无到有、从小到大,经济发展的规模、质量、效益显著增强,城区建设的宜居度、便利度、均衡度持续改善,人民生活的获得感、幸福感、安全感大幅提升,加速崛起为一座宜居宜业宜游的现代化国际化创新型滨海城区，更是革命精神接续传承的生动体现。

我们在向前走，但不能忘记走过的路；走得再远、走到再光辉的未来，也不能忘记过去，不能忘记为什么出发。当前，我们正站在建设粤港澳大湾区和深圳先行示范区的新起点，全面开启了加快建成宜居宜业宜游的现代化国际化创新型滨海城区的新征程。前进道路上，还有许多"雪山""草地"需要跨越，还有许多"娄山关""腊子口"需要征服，我们必须从盐田的红色革命传统、红色革命基因、红色革命历史中汲取智慧和力量，不忘初心、牢记使命，用高质量发展的优异答卷，为实现"两个一百年"奋斗目标、实现中华民族伟大复兴的中国梦做出新的更大贡献。

《深圳市盐田区革命老区发展史》编委会
2021年3月

第一章
区域和革命老区概况

盐田区属深圳经济特区范围内，原属宝安县横岗区，宝安撤县改为深圳市后改属深圳区、沙头角区、罗湖区。1998年，盐田区挂牌成立，辖沙头角镇、盐田街道、梅沙街道。2002年6月，撤沙头角镇，分设沙头角街道、海山街道，此后盐田区辖沙头角、海山、盐田、梅沙4个街道。2014年，盐田区增设中英街管理局。

盐田区地处深圳经济特区东部的盐田湾畔，毗邻香港"新界"，具有优越的自然环境和区位优势。区内港口资源和旅游资源极为丰富，自然生态景观价值高；民风淳朴，民俗文化独特而鲜活。

盐田区又是广东人民抗日游击队东江纵队的主要根据地之一，是革命老区。据1997年统计，深圳市有740个革命老区自然村，其中盐田地区有29个。盐田革命老区是深圳革命老区的重要组成部分，有着不可替代的历史地位。

第一节 盐田区概况

一、建置沿革

盐田区地处深圳经济特区东部的大鹏湾畔,面积为74.99平方千米。它东起小梅沙背仔角,与大鹏新区葵涌街道相连;西至伯公坳,与罗湖区莲塘及香港"新界"毗邻;南濒大鹏湾,与香港的吉澳岛、鸭脷洲隔水相望;北靠梧桐山,与龙岗区横岗街道接壤。

盐田的地名由来与古代这个区域内产盐有关。据《宝安县志》(1997版)载:北宋开宝四年(971年)设官富盐场(在今香港九龙,包括盐田、叠福分场),为广东十大盐场之一。清康熙年间修的《新安县志》,已有盐田墟、盐田村、盐田迳的地名,盐场主要在盐田墟附近西山吓村。

盐田区域在夏、商、周时期为百越之地;秦属南海郡番禺县地;东晋时大部分区域属东官郡宝安县,三洲田等地则为惠阳县属地;隋属南海郡宝安县;唐属东莞县;明属新安县(即原宝安县);清康熙五年(1666年)并入东莞县,康熙八年(1669年)属新安县。清光绪二十四年(1898年),英国强租"新界",并企图把整个沙头角(含今沙头角、海山两街道)划入"新界"范围,未遂。民国期间,因新安县与河南省新安县同名,又复称宝安县。1933年,盐田属宝安县东和乡,这是盐田区域第一个统一全区域的建制设置。

中华人民共和国成立后,盐田先后属惠阳县、宝安县。深圳成立经济特区后,盐田属深圳经济特区范围内,原属宝安县横岗区,宝安撤县改为深圳市后改属深圳区、沙头角区、罗湖区。1998年,盐田区挂牌成立,辖沙头角镇、盐田街道、梅沙街道。3月30日,盐田区举行挂牌揭幕典礼,区委、区政府驻盐田区沙头角镇沙盐路3018号。2002年6月,撤沙头角镇,分设沙头角街道、海山街道,此后盐田区辖沙头角、海山、盐田、梅沙4个街道。2014年,盐田区增设中英街管理局。

二、区域人口

盐田自明代已陆续有移民落脚,直到改革开放前人口增长缓慢,深圳建市后区域内人口增长迅速。1982年底,盐田区域总人口为6 201人;1983年底,沙头角管理区有1 598户6 736人,基本上是户籍人口。随着深圳经济特区的快速发展,人口逐年增长。1989年底,沙头角管理区户籍人口增至3 774户1.4万人。1998年2月,盐田建区。随着辖区建设加快,人口迅速增加,尤其是外来投资、置业、务工的非户籍人口增长迅猛。1998年底,全区常住人口有13.44万人,比1985年增长6.46倍。2000年第五次全国人口普查,辖区总人口为15.23万人。辖区共有28个民族,其中汉族人口最多,约15.03万人,占总人口的98.64%;少数民族人口为2 068人,占总人口的1.36%。2005年底,全区常住人口为21.58万人,其中户籍人口3.19万人、非户籍人口18.39万人。从1985年至2005年的20年间,全区常住人口净增长13.76万人,增长8.8倍。2010年,第六次全国人口普查,辖区常住人口有20.89万人;有汉族、壮族、土家族、苗族、侗族、瑶族、回族、满族、布依族、蒙古族等38个民族。2018年,辖区常住人口为24.29万人。

三、生态环境

盐田区地处北回归线以南,属亚热带海洋性气候。气候温和,夏长冬短,雨量充沛,是光、热和水资源较丰富的地区,适宜作物生长。境域内河流纵横交错,水网交织。盐田区共有18条河流,河道总长约59.4千米,最长的盐田河长6.61千米;有11座水库,较大的有三洲田水库。辖区内的河流近岸海域饮用水水质清澈,水源水质100%达标。区域内得天独厚的山海自然环境,孕育出丰富的动植物资源。其中水产资源有金色小沙丁、金钱鱼、大眼绸、带鱼、三刺绸、盲曹和鲈鱼等40余种名贵鱼种,还有虾、蟹、贝类和藻类10多种。

盐田区林地面积有4 844.62公顷,其上生长着约200科1 500种的维管束植物。其中以热带植物区系所占的比例较高,常见的科有樟科、茶科、桃金娘科、野牡丹科、梧桐科、大戟科、蔷薇科、金缕梅科、壳斗科、桑科、冬青科、芸香科、菊科、兰科、莎草科和禾本科等;并分布有红树科、金虎尾科、山柑科、肉实科、花柱草科、棕榈科和露兜树科等典型的热带科。另外,还发现了刺桫椤、穗花杉、白桂木、土沉香、粘木、福建观音座莲等珍稀濒危物种。区域内野生动物资源也比较丰富,有24目64科196种,其中国家重点保护野生动物有蟒蛇、鸢、赤腹鹰、褐翅鸦鹃、穿山甲、小灵猫等。

四、自然资源

盐田境域内自然资源主要体现在"两田"(盐田的盐、三洲田的茶)、"两港"(沙头角港和盐田渔港)。

盐田的盐 盐田区域内从事海盐生产有着悠久的历史。盐田至葵涌一带盛产海盐,早在北宋开宝四年(971年)朝廷就在香港九龙设官富盐场（包括盐田、叠福分场），后成为广东十大盐场之一。此后，这一带的盐业生产由官富盐场管理。

北宋后期，在葵涌增设叠福盐场。沙头角（含今"新界"沙头角）、盐田、葵涌、大鹏一带盐业生产已具相当规模。此后，均为叠福盐场辖区。

清朝，盐场主要在盐田墟附近西山吓村。

1937年9月1日，沙头角、盐田地区遭受百年未见的强台风袭击。台风、海潮、暴雨、山洪并发，渔船尽毁，民房倒塌，靠海岸的村庄被淹，盐田墟、东和墟几乎被夷为平地。位于西山吓村的百亩盐田也被摧毁，区域内制盐业中断。

1958年，宝安县恢复制盐业，成立6个小盐场，东和盐场是其中之一。它在今盐田谋光头有盐田50亩，当年产盐34吨，在6个盐场中排名第三。1965年前后，区域内盐业生产停止。

三洲田的茶 历史上，三洲田有大量原始次森林，群山绵延，有6个大小不等的湖泊。当地村民世代种植云雾茶。该茶历来为深圳名产，远销海内外。1959年，三洲田被征用兴建水库，村庄整体外迁，茶场被淹，云雾茶逐渐被人淡忘。2004年，华侨城集团兴建国家生态旅游示范区——东部华侨城，再次征用三洲田，将其建成生态动感、休闲度假和户外运动的主题公园旅游区，将延绵的山岭变成"茶溪谷"，作为旅游项目让旅客体验摘茶、制茶的乐趣。①

沙头角港 它曾是深圳较古老的商贸驿站。从香港巴色会传教士在1853年绘制的地图上可以看到，当时整个沙头角墟有3条街道——上街、下街、旧街。这些街道虽都很窄，但商铺数行并

---

① 廖虹雷著：《深圳风物志·民间美味卷》，海天出版社2016年版，第260页。

排，有72家之多。沙头角墟形成不到200年，规模不大，可地理位置重要，发挥着新安县东部物流中转的重要作用。深圳墟没有水路直通大鹏湾，而沙头角则成为从深圳去往东部的港口。港英政府1904—1910年的调查报告显示，大鹏湾的大米、盐和鱼经沙头角输送到约11.3千米外的深圳墟大市场贸易，平均每月有75 000人运送900吨货物，在旺季时还要翻倍。这么大的贸易量，凸显了沙头角墟的兴旺和商贸驿站的重要。1912年4月1日，粉岭至沙头角的铁路支线开通，全长11.66千米，除了客运，支线也兼办货运；1919年全年客运达到80多万人次。1933年后，沙头角港所处的沙头角海湾更名为新楼湾；后部分海湾经填海造田，再度易名为新楼街。至2018年，"新界"沙头角码头仍承载着客运的任务，有渡船到盐田港对面的吉澳岛及其他村子。

盐田渔港 据清康熙二十七年（1688年）《新安县志》墟市条记载，盐田地域已有盐田墟，是新安县的主要鱼埠之一。盐田既是个渔港，又是个盐场，家家户户腌鱼，村头巷尾晒鱼；渔船、码头和鱼栏，举目皆是鱼；改革开放以来，盐田海鲜一条街海滨餐饮业更是深受深圳市和外来游客的青睐。①港区水深浪小，海面开阔，泥沙淤积量小，是国内稀有的天然深水良港。而现在的盐田港作为华南地区国际集装箱远洋干线运输枢纽港，是世界单港集装箱吞吐量最高的码头之一。

五、文物古迹

盐田境域内有丰富的文物古迹和古建筑，有距今6 000年左右的新石器时代大梅沙和小梅沙的"沙丘遗址"，还有距今2 500年左右春秋晚期的墓葬群。辖区内现有中国历史文化名街1处；不

---

① 廖虹雷著：《深圳风物志·风土人情卷》，海天出版社2016年版，第178页。

可移动文物保护单位（点）15处，其中省级文物保护单位1处，市级文物保护单位4处，区级文物保护单位3处，重要文物点7处；国有可移动文物1 483件，其中一级文物6件。这些古遗址和古建筑中具有代表性的有：

小梅沙古遗址 位于盐田区小梅沙度假村东北，北靠梧桐山，与九龙半岛隔海相望。文化遗物分布在长约350米、宽约200米的沙丘上，沙丘高出海平面8米，属新石器时代遗存。1980年，广东省博物馆调查发现并试掘，发掘面积为60平方米；出土少量文化遗物，如夹砂粗陶片、彩陶和打制刮削器等，陶片以夹砂黑陶居多，表面抹白色陶衣，手制，火候低。纹饰以绳纹为主，其余为划纹、贝印纹、栉齿纹等。在修复的陶器中，最重要的一件是圈足彩陶盘，通高8.6厘米、口径23.6厘米、盘深5.4厘米、足径20厘米。

大梅沙古遗址 位于盐田区大梅沙村海滩第二级沙堤上，其三面环山，东南临大鹏湾，属市级文物保护单位。1983年5月20日，深圳市人民政府将其列为市级文物保护单位。遗址东北至西南长300米、宽80米。1992年、1993年由深圳博物馆进行了两次抢救性发掘，分别发现新石器时代、青铜时代文化层，出土陶器、石器、青铜器等一大批文物。其中尤为重要的是出土了春秋晚期或战国早期墓葬10座、青铜器11件。沙丘遗址青铜时代墓葬群的发现在深圳是首次，在广东乃至东南沿海地区也属罕见，这对研究本省青铜时代考古学编年、社会性质以及深圳古代先民日常生活和生产活动提供了重要的实物证据。现今保护的遗址是未经考古发掘的部分。

六、民俗文化

盐田区有着悠久的历史、淳朴的民风和独具魅力的客家文化。来源于沙头角渔民生活的鱼灯舞、麒麟舞等艺术形式就是沙头角本土文化的杰出代表，沙头角因此被文化部评为"中国民间艺术之乡"。尽管人类历史发生了翻天覆地的变化，辖区原住民始终留恋与坚守本土文化，保留了较多的民间风俗文化。盐田的民俗文化独特而鲜活，概括起来有如下几大特色：

（一）源远流长的客家文化

盐田区是客家人之乡，客家文化源远流长。盐田区37个自然村落中，世居民族均为汉族，属客家民系的村落有35个，占比94.6%；属广府民系的村落有1个；属客家、广府和潮汕民系混居的村落有1个。

盐田境域内的原住民大多在清代迁入。清康熙元年（1662年），清廷勒令广东沿海居民内迁50里；康熙三年（1664年），又强迫沿海居民再内迁30里。康熙八年（1669年）正月，"驰禁展界，许民归业"。复界后，清政府实行免交地租，送耕牛、种子等，奖励垦田耕作等政策，招携流亡人口，使得生活在赣、闽、粤交界山区的客家人大量迁徙至今盐田境域。康熙五十一年（1712年），清政府实行"滋生人丁永不加赋"政策，鼓励人口生育。至嘉庆二十三年（1818年），新安县人口增加到239 115人。发展至今，盐田地域形成以客家文化为主，渔农文化、疍家文化兼具的自然村落特色。

客家民俗主要有客家话、客家山歌等，保留着祭祖祀岁、舞鱼灯、舞麒麟、舞狮、客家酿豆腐、酿糯米酒等独具特色的客家习俗。盐田农民旧时衣服所用布料，多数是家中女性织染的土布。这种土布结实耐用，但颜色较单调，一般为蓝、黑等颜色。在服饰方面，以客家妇女较有特色，穿自织自染的左衽大襟衫、大裆裤，体现客家妇女的独特风采。

（二）特色鲜明的海洋文化

早在6 000年前的新石器时代中晚期，盐田大梅沙、小梅沙的"沙丘遗址"陶片就以海洋贝印纹和波浪纹等形式呈现。随着时间的推移，经济的繁荣和中外交往的日益频繁，海洋文化内涵不断丰富，外延不断扩展，突出表现为海洋民俗文化、海洋宗教信仰文化、海洋景观文化、盐业文化、中外交融的海洋商贸文化、渔业文化、港口文化等。盐田海洋文化虽历经数千年的演进、整合与重构，但其基本精神却是一脉相承的。原住民由于长期生活在海边，信奉"天后"（即妈祖），婚姻嫁娶、传统艺术等方面均体现海洋文化色彩，具有代表特色的有妈祖文化和疍家人婚俗。

历史上，沙头角地区有5座天后宫。每年农历三月二十三——天后诞辰日，村民都要备三牲酒礼为天后娘娘贺诞。渔民出海捕鱼前，必来上香，祈求天后庇佑；渔船出海离岸时，渔民还焚香对着天后宫方向顶礼膜拜；出海归来，也要焚香谢恩。"天后诞"至今仍是盐田一带沿海村民最为隆重的民俗活动之一。

盐田街道盐田社区的原居民为疍家人，自古以来生活在海上。盐田疍家人于1952年开始上岸定居。疍家人上岸定居以后，婚俗基本保留昔日船上生活的特殊婚俗传统。疍家人婚俗现已被列为广东省非物质文化遗产。今盐田区和龙岗区南渔及香港"新界"沙头角海边一带仍相当盛行。

（三）非物质文化遗产

盐田区现有国家、省、市、区非物质文化遗产10项。其中沙头角鱼灯舞、中国传统点穴疗法（挂靠项目）入选国家级非物质文化遗产名录，疍家人婚俗旱船舞入选广东省非物质文化遗产名录，沙栏吓天后宝诞祭典、盐田山歌入选深圳市非物质文化遗产名录，沙栏吓村麒麟舞、九簋菜、盐田三村舞麒麟、峨嵋白眉派武术、彩绳编织入选盐田区非物质文化遗产名录。其中具有代表性的有：

沙头角鱼灯舞 这是沙栏吓村颇具岭南特色的男子广场舞蹈，2005年入选广东省非物质文化遗产名录，2008年入选国家级非物质文化遗产名录，是深圳唯一源于本土的国家非物质文化遗产。2001年，沙头角因鱼灯舞被广东省文化厅命名为"广东省民族民间（鱼灯舞）艺术之乡"；2003年，沙头角被文化部命名为"中国民间艺术之乡"。

沙头角鱼灯舞形成于明末清初，距今已有300多年的历史；为沙头角沙栏吓村吴氏族人创演，该村钟氏、丘氏、陶氏也参与表演。民国初期，鱼灯舞由家族式传承发展到地域性传承，流行于沙头角、盐田及香港"新界"的担水坑、岗下新村等地，是当地渔民出于对美好生活的祈望，发挥丰富想象创作出来的一种民间舞蹈艺术表演形式，成为逢年过节、喜庆丰收的必备节目。沙头角鱼灯舞流传至今，传承人有吴马生、吴观球、吴天其等。在沙头角鱼灯舞民俗博物馆中，还保存有民国期间表演鱼灯舞时伴奏用的1个小鼓和2对大钹。

疍家人婚俗 盐田街道"疍家人婚俗"也称"扒龙船迎亲"。疍家人（渔民）婚俗已有160年历史，是流行于大鹏湾畔的南澳、大鹏、盐田、沙头角一带水上居民的传统婚俗；2007年6月入选广东省非物质文化遗产名录。盐田疍家人自古以来生活在海上，定亲、迎亲、洞房等仪式均在船上举行，婚俗习惯与陆地人有些不同。由于渔民逐步移居岸上，婚俗有所改变，至今已形成既保留船上传统又有陆地婚礼内容的多元婚俗，形成了一种渔民迎亲习俗舞蹈，即迎亲队伍模仿海上行船，在陆上以划桨舞蹈的方式行进。疍家人婚俗是农业文化与海洋文化融合过程中产生的正在演变的婚俗文化，有一定的历史价值和文化价值。

（四）富有光荣的革命传统

盐田还是民主革命的策源地。三洲田武装起义，又称惠州起义、庚子起义，是孙中山领导的推翻清政府统治的一次起义。清光绪二十六年（1900年），孙中山在香港、广州等地活动，为推翻清朝封建统治，他决定在广东发动武装起义。7月，孙中山前往香港，在船上召开军事会议，部署三洲田起义事宜，任命郑士良为革命军司令。10月6日晚，起义军全部用红布缠头、红带缠腰，胸前挂红绣球，裤腰插一支小红旗，裤脚一边卷高、一边放低，颇为神气，老百姓称之为"红头军"，而清军则骂为"红头贼"。子夜时分，马峦山冈插起了大红旗，600多名起义勇士在罗生大屋前祭旗宣誓，高呼"剑起灭匈奴，同身九世仇，汉人连处立，即日复神州"的反清口号。因种种原因，起义失败。在轰轰烈烈的三洲田起义中，盐田的客家子弟踊跃参加推翻封建统治的战斗，并立下战功。孙中山给予这次起义很高的评价。他说："革命风潮自此萌芽矣。"三洲田起义极大地动摇了清朝的统治，有力地推动了中国民主革命的发展，盐田地区因此也成为近代革命的发源地。深陷水深火热中的盐田人民，盼望着新的反帝反封建革命的来临。

第二节 盐田革命老区的情况

一、革命老区的评划情况

1957年,根据广东省人民委员会《关于评划革命根据地标准的通知》精神,宝安县划定全县老区自然村有330个,1959年调整为321个。

深圳经济特区成立后,部分老区自然村在深圳特区内。1985年,宝安县老区自然村有284个,分布在16个区镇;盐田地域有革命老区村庄11个,其中抗日根据地1个,其他10个均属于抗日和解放战争根据地。1997年,根据广东省民政厅编制的《广东省革命老区村庄名册》,盐田地域有革命老区村庄29个,补划了西禾树、老塘、新围、伯公树、坳背、新围、老围、下围、沙排上围、沙排下围、江屋、沙头、黄碧围、西山吓、洪安新围、上鱼、下鱼、盐田墟等18个革命老区村庄。因南山、大搴尾、洪光围是空村,所以盐田区的革命老区村庄实际上为26个,分布在盐田街道的沿港社区、永安社区、明珠社区、东海社区、盐田社区,梅沙街道的滨海社区、大梅沙社区,沙头角街道的田心社区。

二、革命老区村庄名册

盐田地区革命老区村庄名册（1990年）①

街道	村委会	老区村庄	户数	人口（人）	革命斗争时间	老区类型
盐田	三洲田	三洲田	75	292	1934—1945年	抗日根据地
	盐田	洪光围	53	193	1940—1949年	抗日和解放战争根据地
		小布	14	56	1940—1949年	抗日和解放战争根据地
		石头围	20	68	1940—1949年	抗日和解放战争根据地
		朝阳围	18	87	1940—1949年	抗日和解放战争根据地
		龙眼园	27	94	1940—1949年	抗日和解放战争根据地
	四村	南山	1	5	1940—1949年	抗日和解放战争根据地
		大㭎尾	18	96	1940—1949年	抗日和解放战争根据地
梅沙	小梅沙	小梅沙	20	84	1940—1949年	抗日和解放战争根据地
	上坪	上坪	9	50	1940—1949年	抗日和解放战争根据地
田心		恩上	14	60	1940—1949年	抗日和解放战争根据地

① 根据1990年深圳市革命老根据地建设委员会办公室印制的《深圳市老区村庄分布情况》编制。

盐田地区革命老区村庄名册（1997年）[1]

街道	村委会	老区村庄	人口（人）	老区类型	备注
盐田办	三洲田	三洲田	376	抗日和解放战争根据地	原小三洲村并入
	四村	西禾树	89	解放战争根据地	
		老塘	80	解放战争根据地	
		新围	79	解放战争根据地	
		伯公树	124	解放战争根据地	
		坜背	92	解放战争根据地	
	三村	龙眼园	98	抗日和解放战争根据地	
		南山		抗日和解放战争根据地	空村
		大峯尾		抗日和解放战争根据地	空村
		新围	82	解放战争根据地	
		老围	133	解放战争根据地	
		下围	105	解放战争根据地	
	二村	石头围	87	抗日和解放战争根据地	
		小布	78	抗日和解放战争根据地	
		朝阳围	108	抗日和解放战争根据地	

[1] 广东省民政厅编：《广东省革命老区村庄名册》1997年版。

（续上表）

街道	村委会	老区村庄	人口（人）	老区类型	备注
盐田办	二村	洪光围		抗日和解放战争根据地	空村
		沙排上围	105	解放战争根据地	
		沙排下围	115	解放战争根据地	
		江屋	147	解放战争根据地	
	一村	沙头	88	解放战争根据地	
		黄碧围	140	解放战争根据地	
		西山吓	81	解放战争根据地	
		洪安新围	82	解放战争根据地	
	渔村	上鱼	239	解放战争根据地	
		下鱼	184	解放战争根据地	
	盐田墟	盐田墟	1 117	解放战争根据地	原居委会
梅沙办	上坪	上坪	68	抗日和解放战争根据地	
	小梅沙	小梅沙	117	抗日和解放战争根据地	
沙头角镇	恩上	恩上	289	抗日和解放战争根据地	

第二章
盐田党组织的建立与工农群众运动的兴起

  盐田老区的中共组织是在国民革命兴起的基础上建立起来的。1924年下半年,中共广东区委派遣广州农民运动讲习所学员何友逖(共产党员),以国民党中央农民部特派员的身份来到宝安县第三区(包括现在深圳市盐田区的大部分地域)。何友逖在开展农民运动的同时,积极从事建党工作,吸收农民运动的骨干入党。1925年7月上旬,郑奭南以国民党中央农民部特派员身份接手何友逖的工作。7月中旬,根据中共广东区委的指示,成立今深圳地区最早的党支部——中共宝安县支部,黄学增任支部书记,支部委员有龙乃武、郑奭南;隶属中共广东区委的中共宝安县支部的成立,使包括盐田地区在内的宝安县的革命斗争有了坚强的领导核心。

1939年9月，地下党员刘德谦受党组织委派回到盐田，开展党的地下活动。他在严峻、复杂的环境中与地下党员何昌国、李秀灵先后在盐田乐群小学和沙头角东和学校，以教师的身份做掩护，成立中共沙头角支部，开展抗日救亡的宣传活动，秘密发展党的组织。中共沙头角支部的成立，使盐田的党组织得以恢复。从此，在党组织的领导下，盐田地区的革命斗争蓬勃发展起来，并开展艰苦卓绝的抗日武装斗争。

第一节 盐田地域党组织的建立与发展

1921年，中国共产党成立，它以推翻三座大山、解放全中国劳苦大众为己任，给中国人民带来了新的希望。1923年6月，中国共产党第三次全国代表大会在广州召开，通过全体共产党员以个人身份加入国民党的决定。会后，中国共产党积极推动国民党改组，促进国共合作的实现。经过国共两党的共同努力，1924年1月，孙中山在广州召开中国国民党第一次全国代表大会，实现了第一次国共合作。盐田地区的中共组织就是在第一次国共合作的背景下建立起来的。

一、盐田地域党组织的建立

国共合作后，由于两党的共同努力和实行"扶助农工"政策，广东农民运动出现了前所未有的新局面。1924年下半年，中共广东区委派遣广州农民运动讲习所第一、二期学员黄学增、龙乃武和何友逖（均为共产党员），以国民党中央农民部特派员的身份来到宝安县。黄学增驻宝安县第五区，龙乃武驻第四区，何友逖驻第三区。他们在开展农民运动的同时，积极从事建党工作，吸收农民运动的骨干入党。当时，宝安县划为7个行政区；其中第三区东起沙头角、大小梅沙，西至车公庙、沙头，南濒深圳河一带，北达李朗、布吉，包括现在深圳市盐田区的大部分地域（部分地域属当时的惠阳县）——沙头角、盐田、大小梅沙。他们以建立国民党基层组织为口号进行活动，起初与各村士绅打好关系，在农村开展工作，并介绍其中的优秀分子加入国民党，成立国民党乡区分部，借以互相协助和支持，建立与土豪劣绅做斗争的基础；然后又从中吸收先进分子加入中国共产党，建立各乡党小组。1924年底，黄学增、龙乃武在第四、五区发展了第一批党员。1925年上半年，何友逖在第三区发展了一批共产党员。

随着党员人数的增加，宝安县各区相继成立了党小组。至1925年底，先后在5个区建立起11个党小组，其中第三区有4个党小组，党的力量日趋壮大。

1925年7月上旬，广东省农民协会领导人阮啸仙、罗绮园派郑奭南以国民党中央农民部特派员身份，回宝安县开展农民运动。郑奭南回到宝安后，到第三区接手何友逖的工作。他发动农民，组织农民，开展农民运动，并在此期间由周士第、黄学增介绍，加入了中国共产党。7月中旬，根据中共广东区委的指示，成立今深圳地区最早的党支部——中共宝安县支部，黄学增任支部书记，支部委员有龙乃武、郑奭南，由中共广东区委领导。1925年底，黄学增调离宝安，由龙乃武接任支部书记。

中共宝安县支部的成立，使包括盐田地区在内的宝安县的革命斗争有了坚强的领导核心。自此之后，在党组织的领导下，盐田地区的革命运动蓬勃开展起来。

二、盐田地域党组织的发展

1926年1月，中共宝安县支部书记龙乃武和郑奭南来到广州，向中共广东区委组织部部长穆青和阮啸仙报告党的活动情况。穆青指示宝安要建立县级领导中心机构。同年3月，宝安各区党组织负责人会议召开，决定撤销中共宝安县支部，建立中共宝安县党部（当时县一级党组织明确建制为中共宝安县党部，虽产生了中共宝安县执行委员会，但行使职权不在执委会，而在县党部），并推选龙乃武、郑奭南、潘寿延为县党部常务执委，龙乃武为县党部负责人，郑奭南为组织干事，潘寿延为青运干事，陈召芬为工运干事，陈芬联为农运干事，张清元为妇女干事。① 中共宝安县党部由中共广东区委领导，其主要任务是发动群众继续援助省港大罢工，开展减租减息，反对苛捐杂税，打倒贪官污吏、豪绅恶霸的斗争。

随着中共宝安县党部的建立，宝安县第五、四、三、二、一区相继建立了区党部。第三区党部于1926年3月成立，书记为庄泽民。第三区党部以区农会会址为活动中心点，不断发展党员，党的力量进一步增强。

正当宝安县工农运动蓬勃发展之际，1927年4月，蒋介石制造了四一二反革命政变，广东的国民党当局也在广东实行"清党"，屠杀共产党人。中共宝安县党部负责人龙乃武出走省港，农会也自行解散。

1927年6月间，中共宝安县党部召集第四、五区农会领导人联席会议，随后进行改组，产生中共宝安县第一届委员会，由郑奭南担任县委书记，委员有麦福荣、陈义妹、张丽川、陈细珍等。②

1928年2月，中共宝安县委召开第一次代表大会，到会代表19人，郑奭南宣布开会并做党务报告，广东省委巡视员阮啸恒参加大会并作政治报告。接着，各区代表汇报了国共分裂后本区的工作情况。三区代表庄年桂（中共宝安县第三区委书记）在报告

---

① 郑奭南著：《深圳市（原宝安县）早期党组织的建立及农民运动的兴起》，转引自中共深圳市委党史办公室编印，《深圳党史资料汇编》（第一辑）。

② 深圳市史志办公室编著：《中国共产党深圳历史》（第一卷），中共党史出版社2012年版，第39页。

中提出,因自宝安暴动后该区国民党政权采取白色恐怖手段,大肆搜捕革命同志,区乡各级党组织负责同志皆隐蔽起来,各级党组织等于无形中被消灭了,如果县委不尽快派人去指导工作,三区的斗争形势将不堪设想。

由于三区的斗争形势严峻,在党员代表大会结束后随即召开了县委第一次常委会议,确定了各区工作的分工负责问题:一区由徐启华负责,兼理二区;四区由谭少华负责,五、六区由常委兼理;三区请广东省委派该区籍工人同志回乡负责;同时要求各区委支部两星期内一律以民主改选组成。

在广东省委的直接指导下,宝安县的党组织经过整顿,重新焕发了活力,党员队伍恢复壮大。至1928年3月底,全县拥有党员197名,其中分布在三区的有34名,占全县的17.26%,在全县排名第二。

第二节 盐田农民运动的兴起

国民党第一次全国代表大会确立的新三民主义，与中国共产党在民主革命阶段的纲领，在若干基本原则方面一致，是国共合作的政治基础和统一战线的共同纲领。因此，中共宝安县组织成立时，确立的主要任务和主要工作，除发展党的组织之外，就是发展和建立农民协会、打倒土豪劣绅、废除苛捐杂税、打倒军阀等，与当时国民党的目标相一致。而且党组织在成立初期，部分党员和党的负责人都是以国民党党员的身份开展工农运动。宝安当时是农业县，工人不多，故工农运动的发展，主要体现在农民运动上。通过建立农民协会，中共逐渐掌握基层政权，开展抗税抗捐、减租减息、打倒和惩治土豪劣绅等运动，进而在农会中建立由中共领导的农民武装。

一、成立区级农民协会

宝安县的农民运动，是在中共广东区委和广东省农民协会的直接领导下开展起来的。宝安县党组织建立后，包括盐田地区在内的农民运动更加蓬勃开展。

1925年4月26日，宝安县农民协会成立，郑奭南是县农会3个常委之一。6月，郑奭南在广州参加省港大罢工时认识了广东省农民协会领导人阮啸仙，再由阮啸仙引荐认识了国民党中央农民部秘书罗绮园，并被罗绮园任命为农民部干事。7月上旬，郑奭南以国民党中央农民部特派员身份，参加宝安农运工作，到宝安县第三区开展农民运动。由于郑奭南是三区上步村（今深圳市福田区南园街道巴登社区）人，开展农运工作颇为顺利。8月，宝安县第三区农民协会成立。

农民协会的任务，是把农民组织起来，与地主阶级、土豪劣绅和贪官污吏进行斗争。为了打击乡村封建反动民团，保卫农会和农民的胜利果实，宝安县、区、乡各级农民协会还建立了农民自卫军。广东省农民协会还派来黄埔军校的学生帮助自卫军进行军事训练，提高农民的军事素质和技能。

1925年8月初，当广宁农会受到进攻、会员死伤惨重的消息传到宝安后①，包括三区在内的各乡农会立即召开全体会员（约2 000人）大会，声援广宁农会兄弟，要求铲除地主、省防军、地方官僚，秉公处理。8月底，东莞、宝安两县农军与军阀陈炯明部队激战约两小时，打败陈部，俘获敌营长谭金、书记谭士茂等多人，缴枪22支。

由于党的领导和国共合作局面的形成，宝安县的农民运动得到广泛开展，极大地打击了乡村的封建反动势力，使盗匪少了，地方治安好了。岂料到1927年4月蒋介石叛变革命，大革命失败，中国共产党领导的革命斗争转入低潮，农民协会无形解体。但是，当年农民协会的部分会员，已经成长为坚定的共产党人。

---

① 1925年7月7日凌晨，广宁县民团头子李济源等纠集了500余人围攻广宁江屯农会。农军及农会会员100余人坚守五天四夜后失守，农军伤亡40余人，失枪百余支，会所被焚。事后，县农会向省农会控诉县长李绮庵和驻军拒不救援的罪行。8月1日，中华全国总工会省港罢工工人第七次代表大会通过声援广宁县农运的决议案，要求严惩凶犯、撤回驻军第三师、撤换广宁县县长等。广东革命政府答允了代表大会的全部要求。此次事件，农运史上称为"广宁事件"或"江屯事件"。

二、盐田与省港大罢工

1925年5月，上海发生租界巡捕枪杀中国人民的五卅惨案。事件激起了全上海以至全中国人民的极大愤怒，于是，一场群众性的反帝爱国运动以不可遏制的浩大声势迅速席卷全国。发生在广州和香港的省港大罢工，就是为声援五卅惨案而举行的一次大规模的罢工，也是中国工人运动史上一次前所未有的壮举。

五卅惨案的消息传到广州后，广州各界群众在同年6月3日举行了声势浩大的示威游行。6月19日，香港的海员和电车、印务等工人首先举行罢工，其他工会随即响应，仅15天内参加罢工人数就达到25万人。6月21日，广州沙面的洋务工人也开始罢工，市里各洋行职工也加入罢工行列。当时，香港罢工工人离港返回广州。6月23日，香港罢工工人和广州各界群众10多万人在广州举行大会和示威游行。当游行队伍经过广州沙基时，突遭沙面租界英国军警排枪射击，停泊在白鹅潭及沙基口的英、法等国军舰亦同时开火，打死游行群众50多人，打伤100多人，酿成了骇人听闻的"沙基惨案"。"沙基惨案"发生后，省港罢工工人在广州举行工人代表大会，成立省港罢工委员会，处理罢工工人的一切事宜。

7月，沙头角叶屋村人张玉华（香港海员）受香港工团联合会委派，返回沙头角一带活动，组织沙头角地区居民配合中共领导的革命武装——铁甲车队全面封锁香港，支援省港大罢工。

宝安县农民协会常委郑奭南，6月在广州参加省港大罢工，认识国民党中央农民部秘书罗绮园，被任命为农民部干事。7月上旬，郑奭南以国民党中央农民部特派员身份，参加宝安农运工作。郑奭南作为宝安县农民协会主要负责人之一，负责第三区农运工作，公开组织农民运动；兼任省港罢工委员会特派员，组织农军配合铁甲车队和工人纠察队封锁香港。

省港大罢工爆发后，港英当局为摆脱政治、经济困境，积极支持陈炯明残部在大鹏湾沿海一带进行骚扰活动。中华全国总工会成立了若干个工人纠察队，分别封锁华南特别是南海海岸线东至惠州、西至澳门一带，禁运粮食物资，援助省港大罢工。现在的盐田区地域，就是当年实施封锁香港的重点地区。盐田地区的民众也积极投入到封锁省港的斗争中，密切配合工人纠察队和铁甲车队，使不法奸商的走私活动无法得逞。

7月9日，省港罢工委员会发出实行封锁省港的通告，宣布"自十日起实行封锁香港及'新界'口岸，所有轮船轮渡一律禁止开往香港及'新界'，务使绝其粮食制（置）其死命"①。7月23日，省港罢工委员会派罢工工人纠察队第三大队第九支队进驻深圳地域，沿沙头角至沙头约30千米的边境水陆要冲布防，把守河口水道，日夜巡查，禁止所有轮船往来香港岛和"新界"口岸，断绝粮食、蔬菜和生活用品供应，严密封锁香港。铁甲车队也奉命陆续开抵深圳地域，协同罢工工人纠察队执行全面封锁香港的任务，分兵驻守沙鱼涌沙头角、盐田、蔡屋围、莲塘、罗芳、黄贝岭、新村、南头等处，协同工人纠察队和深圳人民封锁香港。7月27日，工人纠察队在沙头角缉获偷运鲜鱼出口的走私分子张仁；深圳商会会长叶吉华前来为张仁说情，也被工人纠察队一同抓获。对走私分子的打击，初步控制了深圳防线，震慑了走私、违法分子。

当时，港英军警大队人马开到深圳河对面的山冈上，安装了大炮；英军舰也不时在沙头角附近海面巡逻。英军警巡逻队到深圳河的南岸来回巡逻，工人纠察队同铁甲车队的巡查队则在河的

---

① 《实行封锁省港》，《工人之路特号》第16期，1925年7月10日。

北部巡逻，双方以深圳河为分界紧张地对峙着。

香港由于工人罢工，车辆停驶，洋务工人离港，垃圾无人清理，杂务活无人干，加上严密封锁，周边地区的农产品和日用品都无法进入香港，港英政府受到了沉重打击。据报纸报道，香港一度成为"臭港""死港""饿港"，百货涨价，供应紧张。有个别奸商铤而走险，由沙头角偷偷运输一批生猪出境，被纠察队发现。在铁甲车队的支援下，纠察队马上将其拦截。后来，中华全国总工会省港罢工委员会没收了这批走私生猪，并对奸商处罚金，有力地打击了走私分子，保证省港大罢工的顺利进行。

三、抗击港英军队暴行

英帝国主义对省港大罢工和国民革命运动的发展极为恐慌，又十分痛恨，于是援助陈炯明的残部与反动军官郑润琦残部约400人在大鹏、盐田等地进行骚扰破坏活动。

1925年8月15日下午，驻沙头角的省港罢工工人纠察队发现两艘装满谷米的走私船，就前去检查。这时两艘英舰驶到附近的田心村防线，用机枪向纠察队扫射，企图掩护走私船逃跑。铁甲车队获报后迅速驰援，英舰扫射45分钟后退走。

此后，港英当局加筑炮垒，增驻重兵，每日数次向中方挑衅。8月27日，驻守罗芳的工人纠察队截获奸商偷运出口的10余担粮食，却突然遭到对面山上英军的乱枪扫射，纠察队队员陈锡中弹牺牲，奸商乘机将粮食运入香港。

面对港英军队的暴行，深圳地区人民和全体罢工工人无比愤慨。中华全国总工会秘书长兼宣传部部长邓中夏发表了《吊陈锡烈士》一文，鼓励参加封锁的纠察队和深圳地区人民，不要怕敌人的恐吓，要坚持斗争。

此时，驻深圳地区的工人纠察队只有3个支队，负责东起沙鱼涌、西至宝安南头一线（包括大小梅沙、盐田、沙头角）的封锁任务。10月30日，陈炯明残部、粤军第二师陆战队总指挥邓文烈与莫雄残部团长罗坤等部队在港英当局的指使下，武装袭击驻沙鱼涌的工人纠察队，抓走队员10余人，挑起事端。铁甲车队闻讯后，派周士第、廖乾五率领4个班共50余人由深圳赶往沙鱼涌救援。

港英当局侦知驻守沙鱼涌的铁甲车队和工人纠察队总共才100余人后，便纠合民团、土匪和陈炯明残部共1 000多人的兵力，于11月4日凌晨将工人纠察队和铁甲车队团团包围。天亮时，2艘英国小兵舰拖着满载英军的4条小船向沙鱼涌方向驶来。敌军登陆后随即发动进攻，铁甲车队和工人纠察队的战士们英勇抗击敌军。7时30分左右，突然又有1艘英国兵舰从香港驶来，向铁甲车队和工人纠察队扫射，并有1架英国军用飞机在阵地上空盘旋，掩护敌军进攻。铁甲车队和工人纠察队顽强作战，在敌兵10倍于我方的情况下，战士们奋勇杀敌，弹尽援绝后与敌人展开肉搏战；终因寡不敌众，部队于9时开始向东突围，后在三区农民协会农民的引导下绕道龙岗、横岗，于次日2时左右返回深圳。当深圳墟、蔡屋围、上步附近的村民得知工人纠察队和铁甲车队突出重围的消息后，十分高兴，纷纷携带慰劳品前来慰劳战士们。此役，击毙敌参谋1名、连长2名、排长5名，敌军伤亡共约200名。铁甲车队伤亡20多人，纠察队伤亡10多人，纠察队第十支队队长蔡林蒸和铁甲车队排长李振森壮烈牺牲。

12月10日，省港罢工委员会分别在深圳和广州隆重举行追悼铁甲车队和纠察队阵亡烈士大会，邓中夏在会上发表演说，追悼会成为打倒列强、铲除军阀的誓师大会。

四、应对国民党"清党"大屠杀

1927年4月,蒋介石发动四一二反革命政变,国共合作破裂,大批共产党人和革命群众遭到杀害,一时间血雨腥风,白色恐怖笼罩着中国大地。国民党在宝安也以"清党"的名义开始了对共产党员的疯狂迫害。因实力悬殊,农民自卫军被迫分散隐蔽。外逃的土豪劣绅卷土重来,反动民团也死灰复燃,他们喊出了"宁可杀绝,不可漏网"的口号。共产党员和农会骨干要么被杀害,要么被迫远走香港、越南。区党部遭到破坏,各种革命团体被解散,中共宝安县党部书记龙乃武被迫转移到香港,县、区农会也自行解散。

为了应对国民党的"清党"大屠杀,保存党的力量,巩固党的组织,中共宝安县党部临时决定将党的所有证件迅速销毁,然后将县级机关整体秘密转移到农村去,继续领导群众与反动势力进行周旋。6月,中共宝安县党部改组,成立中共宝安县委员会,产生了中共宝安县第一届委员会,指定郑奭南为县委书记。

中共广东特委要求宝安县委要部署潜伏活动,在农会农军已受摧残、工作艰难开展的地方,设法组织农民进行秘密工作,随时组织农民暴动。活动的情况直接与特委负责人李源和沈宝同联系。特委还要求宝安县委在深圳河附近设立交通站,以方便交通联络。根据特委指示,宝安县委研究部署潜伏活动,决定分派党员潜驻各区,指导工作。当时,派驻三区的是张国勋,郑奭南为巡回总督导。潜驻各区的党员加紧活动,重新整顿各区的农会和恢复农民自卫军,做好进行武装斗争的准备,反对国民党反动派的白色恐怖政策。

五、参与宝安县农民武装暴动

1927年12月1日,中共广东省委发出《立刻准备暴动,实行夺取政权》的第二号紧急通告,要求各地准备配合广州暴动。12月上旬,为做好配合广州起义的准备工作,中共宝安县委调整产生第二届委员会,县委书记刘伯刚加强了对群众的发动和组织,支援广州起义。盐田地域的区乡农民协会和农民自卫军,积极参加宝安县党组织领导的农民武装暴动。

暴动前,中共广东省委派傅大庆到宝安县委传达省委的指示:要求宝安县委组织200人的工农革命军,限12月13日前开到罗湖火车站,会同铁路工人夺取火车,然后乘火车到广州,策应即将发动的广州起义。12日晚,东宝工农革命军宝安的两个大队200多名战士会集到指定地点,向深圳进军。13日凌晨,革命军抵达梅林径时接到报告:广州起义已于11日提前举行,不幸失败,起义队伍已退出广州,令革命军停止前进,回原地候命。宝安县委领导人经商议,决定攻打反动势力较为薄弱的深圳墟,就地发起宝安武装暴动,策应广州起义。

14日,宝安工农武装第一大队分四路攻入深圳墟,包围了国民党军警机关,击毙警官1人,俘虏区长兼警察局局长陈杰彬,缴枪10多支,仅用一小时就结束了战斗。结束后工农武装队伍撤退到乌石岩集中。

之后,宝安县委部署各区乡党组织,包括三区党部,以各种形式组织群众,如协耕会、银会、谷会、牛会等,凝聚队伍。因为这种小型组织更容易团结群众,保存力量。

1928年2月23日,中共宝安县第一次党员代表大会选出的中共宝安县委员会,继续领导农民运动;4月上旬组织第二次暴动,5月初又举行第三次暴动,但由于各种原因,均告流产。农民暴动虽然失败了,但是,宝安广大群众的思想觉悟在暴动中得到提高,党在农村中的影响力进一步扩大。

5月下旬,宝安县委再次集中力量进行武装斗争。但国民党宝安县党部纠集县兵和民团对共产党及农民自卫军进行"清剿",致使共产党员和农民自卫军人员越来越少;同时,部队粮草、武器缺乏,形势更加险恶,武装斗争被迫停止,留下来的极少数人员也难以立足,因此被疏散到香港岛、"新界"等地待命。沙头角、盐田、大小梅沙的中共组织及其领导的武装革命斗争从此处于低潮,党组织活动基本停顿。各级农会也大部分解散,仅有极少部分农会,以农村民间的协耕会、银会、谷会、牛会等小型组织之名义,继续分散活动。这种局面一直延续到1937年抗日战争全面爆发。

第三章
日军入侵和盐田抗日武装斗争的开展

　　1938年12月，中国共产党在惠宝地区组建惠宝人民抗日游击总队，中共香港海员工委书记曾生任总队长，周伯明任政委。这支队伍是东江纵队的前身。在艰苦卓绝的抗战中，曾生部队以坪山为基地，在以梁广为书记的中共东南特委和东江军委的领导下，紧紧依靠广大人民群众，团结爱国华侨、港澳同胞，广泛开展抗日救亡运动和敌后抗日游击战争；以勇战强敌的姿态出现在东江敌后战场上，担负起抗日的重担，在沙头角、盐田、大鹏、坪山、龙岗、淡水等地与日军作战30余次，取得了抗日战争的伟大胜利。

第一节 抗日救亡和盐田党组织的恢复

1937年7月7日，卢沟桥事变发生。第二天，中共中央发出通电，号召"全中国同胞，政府，与军队，团结起来，筑成民族统一战线的坚固长城，抵抗日寇的侵略！国共两党亲密合作抵抗日寇的新进攻！"在中国共产党和全国人民要求抗战的强烈呼声中，国民政府开始调动军队进行应战。8月13日，国民政府发动淞沪抗战。8月22日，国民政府宣布中国工农红军主力改编为国民革命军第八路军。为促进国共两党实现团结合作抗日，党中央派周恩来等将《中共中央为公布国共合作宣言》交给蒋介石。9月22日，国民党中央通讯社发表了中共中央的宣言；23日，蒋介石发表谈话，实际上承认了中国共产党的合法地位。中共中央的宣言和蒋介石谈话的发表，宣告国共第二次合作和抗日民族统一战线形成。

一、盐田抗日救亡运动的开展

在上级党组织的领导和各地党组织的发动、影响下，盐田地区的抗日救亡运动逐步开展起来。1937年8月，由黄闻等进步青年发起，在葵涌坝岗村成立海岸流动话剧团，话剧团在大亚湾、大鹏湾海岸沿线进行巡回演出，以坝岗为起点，经大鹏、葵涌、沙头角、盐田，到淡水、澳头等地，行程100多千米。巡回演出推动了盐田抗日救亡运动的开展。

为了更好地开展抗日救亡宣传工作，1938年1月，中共香港海员工委派严尚民、叶锋、刘宣带领香港惠阳青年回乡救亡工作团18人，回到惠宝沿海地区，在盐田、葵涌、大鹏、淡水、坪山、坑梓等地开展抗日救亡运动。香港惠阳青年会除了组织惠阳青年回乡救亡工作团之外，还于1939年6月间在香港组建了惠阳青年会剧团（简称"惠青剧团"），准备返回内地进行抗日宣传活动。7月上旬，惠青剧团离开香港，到沙头角、龙岗、坪山、淡水、秋长、惠阳等地开展抗日救亡宣传演出，同时与当地群众召开座谈会，唤起群众一同抗战。

处于英国殖民统治下的香港，爱国学生亦发起抗日救亡运动，推动了社会各界的抗日行动。港英政府对香港的抗日救亡运动采取默许的态度。1937年8月，华民政务司批准了香港惠阳青年会的成立，这带动了各行各业的青年抗日救亡活动。

1939年7月，宝安青年会（简称"宝青会"）正式成立，会长为袁大昌，副会长为刘德谦，总务委员为刘德谦（兼），组织委员为罗汝澄，宣传委员为罗汝中，教育委员为李淑桓，青年委员为袁浩，妇女委员为翁志中，联络委员为郭村，书记员为刘文。宝青会会址设在九龙新填地街宝青会馆。同年秋，成立盐田、沙头角地区宝青会；在刘德谦的领导与号召下，参加该会的有何昌国、何干圣、彭育芳、李秀灵、罗观平、罗欧锋、黄恩祺、李介玉、丘特、李煌贵、李天佑、曾国廉等。盐田、沙头角地区的进步青年以宝青会为阵地，开展抗日救亡活动。随后，宝青会虹虹歌咏团、新闻学社等抗日救亡团体相继成立。

盐田、沙头角是有名的侨乡，在民族矛盾上升、国家处于危难之时，广大华侨爱国人士，以及有爱国热情的国民党保长、甲长，都团结到抗日的行列中来。后来，他们中的一部分人还投奔广东人民抗日游击队，成为游击队的骨干。如卓觉民原是马来亚华侨青年，回国后参加了游击队，后来成为沙头角中队长枪队队长。

二、乐群小学、东和学校师生抗日宣传活动

1939年9月，在香港海员工会属下的海华学校任教的地下党员刘德谦从香港回到盐田、沙头角后，到盐田乐群小学、沙头角东和学校以教书做掩护，暗中发展了一批比较进步的青年加入宝青会，并进一步发展抗日团体。他开办文化夜校，让青年学文化、学政治，提高他们的思想文化素质；广交朋友，重点吸纳；开展抗日民族统一战线工作，把一切爱国青年团结到宝青会中。地下党员何昌国也在乐群小学的校工、高年级学生和社会进步青年中发展了多名党员。

盐田的中共地下组织密切配合惠阳大队的民运队，积极开展宣传群众、组织群众的工作，发展壮大党组织，建立了常备自卫队（民兵）和青年会、妇女会、儿童团等抗日团体，并在各村建立了青年抗日先锋队，为东江抗日游击总队惠阳大队从坪山根据地向梧桐山地区挺进、建立盐田根据地打下良好的群众基础。

沙头角伪乡长吴胜如、伪联防队队长张卫权为掩饰其劣迹，用鱼肉百姓得来的钱开办了东和学校。一批进步教师温炳、陈佳章、梁卓雄、陈永良等被中共地下组织安排到该校任教。东和学校教导主任、地下党员李吉芳成立了东和体育会，何集庆以学生身份组织成立

20世纪60年代的沙头角小学（原东和学校）

了少青体育会。这两个体育组织经常以开展体育活动为名,宣传游击区的抗战情况,组织儿童团活动,选择进步青年为中共地下组织传送情报。

乐群小学既是文化教育的中心,又是宣传抗日救亡运动的阵地;把教书和做群众工作结合起来,组织抗日统一战线活动;开办文化夜校,把文化教育与时事教育结合起来;利用各种形式宣传抗日救亡的意义,激发群众抗日救亡热情;组织读书小组,培养抗日救国积极分子。

三、盐田党组织的恢复

1937年8月1日,中共中央发出《关于南方各游击区域工作的指示》,确定南方各游击区域的战略任务,必须普遍建立党的秘密组织。中共南方临时工作委员会(简称"南临委")以全国各界救国联合会华南区总部的名义,发出《华北抗战宣传大纲》,动员华南人民群众积极援助华北抗战,号召把民众组织起来参加华南抗战。

1937年9月,中共广州外县工委为了适应全面抗战爆发后新形势的需要,决定把东莞县工委改为东莞中心支部,领导东莞、宝安与增城(部分地区)三县的党组织和人民进行抗日武装斗争。

1938年5月,根据中共广东省委指示,成立中共东莞中心县委,继续领导东莞、宝安、增城等县党组织,由姚永光任书记,袁鉴文任组织部部长,王作尧任宣传兼武装部部长。中共东莞中心县委成立后,中共广东省委便把在宝安工作的共产党员黄木芬、王启光的组织关系转到东莞中心县委。8月,中共深圳总支部成立,由中共东莞中心县委领导。中共深圳总支部成立后,加强了深圳地区的抗日救亡宣传工作,通过组织读书会、举办农民夜校等形式，把深圳等地（包括沙头角）的群众发动和组织起来，开展抗日救亡运动。同时，物色积极分子和进步人士，将其吸收入党，扩大党的组织，壮大党的力量。

1939年9月，地下党员刘德谦，受党组织委派回到盐田、沙头角，担任这一带中共地下组织的负责人，开展党组织活动。在严峻、复杂的环境中，他与地下党员何昌国、李秀灵先后在盐田乐群小学和沙头角东和学校，以教师的身份做掩护，成立沙头角党支部，开展抗日救亡活动，秘密发展党的组织。

沙头角党支部的成立，使盐田的党组织得以恢复。从此，在党组织的领导下，盐田地区的革命斗争又蓬勃开展起来。

四、组织民众抗日自卫队

1937年下半年，在广州接受培训后的中共党员黄木芬带领30多人的抗战教育实践社流动工作团，在东莞、宝安交界的天堂围、观澜一带开展抗日救亡活动。1938年上半年，黄木芬争取了观澜乡抗敌后援会副主任、开明绅士吴盛唐和曾鸿文的支持，在广泛开展抗日救亡运动的基础上，发动观澜、龙华地区的士绅和民众，征集民间枪支，以抗日自卫队等形式，组建民众抗日武装，为中国共产党在宝安建立抗日武装、开展抗日游击战打下了一定的基础。

为了保卫家乡，大鹏进步青年蓝造等在坝岗一带组织群众抗日自卫队，并于1938年暑假期间，经过整顿，正式命名为坝岗乡抗日自卫队，队长为黄岸魁。该自卫队有30多名队员、20多支枪。与此同时，黄闻、钟原、袁庚等还协助大鹏中华民族解放行动委员会（农工民主党的前身，当时被称为第三党），组织了大鹏民众抗日自卫大队。此后，盐田、大鹏等地也相继建立了民众抗日武装队伍。

1938年夏,中共广东省委指示各地党组织利用暑假期间开展青年、学生和知识分子工作。中共坪山支部负责人陈铭炎邀请各地救亡工作团代表在坪山小学召开时事座谈会,使广大进步青年认清日本帝国主义必然而且可能很快就要入侵华南的紧迫形势,促进各地加强抗战宣传和动员,采用各种形式武装群众,做好抗击敌人的准备。7月,香港惠阳青年回乡救亡工作团通过国民党驻淡水的何联芳旅的关系,举办了惠阳沿海青年自卫武装干部训练班,为期两个多月,盐田、坪山、坑梓、沙鱼涌等地都派党员或进步青年参加。学员结业后,回到家乡带头组织和参加抗日自卫队。盐田的抗日武装便建立起来,并逐渐发展壮大。

第二节 日军入侵与人民抗日武装的建立

从1937年8月开始，日军接连不断地对广东各地城乡实行疯狂轰炸。深圳地区也深受其害。与此同时，日本军舰也频繁骚扰深圳沿海地区，还开炮轰击宝安县城南头。种种迹象表明，日军入侵华南已经为时不远了。盐田地处华南沿海，盐田民众在中国共产党的领导下，努力做好抗日救亡工作，以应对日军的入侵。

一、日军在大亚湾登陆

1938年10月12日凌晨，在猛烈的炮火掩护下，日军第十八师团左翼支队在大亚湾南面登陆。登陆日军占据前沿阵地后，一路进攻淡水至三洲田。日军在三洲田开枪扫射，村民纷纷躲进山林。村民廖九桥因脚有残疾躲避不及遭杀害，廖其恩、廖启全的房屋及三洲田学校被烧。侵华日军在大亚湾登陆后，分左、中、右三路向广州推进。21日，广州失陷，随即日军控制了广州及其附近要地，切断了经港澳向中国内地输送物资的国际物资运输线。

11月22日，日军5 000余人在大鹏湾登陆，攻陷大鹏城。随后，日军在坦克、飞机的掩护下，分三路猛攻深圳镇。26日，日军占领深圳镇。宝安县城南头也随即沦陷。28日，日军占领沙头角。当时，沙头角镇是深港两地主要的陆路通道，又是连接大鹏半岛至罗湖、南头的交通要塞，是个军事战略要地。沙头角弹丸之地设有日军的宪兵分部、陆军警备队、宪查队，及密探、伪警、伪区役所，还有日军物资收集所、安东洋行等后勤机关，共500人①。日军占据了镇内两座三层高的古代碉楼，在中英街桥头和沿中英街各路口筑碉堡，修建多个工事。此外，在镇外数百米之内设有两个外围据点，各驻伪军一个中队。不久，因英国的干预，日军退出深圳地区。1939年8月14日凌晨，日军在宝安附近登陆，国民党守军不战而退，深圳镇再次沦陷。15日，日军占领沙头角一带，深圳河一侧村民纷纷到"新界"沙头角避难。

日军所到之处，实行"烧光、杀光、抢光"的三光政策，疯狂烧杀抢掠，见物就抢，见人就杀。日军占领下的深圳地区遭受了有史以来前所未有的浩劫，生产停顿，人民生活困苦、家破人亡。

二、盐田组建抗日武装

1938年10月12日，日军在大亚湾登陆后，中共中央致电中共广东省委和八路军驻香港办事处，指示要在东江敌占区后方开辟游击区。八路军驻香港办事处主任廖承志根据中央指示精神，于10月14日在香港召集中共香港市委书记吴有恒、中共香港海员工委书记曾生、香港市委组织部部长周伯明、香港区委书记谢鹤筹等人开会研究，迅速在惠东宝地区建立抗日游击队武装，深入敌后，发动群众抗战，并确定由曾生、周伯明、谢鹤筹等带领一批党员和积极分子回坪山，组建中共惠宝工作委员会，组织人民抗日武装。

1938年10月24日，中共东南特别委员会（以下简称"东南特委"）在香港成立，由梁广任书记，领导香港、澳门、南海、

---

① 深圳博物馆编：《深圳近代简史》，文物出版社1997年版，第142页。

顺德、中山、番禺、东莞、惠阳、宝安等地的党组织和人民的抗日斗争。东南特委成立的同一天，八路军驻香港办事处主任廖承志派曾生、周伯明、谢鹤筹三人组织惠阳工作团，到惠阳整理党的工作，建立惠宝海工作委员会。10月30日，由曾生在坪山羊母嶂村李少霖家主持召开了有惠阳青年回乡救亡工作团和坪山、淡水、盐田、沙鱼涌等12个党支部代表参加的工作组扩大会议，成立县一级领导机构中共惠宝工作委员会（简称"惠宝工委"），曾生任书记，谢鹤筹任组织部部长，周伯明任宣传部部长。惠宝工委决定当前的主要工作是：发展党的组织，抓紧对干部进行培训；建立惠宝人民抗日游击队，广泛发动群众，组织抗日自卫队；派人对当地国民党驻军做统战工作，争取他们联合抗日。很快，就建立抗日武装小分队，小分队有20余人；同时，普遍建立各种抗日救亡团体，争取海外华侨和港澳同胞回国回乡参加抗战。10月15日，中共东莞中心县委在东莞县城公园成立由党直接领导的人民抗日武装——东莞抗日模范壮丁队，由王作尧任队长，全队150人。

中共惠宝工作委员会成立后，由曾生、周伯明、郑和、叶汉生等人负责组建惠宝人民抗日游击队。由于缺乏武器弹药，惠宝工委以惠阳青年回乡救亡工作团的名义，以自卫需要为理由，向当地的国民党驻军温淑海部和地方武装大队罗坤部，借了17支步枪和1 000发子弹。其后，又在沙头角向群众征集到国民党军溃逃时丢弃的轻重机枪3挺、步枪10余支。这为建立武装队伍打下了基础。

抗日武装建立起来后，一面进行训练，一面联合友军在深圳地区阻击日军，给入侵日军以一定的打击。

1938年11月23日，占领广州的侵华日军为巩固其占领区，向广九铁路沿线进行疯狂"扫荡"。在日军的进攻下，国民党军温淑海部两个团败退沙头角，连以上军官用钱、物、枪跟村民换衣服，扮成村民逃亡香港。曾生等领导的队伍在碧岭抗击日军后，撤到盐田、九龙一带。曾生到九龙后，立即向八路军驻香港办事处主任廖承志汇报，并会见了新四军军长叶挺。当时，新四军军长叶挺到香港为部队筹集经费、物资，正与廖承志等会面，曾生遂向叶挺和廖承志两人做了汇报。11月26日，遵照叶挺和廖承志的指示，曾生率领四五十名惠阳青年工作团团员从香港回到沙头角，会合周伯明率领的抗日武工队，协助国民党营长麻玉标收编流散的千余名士兵。

为了便于部队公开合法地开展活动，根据中共东南特委的指示，曾生、周石永、刘宣、陈铭炎等前往龙岗与驻扎在当地的国民党军温淑海部联系，要求旅长温淑海给予曾生领导的这支部队一个正式的番号。经谈判协商，温淑海同意曾生部挂"惠宝人民抗日游击总队"番号。1938年12月2日，惠宝工委在惠阳县周田村正式成立惠宝人民抗日游击总队，由曾生任总队长，周伯明任政治委员，郑晋（郑天保）任副总队长兼参谋长，惯称"曾生部队"。部队共80余人，有轻重机枪各1挺、长短枪70多支。

惠宝人民抗日游击总队成立后，主要活动于沙头角、盐田、大鹏、龙岗、坪山、淡水等地。为使这支抗日武装队伍迅速发展壮大，东南特委将东莞抗日模范壮丁队中的70余名队员以及香港九龙大同罐头厂党支部书记蔡国梁带领的18名青年工人，编入惠宝人民抗日游击总队。到1939年初，惠宝人民抗日游击总队发展到200多人、120支枪，编成3个中队和1个特务队。

为了便于开展活动和部队的发展壮大，根据中共中央南方局和广东省委的指示，惠宝工委派人与东江国民党当局谈判，取得了国民党部队的统一番号。1939年5月，惠宝人民抗日游击总队以华侨、港澳同胞群众抗日武装的名义，取得国民革命军番号，改称国民革命军第四战区第三游击纵队新编大队（简称"新编大队"），曾生任大队长，主要活动于宝安、惠阳地区。从夏天开始，新编大队在葵涌、盐田、沙头角、横岗一带积极开展游击战，与侵华日军作战30余次，多次获胜。

三、华侨、港澳同胞支援抗战

爱国爱乡是华侨和港澳同胞的优良传统，他们始终与祖国人民同命运、共荣辱。1938年10月，东江下游地区沦陷的消息传到海外，南洋侨胞无不义愤填膺，纷纷行动起来，开展救国救乡活动。12月中旬，在中国共产党的推动和支持下，南洋惠侨救乡会和香港惠阳青年会、余闲乐社、香港海陆丰同乡会等爱国团体的代表在香港开会，决定成立东江华侨回乡服务团（简称"东团"），在香港设总团部办事处，并确定了以"动员东江群众协助军队及人民武装抗战，并拯救伤兵、难民及辅导民众组织各种救亡团体"为宗旨。12月下旬，东团总团部办事处在香港正式成立，负责与南洋惠侨救乡会联系，动员组织华侨和港澳爱国青年回乡参加抗战，保证团员的活动经费和物资供应。

1939年1月2日，香港惠阳青年回乡救亡工作团在坪山学校举办训练班，学习内容有新三民主义、抗日建国纲领、抗日民族统一战线、游击战争、民运工作等。讲课人有曾生（后为东江纵队司令员）、郑晋、卢伟良、陈铭炎，参加训练的有当地党员和工作团成员100多人，及坪山学校高年级的学生。1月中旬，东团总团部即以香港惠阳青年会等会所组织的回乡救亡工作团为基础，在惠阳县的淡水正式成立东江华侨回乡服务团。

在东南特委和东江特委的领导下，东团得到东江人民的大力支持，国内外爱国青年踊跃参加，队伍不断扩大，很快建立了惠阳、海陆丰、博罗、紫金、河源、龙川、和平7个分团和东

（莞）宝（安）队、增（城）龙（门）队、两才队、文森队、吉隆坡队以及东江流动歌剧团，人数也迅速增加到500多人，活动范围遍及东江地区13个县。其中，东宝队在东莞、宝安一带活动。该团内部还成立了共产党组织。

东团团员们携带华侨捐献的物资，广泛深入城乡，慰问饥寒交迫、伤病侵扰的同胞，发放救济粮食和衣物，免费给伤病员治病，鼓励受难的同胞行动起来，保卫家乡。与此同时，他们还广泛开展工作，通过写标语、画漫画、出墙报、发传单、演出抗日救亡戏剧，控诉日军的罪行，宣传抗日救国道理，动员群众组织起来，抗战到底。在广泛发动群众的基础上，东团各团队还通过组织打猎队、联防队、自卫队等形式，将农村的枪支调动起来，用以武装青年、组织抗日自卫队，为东江人民抗日武装的建立准备力量。

募捐资金支援祖国抗战，是海外华侨和港澳同胞支援祖国抗战的主要形式。1939年2月25日，南洋惠侨救乡会在吉隆坡惠州会馆召开南洋各埠惠州同侨第二次代表大会，决定在南洋进一步发起义捐，将所捐资金的40%献给新四军，40%献给惠宝人民抗日游击总队，20%作为惠属难民救济金。从1937年至1941年，南洋惠侨救乡会共捐献和筹集资金3.8亿元（法币）。1939年初，海外华侨寄给宋庆龄转交给曾生部队的捐款一次就达20万港元。东团两才队、文森队、吉隆坡队回国时带回的布匹、衣物、药品及其他用品不计其数。1940年以前，曾生部队所用的被服、军鞋、药品等物资，主要来自华侨和港澳同胞的捐献。

除募捐财物救国助战外，许多华侨和港澳爱国同胞还纷纷回国回乡参军，直接请缨参战，出现了父母送子女、妻子送丈夫、夫妇同行上战场、家长带领全家一起回国回乡参战的热潮。这些爱国青年放弃优越的生活环境，回乡抗日。其中有马来亚爱国侨团、侨领出资组成的文森队和吉隆坡队等。法属安南（今越南）等地华侨亦纷纷组队或个别回国参加抗战。他们大多数到坪山参加曾生部队，坪山当时有"小延安"之称。据不完全统计，华侨和港九爱国青年回国到东江地区参加人民抗日武装的达1 500人以上，他们先后成为部队的骨干。在各次战斗中，有33位华侨青年和240位港九青年为国家民族斗争和人民的解放献出了宝贵的生命。

第三节 盐田地区抗日武装斗争的开展

日军的疯狂入侵,加深了民族的危机,也激起了广大民众的抗日热情。在惠阳、东莞、宝安地区,组建了中共领导的人民抗日游击队,广泛开展抗日武装斗争。盐田周围乡村的农民、渔民都踊跃参加人民抗日游击队。活动在盐田区域的人民抗日游击队,不断发展壮大,并频频打击日伪顽军,使盐田区域成为东江敌后游击战争活跃的地区之一。

一、建立敌占区秘密交通站

1939年8月14日,侵华日军第十八师团重占宝安,全县沦陷。随后,日军占领沙头角。

9月,在刘德谦的领导下,盐田地域开始在严峻、复杂的环境中建立党的地下情报与交通系统。情报站设在东和学校。刘德谦与地下党员、教导主任李吉芳物色培养了一批情报工作人员,共17人,专门收集中英街两边街区日军的情报,并把数名进步教师调到

1939年8月16日,日军沿香港与宝安的边境线前进,于上午8时占领深圳,下午6时占领沙头角

学校任教,为情报站工作做掩护。这些情报人员的公开身份,有教师、学生、鱼栏经理、店员、社会青年,还有通过各种关系安排到"新界"沙头角伪区役所、伪乡公所任文书、科长以至副区长,甚至有两人打进日军内部,分别任日军警备队和后勤机关的翻译。中英街桥头港方茂生堂药店、四号界碑旁中方的茂生堂药店,港方新楼街的济生堂药店、义兴鱼栏、均利渔栏,都是地下党员和情报人员活动的交通站。

位于中英街中方的均利渔栏是陈友家里开设的。日军占领中英街那年,陈友才十二三岁,他年纪虽小,但已经是一位勇敢的少年交通员了。陈友搞情报的方式很独特,他是利用给日本人送鱼的机会,到日军的碉堡上去察看日军的人员和兵力部署,然后将情报送给驻扎在鹿颈的抗日武装部队。这座由日军修筑的碉堡位于中英街三号界碑处,20世纪80年代因妨碍交通而被民工拆除。

中共地下秘密交通站设在径口村,有交通工作人员8人,其中华界沙头角和"新界"沙头角人士各4人;同时在山咀、庵

1941年2月,日军占领中英街时的情景(中英街历史博物馆 供图)

上、塘肚、圆墩头、沙栏吓等村有交通联络点，这些村庄共有18名进步青少年，在情况紧急时也为交通站传递情报。交通站及时为两地游击队传递情报和信息，使两地游击队密切配合，打击敌人。在日军严密布防和有密探监控的情况下，情报和交通工作人员都保持单线联系。

二、粉碎日军的"围剿"

从1939年夏季开始，曾生、王作尧两部相互策应，彼此配合，沉重打击了日军。曾生领导的新编大队在沙头角、盐田、大小梅沙、葵涌、横岗一带开展游击战争，与日军作战30余次，不断打击敌人，取得很大的成果，初步开辟了惠宝沿海游击区。9月12日，新编大队主动出击盘踞在葵涌和沙鱼涌的日军，迫使日军撤回澳头，一举收复葵涌、沙鱼涌，缴获大批军用物资，这是东江地区抗击日军取得的第一次大胜利。其后，驻沙头角的日军出动500多人袭击新编大队，企图再次侵占葵涌和沙鱼涌。新编大队在当地民兵的配合下，在马峦山、溪涌一带伏击日军，迫使日军撤回沙头角。12月，新编大队在广九线鸡心石伏击日军一个大队，毙伤敌30多人，毙战马3匹。1940年1月，新编大队收复深圳墟。

新编大队连续主动出击，收复失地，军纪严明，得到广大人民群众的拥护，也得到社会各阶层爱国人士和华侨、港澳同胞的赞扬。国民党第四战区和游击指挥所也对新编大队传令嘉奖，赞扬新编大队最能执行命令，最能打击敌人，最能得到准确情报，最能在军风纪上起模范作用。

在新编大队对日军作战连续取得胜利的同时，王作尧领导的活动于东莞、宝安一带的第二大队也积极出击。11月，第二大队趁敌兵力空虚，包围宝安县城南头，迫使守城日军于11月30日晚撤出南头，经蛇口由海上逃离。12月1日，第二大队收复南头，后于1940年2月撤出。这是日军在大亚湾登陆后广东首次解放县城。

曾生领导的新编大队和王作尧领导的第二大队积极开展敌后游击战，打击了日军的嚣张气焰，鼓舞了士气，部队得到了锻炼，增强了人民群众抗战胜利的信心。到1940年初，新编大队发展到500多人，第二大队也发展到200多人，以惠宝边、东宝边为中心的抗日根据地初具规模，部队的活动范围逐步扩大，为进一步开展东江敌后游击战争打下了基础。

国民党虽然给了曾生、王作尧两部番号，但不发给粮饷和武器。曾生、王作尧两部的给养，主要来自当地人民、香港同胞及华侨的支持。

三、人民抗日武装在挫折中成长

1939年冬，正当新编大队取得节节胜利、不断发展之际，国民党顽固派掀起的抗战以来第一次反共高潮开始蔓延到广东。国民党广东省当局为配合全国第一次反共高潮，企图聚歼曾生、王作尧两部。1940年春，反共高潮波及东江地区，国民党频频制造摩擦事件，进攻中国共产党领导的东江人民抗日游击队，企图将其一举消灭。

1940年1月，驻沙头角侵华日军暂时调防，撤离沙头角地区。3月，国民党广东当局纠集3 000余人"围剿"曾生、王作尧两部。曾生、王作尧两部避敌东移，转移至海陆丰，两部处在国民党顽军的重重包围之中，几遭挫折，人员由800多人减至100多人。8月，根据中共中央指令，曾生、王作尧两部重回惠东宝地区进行整编，去掉国民党军番号，树起广东人民抗日游击队旗帜；曾生部称广东人民抗日游击队第三大队，王作尧部称广东人民抗日游击队第五大队,部队在惠东宝地区重建根据地,开展抗日游击战。

中共中央对东江游击队的行动极为关注,在曾生、王作尧部队处于十分困难的紧急关头,中共中央书记处于1940年5月8日发出电文指示(即"五八"指示):曾、王两部仍应回到东宝惠地区,在日本与国民党矛盾间,在政治与人民优良条件下,大胆坚持抗战与打摩擦仗。电文还对回防抗日前线的工作做出具体指示。7月,曾生、王作尧两部收到廖承志转来的中共中央"五八"指示和中共广东省委指示,部队集中在海丰县大安洞稍事休整后,于8月初向西进发。在地方党组织和群众的帮助下,部队躲开人多的村庄,避开顽军和地方武装,穿过稔平公路,经淡水万年坑,回到了坪山西南面的三洲田。9月上旬,部队越过广九铁路,秘密重返抗日前线宝安布吉乡的雪竹径、杨尾、上下坪一带。

1940年6月,中共广东省委在南雄召开省委扩大会议,决定将东江人民抗日武装和惠阳、东莞、宝安党组织移交给东江特委领导,东江特委书记尹林平兼东江两支人民抗日武装的政委。8月,成立中共东江前线特别委员会(简称"前东特委"),加强党对抗日武装工作的领导,由东江特委书记尹林平兼任书记,下辖惠阳、东莞、宝安、增城、龙门、博罗、海丰、陆丰等县党组织。9月,广东省委派省委常委、前东特委书记林平(尹林平)到宝安县布吉乡,迎接曾生、王作尧部队从海丰等地返回敌后,投入新的斗争。

9月中旬,林平在布吉乡上下坪村主持召开部队干部会议,称"上下坪会议"。会议研究决定广东人民抗日游击队的战斗序列和活动地区是:东江特委、前东特委书记林平兼任两个大队的政治委员,梁鸿钧负责军事指挥。领导中心设在东莞。第三大队：大队长曾生，副大队长邬强，政训员卢伟良，下辖两个中队、一个短枪队，活动于东莞大岭山地区。第五大队：大队长王作尧，副大队长周伯明，政训员蔡国梁，主要在宝安阳台山地区和广九铁路两侧活动。

上下坪会议，是在曾生、王作尧两部东移受挫重返敌后的重要时刻召开的，是东江纵队发展史上极其重要的转折点。

上下坪会议之后，为了发展抗日武装，恢复惠宝敌后抗日游击战争，重建以坪山为中心的抗日游击基地，使其与宝安阳台山和东莞大岭山抗日根据地形成相互策应之势，广东人民抗日游击队派第五大队副大队长周伯明、政训员蔡国梁率领20多人组成的小分队，挺进坪山等地区（包括现深圳市盐田区大部分地域），开展敌后抗日游击战争。1941年1月，小分队在布吉上下坪村后面的鸡公头山伏击日军，打伤并俘虏日军1人，缴获步枪1支。3月，小分队越过广九铁路进入坪山地区后，首先在龙坪公路的金钱坳伏击到农村抢掠的顽军，缴获轻机枪1挺；接着，在坪山西北的老大坑，多次击退进犯的日军，毙伤敌数人；其后在坪山以南的马峦山击溃国民党地方顽军梁永年部的进犯。小分队进入惠宝边区之后，立即与中共惠阳县委和淡水区委、坪山区委以及几支游击小分队会合。这些地方党组织纷纷动员青年参军参战，于是这支小分队吸收了地方党送来参军的青年，很快发展到100多人的队伍，扩编为第五大队第二中队，使在惠宝边区（包括现深圳市盐田区地域）活动的第五大队统一领导下的抗日武装达200多人。

日军为确保在广东沿海的控制权和为进攻香港做准备，于1941年初再次集结兵力，2月4日在大亚湾登陆，深圳地区又一次沦陷，惠宝沿海地区至香港的交通线被切断。第五大队领导的抗日武装坚持开展敌后抗日游击战争，打击日伪，消灭土匪，维护地方治安，保护往来商旅。当时，大量重要物资、商品都是从香港用船运到惠宝沿海的大小梅沙、土洋、沙鱼涌等地，然后通过地方党组织建立的交通线转到大后方。5月，在土匪被消灭驱逐之后，第五大队在沙头角中英街等地建立了税站，筹措部队的给养和经费，客商踊跃缴纳税款。

11月3日拂晓，第五大队第二小队在横岗至盐田公路旁伏击县伪警察大队，只用了10多分钟，便毙伤县伪警8名，缴枪8支。

四、广东人民抗日游击总队成立

上下坪会议总结了曾生、王作尧两部东移行动的经验教训，决定不再使用国民党第四战区给予的部队番号，树起广东人民抗日游击队旗帜；把原来曾生部队的国民革命军第四战区第三游击纵队新编大队整编为广东人民抗日游击队第三大队；原来王作尧部队的国民革命军第四战区第四游击纵队直辖第二大队整编为广东人民抗日游击队第五大队。曾生、王作尧两部在组织上完全摆脱与国民党当局的关系，独立自主地解决给养，扩大部队，开展敌后游击战争，建立抗日根据地，使广东抗日游击队更加旗帜鲜明地以人民军队的面目出现在人民群众面前。

太平洋战争爆发后，中共中央于1941年12月17日发出《关于太平洋战争爆发后敌后抗日根据地工作的指示》，为处于抗战相持阶段最困难时期的敌后根据地军民指明了斗争的方向。1942年1月，中共南方工委决定成立东江军政委员会，加强和统一东江地区敌后抗日游击战争的军队和地方党的领导；同时决定成立广东人民抗日游击总队，明确人民武装今后的斗争方向和任务，进一步开展东江敌后游击战争，建立巩固的抗日根据地，粉碎日伪顽军的军事进攻。

广东人民抗日游击总队成立后，部队进行统一整编，设立一个主力大队和四个地方大队。主力大队仍称第五大队；东莞地区部队仍为第三大队；宝安地区部队编为宝安大队；港九地区部队编为港九大队；惠宝边区部队编为惠阳大队。广东人民抗日游击总队建立和健全了各种规章制度，各项工作逐步走上了正轨。

惠阳大队于1942年4月正式成立，其前身是第三大队第一中队（又称"虎门队"）和惠阳短枪队，大队长彭沃（原虎门队队长），政委谭天度，副大队长高健，政训室主任叶锋。同年8月，彭沃改任珠江队队长后，惠阳大队由高健担任大队长。惠阳大队长期活动于盐田、梧桐山一带，在盐田老区人民的大力支持和配合下，奋战于日伪顽军夹击的艰苦斗争环境中，频频出击驻沙头角和梧桐山周围的日伪军，并向梧桐山地区推进，开辟了梧桐山的东部和北部地区，使活动区与梧桐山中心区连成一片，成为比较巩固的抗日根据地。

广东人民抗日游击总队港九大队、宝安大队和惠阳大队的成立，为进一步开展深圳地区的敌后游击战争，发展和巩固惠宝边抗日根据地，配合策应整个东江敌后抗日游击战争创造了条件。

五、港九大队在沙盐地区的抗日活动

1941年12月8日，日军偷袭珍珠港，太平洋战争爆发。同日清晨，日军12架轰炸机袭击启德机场。日本陆军趁机渡过深圳河，分两路进入"新界"，开始围攻香港。参加作战的日军以第二十三军（司令官酒井隆）第三十八师团（师团长佐野忠义）为主力，下辖步兵第二二八、二二九、二三〇联队，还有第一炮兵队及飞行队、海军等共3.9万余人。驻沙头角日军从中英街港方街区的车坪街入侵"新界"沙头角。沙头角部分村民被日军抓去当挑夫。

12月9日，广东人民抗日游击队按照中共中央"到一切敌占区去开展抗日游击战争，建立抗日根据地"的战略方针，派第三大队黄冠芳、江水、刘黑仔（刘锦进）等率领武工队在盐田乘船，经"新界"沙头角吉澳岛进入香港西关地区，

港九大队海上中队作战用的木船（罗欧锋 摄）

派林冲（林觉云）率领手枪队从沙头角与莲塘交界的伯公坳进入"新界"沙头角南涌村，派第五大队周伯明、曾鸿文、黄高阳等率领武工队由罗湖经"新界"上水进入香港元朗、锦田等地区开展抗日游击战争。

12月25日，香港总督杨慕琦向日军投降，放下武器的英军共有900人，香港遂告沦陷。香港沦陷后，从中英街到"新界"粉岭一路20多千米，日军在各主要路段设置重重关卡分兵把守，同时在沙头角一带大肆搜捕抗日爱国人士。

从1941年2月日军第二次侵占东江地区到12月日军进攻香港，盐田地区党组织大力支持配合广东人民抗日游击队，为恢复惠东宝敌后抗日游击根据地进行了艰苦的斗争。同时，也为盐田地区的人民抗日武装提供了给养和经费，输送了兵员，支援了部队的发展和抗日根据地的开辟。

日本侵略军攻占香港后，企图把香港作为对太平洋地区、尤其对东南亚各国作战的中间枢纽和军需补给基地。于是，日本侵略军从淡水、龙岗、坪山和惠宝边沿海各据点撤出，加强对香港的布防，但仍占据深圳（指深圳镇一带）、沙头角、横岗、沙湾、布吉等地区。日本侵略军撤出各据点后，国民党张光琼的第

一八七师、保安第八团、徐东来支队随即进驻。国民党军队消极抗日，随时企图"围剿"东江抗日游击队。

为了尽快恢复党组织的领导作用，港九独立大队政委陈达明，中共"新界"地下组织的何杰、刘德谦、梁超等人，分头将中共"新界"地下组织的人员接回部队，成立沙头角党支部；黄云生任支部书记，黄思明任组织委员，罗汝澄、何文贯任宣传委员。该党支部同时吸收先进分子入党，同期入党的有沙头角鹿颈村的陈亮（陈永震）、南涌村的罗雨中（罗观平）、沙头角镇的李吉芳等，他们后来都成为中共组织的骨干。

林冲小分队进入沙头角地区后，他们作风严谨，严格遵守三大纪律八项注意，同人民群众保持鱼水关系。进驻村庄，部队不是帮农民下田种禾、割稻，就是帮农民砍柴、喂猪，通过拉家常、谈农事进行革命宣传。通过宣传、发动群众，组建武工队的外围武装力量——民兵常备队，带领群众拿起武器清除土匪、恶霸，保卫群众的生命财产安全。在当地父老乡亲和华侨的支持下，小分队很快便装备了一支50多人的民兵常备队，建立起第一个抗日根据地。

1942年2月3日，广东人民抗日游击总队港九大队正式成立；3月，正式对外公开宣布。1943年3月后，为更有效地打击日寇，充分发挥各地区武工队独立自主、灵活作战的作用，活跃在"新界"沙头角一带的林冲率领的武工队被编为港九大队沙头角中队。林冲、莫浩波、邓华先后任中队长，罗汝澄任副大队长兼红石门税站站长，何杰、罗广智任指导员。中队下辖三个手枪队、一个长枪队、一个民运队、一个税站、一个情报交通站，由原来16人的小分队迅速发展为100多人的队伍。

沙头角中队活动区域一览表

名称	活动区域	负责人	队员
武工队第一手枪队	大埔、沙螺洞	莫浩波	
武工队第二手枪队	三亚村	卢进喜	
武工队第三手枪队	元朗	高平生	
长枪队	沙头角、盐田、小梅沙	卓觉民	张立青、游扬、蓝奋中、李思奋等
民运队	沙头角地区	罗广智	欧巾雄、陈水、黄义中、张英、蔡华、余绿波、陈强、曾发等
情报组	沙头角地区	刘德谦	黄云生、陈亮、李吉芳、罗汝中、欧坚、何集庆、何集兰、袁浩、陈鸿
交通站	沙头角地区	欧巾雄、曾发、罗许月	李英、李锋、王兰娇、刘奇、黄祥、张亮、黄荣
税站	红石门	罗汝澄	

六、乌蛟腾会议和抗日反顽斗争方针的确定

在阳台山、大岭山和惠宝抗日根据地军民顽强抗击日伪顽军围攻的危急关头，1943年1月，中共广东省临时委员会（简称"省临委"）在坪山地区正式成立，尹林平任书记，梁广、连贯为委员。尹林平负责全面兼军事工作，梁广负责城市工作，连贯负责国民党统治区党组织联络和华侨统战工作。广东省临委在中共中央南方局的直接领导下，开展广东全省城乡抗日斗争以及其他各项工作。

2月，中共中央南方局电报批准东江军政委员会成员的调整

名单，由尹林平、曾生、王作尧、梁鸿钧、杨康华、罗范群、林锵云组成，尹林平任主任。东江军政委员会领导东江、珠江三角洲和中区等地区的抗日武装斗争。电报同时也批准了广东人民抗日游击总队领导干部的调整名单，尹林平任政委，曾生任总队长，王作尧任副总队长，杨康华任副政委兼政治部主任，梁鸿钧任参谋长，李东明任政治部副主任兼组织科长。中共中央南方局书记周恩来指出在日伪顽军夹击的严重局势下，必须立即采取一切必要措施，应对险恶环境。"国民党对我虽趋向于政治解决，'但对东江则势在必打，志在消灭'。"不能对国民党顽固派存有幻想，要依靠群众和干部的团结以及积极行动，针锋相对地同其展开斗争。

为了贯彻执行中共中央南方局的指示，总结广东敌后抗日游击战争的经验教训和部署今后的工作，广东省临委和东江军政委员会在"新界"沙头角区乌蛟腾村召开会议。会议认真学习了中共中央南方局的指示，总结了一年来对敌斗争的经验教训，特别是检讨了反顽斗争的教训。会议认为，广东人民抗日游击总队成立以来，忠实地执行了中共中央及上级的指示，坚持敌后游击战争，使党和人民军队的威信得到提高、政治思想素质得到提升，干部经受了艰苦斗争的锻炼，党在部队中的领导作用也得到了加强。但是，由于对国民党反共反人民的反动本质及其决心消灭人民抗日武装的认识不深刻，加上对时局的估计偏于乐观，因而对国民党顽固派发动大规模长期进攻估计不足，准备不够，部署不当。在国民党顽军集中兵力大举进犯阳台山区，敌我力量悬殊，回旋余地不大的情况下，广东人民抗日游击总队本应避敌锋芒，转向外线到大岭山区或惠宝边区去，抓住敌人的弱点打歼灭战，但却留在内线进行正面抵抗，从而陷入被动地位，给部队和抗日根据地带来了严重的损失。会议认为，虽然当前局势非常险恶，但只要采取正确的措施，有战胜困难的信心和决心，就一定能够战胜困难、夺取胜利。

会议研究确定，必须以积极主动反击日伪顽军作为部队行动的方针，以迅速改变被动地位，争取局势好转。为此，会议决定：第一，加强各级干部的领导力，使各大队能起战略单位的作用，精兵简政，充实基层，改进领导方式和工作作风；第二，调整部队，加强主力部队及在敌后的兵力，提高部队质量与战斗力，扩大部队的回旋地区，积极对抗日伪军，坚决还击顽军的进攻；第三，加强党的建设，加强党的领导作用；第四，发展武装的重心放在建立外围武装与组织民众武装，派遣干部加强领导；第五，加强政治攻势与政治宣传，广泛系统地宣传广东人民抗日游击总队的政治主张；第六，广泛组织民众，提高民众的抗日积极性；第七，广泛开展统一战线工作，克服过"左"的政策，多交朋友，团结各阶层抗战力量，最大限度地孤立国民党顽固派；第八，加强敌伪工作；第九，坚持自力更生方针，厉行节约，开源节流，尽可能进行生产事业；第十，建立保卫组织，正确执行中共中央锄奸政策，克服过"左"毛病。

乌蛟腾会议是广东人民抗日游击战争的历史进程中，克服困难、扭转被动、走向主动的重要会议。它使广东人民抗日游击总队的指战员们在思想上彻底消除了对广东国民党顽固派残存的幻想，确定了坚决进行反顽斗争和积极主动打击日伪军的方针，为广东敌后抗日游击战争的发展奠定了坚实的思想基础。会后，游击总队着手建立税站，解决部队给养；研究爆破和夜间战术，向日伪顽军全面出击，使部队迅速改变了被动地位，开创了惠东宝地区抗日游击战争的新局面。

第四节 盐田抗日根据地的开辟与巩固

盐田地区的武装斗争开展后,活动在该地区的人民抗日武装的军需补给和后勤保障问题日益凸显。于是,创建盐田抗日游击根据地的问题自然而然被提上了议事日程。经过一番艰苦的努力,盐田区域的抗日游击根据地终于建立起来。

一、盐田抗日根据地的开辟

香港沦陷之后,广东沿海大部分地区也沦为敌占区。日军为进一步实行"以战养战"的方针,一方面加强对沦陷区的掠夺,另一方面对东江人民抗日根据地发动大规模的军事进攻。广东人民抗日游击总队建立初期,虽然加强了军事活动,展开了对日伪军的军事攻势,但以坪山为中心的惠宝边敌后抗日根据地尚未真正形成,部队活动范围受到限制,能够控制的地区只限于梧桐山以东、葵涌以西、坪山以南至沿海一带约800平方千米的地区(基本包括现在深圳市盐田区),回旋余地很小。

为了打击日伪军的"扫荡"和反击顽军的进攻,取得大鹏湾海域的控制权,进一步巩固和扩展惠宝边敌后抗日根据地,广东人民抗日游击总队做出加强惠宝边的军事力量、扩展惠宝边敌后抗日根据地的决策:一是西边向梧桐山周围扩展,力求全面打通与宝安阳台山抗日根据地的联系,同时打通与港九大队的陆上联系,形成与阳台山抗日根据地相互策应之势;

二是东边向大鹏半岛扩展，建立游击队基地，确保与大鹏湾海域部队的联系，增强海上活动，为进一步控制大鹏湾海域创造条件。

广东人民抗日游击总队惠阳大队成立后，主动出击，频频打击日伪军。1942年5月上旬，惠阳大队袭击侵华日军设在沙头角附近的哨所和营房；第二天在沙头角至盐田交界的九径口阻击企图报复的日军，毙敌10余人；5月13日晚，又取得铜锣径伏击战的胜利。这些战斗打击了日军的嚣张气焰，鼓舞了抗日军民的信心，对惠宝敌后游击根据地的建立和发展起到重要作用。

1942年，广东人民抗日游击总队决定开辟梧桐山游击区。4月，惠阳大队从坪山根据地挺进梧桐山区，建立盐田根据地，盐田地区革命形势蓬勃发展。6月，广东人民抗日游击总队副总队长（后为总队长）曾生回惠宝边工作，恢复和发展惠宝边抗日根据地。曾生与惠阳大队负责人研究决定，壮大抗日游击队，巩固惠宝边抗日根据地。为了开辟惠宝敌后游击根据地，惠阳大队在对日伪军作战的同时，组织民运工作队深入盐田乡村宣传，发动群众，组织青年参军参战。中共前东特委与总队政治部从地方党以及海外归来参加部队的党员中抽调了一批素质较强的党员充实民运工作队，各队队长多是区委一级干部。部队党组织围绕巩固中心地区和扩展梧桐山周围及大鹏半岛地区，组成了盐田、田心、大鹏、龙岗、坪山、坑梓、横岗、茜坑、新墟、坪地等10个民运工作队，形成了整个惠宝边区的民运工作网。4月，惠阳大队派队长何武，副队长王柏（女）、刘文，男队员钟吉鄰、廖其谷、陈生、叶强、廖来，女队员黄丽芳、陈冬、叶银英、叶梅、练英、罗菊等20多名民运队队员，在东和乡（包括今盐田大部分地域）开展宣传、发动群众，组织青年会、妇女会、儿童团等抗日团体的工作。民运队队员还深入到其他乡村中，一边帮助民众干农活，一边向民众宣传抗日救国的道理。经过深入发动和组织群众，盐田几乎村村都建立了群众组织，男女老幼都动员起来，支持和协助游击队的抗日斗争。特别是在驻村民运队队员的指导下，盐田各村还成立了民兵组织。他们白天进行生产劳动，晚上集中睡觉、站岗放哨或操练，发现敌情，马上派人通知部队，并组织群众上山躲避。经过一番努力，盐田各乡村民众都充分发动起来了。

在深入发动民众的同时，惠阳大队主力还对盐田区域内的小股日伪军和地方反动势力进行打击，拔除其据点，扩大游击队的控制区。1942年10月10日，惠阳大队短枪队化装成商人和平民进入盐田地区，全歼在坳背桥头抢掠村民财物的一个伪军分队，迫使驻盐田海关的侵华日军一个小队连夜撤回沙头角。惠阳大队收复盐田后，日军在沙头角北面的沙井头村建立了一个外围据点，驻有伪军一个中队，既阻挡抗日游击队对沙头角日军的突袭，又阻碍盐田通往港九抗日游击基地的交通。于是，曾生总队长命令惠阳大队拔掉这个据点。惠阳大队经过一段时间的工作，在庵上村群众的配合下，争取到这个据点的一个伪军班长做内应。1943年1月，在盐田常备抗日自卫队的协作下，惠阳大队突然发起夜袭，结果不费一枪一弹，干净利落地全歼伪军一个中队，从而打通了盐田至港九地区的陆上通道，威胁驻扎在沙头角中英街的日军。经过一系列的军事打击之后，日伪军对盐田的军事压力得以缓解。这也为盐田抗日根据地的建立创造了有利条件。

自此之后，惠阳大队在梧桐山麓庵上村、南山村设立总部。广东人民抗日游击总队队长曾生、惠阳大队政委谭天度常常在此活动。惠阳大队也长期活跃在沙头角、盐田、梅沙地区。盐田抗日根据地的开辟初见成效。

二、盐田护路税站的设立

抗日游击队需要解决自己的后勤给养,这是游击队生存和发展的必要条件。日军入侵香港后,南洋华侨和香港工会的抗日捐助中断,国民党政府也不拨款,抗日游击队惠阳大队给养相当困难。当时,大鹏湾、盐田一带到香港进行商业活动的商人很多,但这一带的土匪也较多,经常发生抢钱、抢物的事件。所以,来往客商与惠阳大队联系,请惠阳大队对他们加以保护。惠阳大队为了解决武装部队的给养,依靠人民群众,通过保护商旅,设立护路收税站,取得税费收入,保障给养。开始的时候,惠阳大队派出一部分手枪队队员,在葵涌到坪山的枫树坳和盐田到横岗的大坳、小坳的交通路口插上旗帜,写上"护路"二字,地面上铺一块包袱皮,不规定税率,由客商自愿捐献抗日经费;后来,护路费从自愿捐献改为按担收钱;再后,又由按担收钱改为论货收钱。

由于形势发展需要,广东人民抗日游击总队和惠阳大队领导研究决定:建立自己的税务机构,保证部队给养,冲破敌人的经济封锁。1941年12月下旬,成立了沿海对敌封锁站,曾尧任站长,何武任指导员。封锁站以小梅沙为基地,又称小梅沙税务总站,下设盐田、沙鱼涌、南澳分站。盐田分站又下设大梅沙、陈坑、溪涌、大澳、九径口征收组。盐田分站由张华任站长,何基任税务组长。对敌封锁站的主要任务:一是封锁金、银、粮食和耕牛出口;二是严禁毒品进口;三是限制焚化品、迷信品和化妆品进口;四是设点收税、缉私,取得稳定收入,保障部队给养;五是侦察敌情,联络交通,发动群众。盐田分站建站初期每天可收税款约10万~20万元(法币,下同),其中收入较多的是大梅沙征收组,每天可收税3万~5万元。后来又专门设武装班保护税收，每天可收到税款10万～20万元。每天从早上到黄昏5点左右，往香港的商人就在那里排队缴税；晚上从12点到黎明前，从香港回来的商人也在排队缴税；商品大多是旧衣、药品、杂货等日常用品。

由于税站都设在交通要道，敌人容易对抗日游击队实行突然袭击。但是有广大群众做抗日游击队的耳目，游击队往往能提前得到消息。敌人来了，抗日游击队就隐蔽在老百姓当中或山坑密林里，使敌人常常扑空；敌人走了，抗日游击队就出来收税；来的敌人少，就抓住机会伏击消灭他们。

1942年10月，惠阳大队的短枪队袭击了抢掠人民财产的一个伪军分队，驻在盐田海关的日军害怕被歼，连夜仓皇逃回沙头角。但是，附近的杂牌军盯上了盐田坳这块税收极丰的"肥肉"。惠阳大队就先发制人，在坪地消灭了杂牌军一个连，在坪龙公路的猪肠坑沉重打击了杂牌军一个大队，为抗日游击队巩固和发展以盐田为中心的梧桐山周围的根据地，创造了有利的条件。

当时香港基本不产粮，主要从东南亚地区进口，但因战乱，运输受阻，港九地区不仅群众缺粮要到内地买，驻港的日军、行政机关和汉奸队伍也因缺粮而鼓动一些商贩到内地贩粮进港，更有一些伪军和国民党顽军、杂牌军武装走私粮食、矿产和鸦片。对于群众买粮，税站进行限量、限次；对于不法商贩和伪军、顽军的走私，税站工作人员坚决缉没。因此，到1943年东江纵队宣布成立的前后，设在小梅沙的税收总站便改为封锁站，并增加了缉私的任务，人员也有所增加，武装班也扩大为小队，徐惠祥任站长，何武负责党务和政治工作。

封锁站人员最忙碌、最紧张的时间是晚上12点左右。天黑后，武装小队要派出对海面和陆上的加强警戒哨和登陆点的巡逻哨，税收人员要做好一切准备工作，所有人员都要清楚发生情况后各自的任务和应对措施。晚上12点后，一般会陆续不断地有货船靠岸、登陆，小梅沙海滩便热闹起来。挑夫涌向登陆点待雇，商贩们登岸，查点货物，雇请挑夫，排队过税、吃饭……税收员忙着开税票，收钱；一些队员在现场巡视、宣传；卸了货的船工吃饭，抓紧时间把船疏散、隐蔽。此时的小梅沙海滩既像一个兴旺的小市场，又是一个紧张的，随时要防备可能发生危险的场所，直到东方露出曙光才能静下来。

小梅沙的安全、方便，吸引了许多商贩，他们主动向队员提供一些港九地区日军的动态和后方国民党军的情况，还帮助宣传游击队的爱国、爱民，积极加入打击日伪军的行列中。

日军对小梅沙税站进行过几次袭击，但不是扑空便是吃亏而去，海滩的草屋至少被烧过两次，但用不了几天又搭起来了，特别是1943年春夏间日军分水陆两路的一次袭击。那天，天亮前，武装小队和往常一样，派出巡逻小组在小梅沙西侧盐田、大梅沙通往小梅沙的必经之路旁的小山上进行巡逻。当他们到达山头时，发现有成队的日军向山上走来，便开枪猛射，把日军打下了山。日军因不了解山上的情况，且崎岖狭小的山路令日军不能展开队形往上冲，便退到山下。听到枪声后，曾志忠小队长很快跑上山头了解情况、指挥战斗，山下的队员也按计划各就各位。很快天亮了，游击队发现海上有日军的电船，大梅沙方向山上山下也有许多日军，并向游击队占领的小山头开炮。一排排炮弹在山头爆炸，碎片呼啸乱飞，队员们手里只有步枪，打不到远处的敌人。海上敌电船也一边开着机枪扫射，一边向岸边靠拢，寻找登岸的地方。此处由张华指挥，隐蔽在海边山上的人员瞄准了电船上的敌人，听张华一声喊"打"，战士便一同扣动手中的枪。船上的指挥官被打倒，船停在海上不能靠岸。但弹片乱飞的山头因没有工事掩体，曾志忠只好指挥队员先撤退到山背隐藏，山头只留下一个队员监视敌人。不久，山上的炮弹爆炸声停止了，曾志忠正欲指挥队员重占山头时，便听到山上枪声响成一片。留在山上监视敌人的队员跑来，报告日军已占领了山头，曾志忠只好指挥游击队退入山林，做好敌人搜山的自卫还击准备。

当时小梅沙的西面是一片茂密的树林，敌人不敢贸然搜山，只在山上、山下、村中和海滩草屋搜索，也不敢久留，放火把海滩税站草屋点着便撤走了。没过多久，小梅沙海滩又搭起了两排新草屋，商贩不但没减少，反而增加了。小梅沙税站从1942年设立，一直坚持到日军投降。税站每天可上交两三万元的税款，为东江纵队筹集经费做出了巨大的贡献。

三、打退国民党顽军的进攻

盐田地区是广东人民抗日游击总队部及惠阳大队部的所在地，这引起了国民党顽军的注意，顽军疯狂地向盐田地区连续发动大"围剿"。面对国民党顽军加紧实施"剿共"计划的严峻局势，盐田地区抗日军民根据中共中央指示精神，对破坏抗战、制造军事摩擦的国民党顽军给予有力的反击。

1942年2月，国民党第七战区召开广东"绥靖会议"，限期三个月内消灭东江的曾生、王作尧部队。从4月开始，国民党广东当局先后出动第六十五军一八七师与挺进第六纵队徐东来支队、梁桂平支队等部共5 000多人，向宝安阳台山抗日根据地进攻，受到阳台山军民的迎头痛击。4月中旬，国民党顽军一八七师一个团进犯梧桐山东侧的西坑、油田、大小凹地区，遭到惠阳大队的阻击，死伤50余人。

11月下旬，顽军在进攻宝安阳台山区的空隙，又拼凑了一个多团的兵力向抗日游击队惠宝边区进攻，企图消灭惠阳大队。这时惠阳大队按已定的向西发展的部署，把活动重点开始转向梧桐山地区，部队正集中在梧桐山北边的油田、西坑、桔子园一带休整。顽军也跟踪而来，把进攻重点指向梧桐山地区。曾生回到惠宝边区后，大部分时间是和惠阳大队一起行动的，这时正在大队部。顽军兵分三路，在密集的炮火掩护下，发起进攻。惠阳大队在大队长高健的指挥下，在西坑、桔子园山地迎击敌人。激战至午后，顽军占领了西坑、桔子园和通往盐田的大小坳等地。抗日游击队向梧桐山南麓的南山、庵上一带转移。

曾生和惠阳大队政委谭天度来到庵上村。庵上村是一个只有十多户人家的半山小村，距南山、大鹏湾海岸均约两千米，西南距沙头角约三千米。顽军占领盐田后，继续向南山抗日游击队进攻，高健组织曾秀、石炳生、叶维儒等在南山两侧阻击敌人，并派郑戈独立小队登上梧桐山顶警戒。曾秀、石炳生、叶维儒等打得英勇顽强，而且战术灵活。左路顽军被击退了，石炳生也受了重伤。天黑后顽军停止了进攻，驻扎在盐田一带的村庄中，等待天亮后继续进攻。经过一天的战斗，惠阳大队的位置已经暴露，沙头角日军随时可能发动进攻。惠阳大队处于日军和顽军夹击的危险境地，必须迅速突出顽军的包围圈，避开日军的攻击，以保存惠宝边这支人民的骨干部队，再相机打击敌人。这时，盐田和庵上的村民主动用三艘大木船搭载惠阳大队的指战员，在夜色的掩护下，从盐田顽军和沙头角日军之间的空隙九径口（现盐田港）穿过，悄悄地渡过大鹏湾，在对岸九龙"新界"的榕树坳村登陆，最终突出了敌人的包围圈。

1943年1月下旬，顽军两个营经茜坑向驻盐田的惠阳大队进攻，激战一天，顽军死伤10余人后撤退。顽军又采取拂晓前偷袭的战术进攻驻梧桐山的惠阳大队，惠阳大队巧妙地撤出战斗，使顽军与驻沙头角日军对打起来。顽军连遭失败后，不敢再轻易进入盐田地区，惠阳大队便控制了盐田、坪山、龙岗、横岗地区。7月中旬，惠阳大队大队长高健率领一个小队和短枪队，采取军事压力和政治瓦解相结合的办法，将活动在沙湾、横岗一带的肖德青大队改编为惠阳大队的一个中队，共有80多人、重机枪1挺、长短枪数十支。

9月上旬，护航大队全歼驻澳头的国民党王竹青部一个中队，毙敌20余名，俘敌40余名，缴获轻机枪3挺、长短枪30余支。

9月16日，顽军独立第九旅一个营和徐东来部两个中队，拉网式地向惠阳大队进攻。他们采取左、中、右三面迂回的战术进攻包围盐田惠阳大队驻地，左路和中路共三个连从龙岗出发，其中两个连直扑盐田，一个连从正面拉网式围攻；右路两个连从坪山出发，向三洲田迂回，另一面是大海。顽军以为这样的部署，形成钳形攻势，将使惠阳大队插翼难飞。顽军这一招是企图包围、消灭东江纵队司令部和惠阳大队部。惠阳大队掌握顽军的部署后，在盐田人民的支援下，以一个长枪小队和一个短枪小队分乘三艘大木船从海上迂回到顽军的后方，在离坪山顽军驻地三华里的果园背村隐蔽驻扎。惠阳大队根据情况了解到顽军第二天（9月17日）天亮前出动，当夜秘密进入三洲田至碧岭之间的狭窄山径设伏，并与在碧岭卖猪肉的老乡约定，当顽军经过碧岭村时吹响号角示警。9月17日7时许，报警号角响起后不久，顽军进入惠阳大队的伏击地段，走在前面的是杂牌军李乃铭大队的一个连，后面是独九旅的一个连。惠阳大队放过了杂牌军。当独九旅的那个连全部进入伏击地段时，大队长一声令下，轻机枪和步枪齐射，同时开火，手榴弹在敌群中开花，突击队在离顽军只有几米的伏击地点跃起冲锋，采取"砍头、截尾、破肚"战术，分割顽军的行军队形，分段歼灭，仅20分钟就结束战斗；毙伤了七八十个敌人，缴获法式、粤式机枪各一挺，步枪几十支，子弹、手榴弹数箱，还俘虏顽军几十人，经教育后释放。惠阳大队在战斗中有3名指挥员、2名战士牺牲。这也是抗日游击队以少胜多的一个范例。

惠阳大队取得粉碎顽军大"围剿"的胜利，是在盐田和庵上人民的支援下取得的。惠阳大队在盐田区域活动期间，盐田老区人民给予了很大的支持。当敌人计划对游击队进行袭击、"围剿"时，盐田的民众给游击队传递信息；当游击队遭受围攻、处境困危时，盐田的民众主动用船只从海上偷偷将游击队运走，使游击队得以突出重围；更值得一提的是，惠阳大队有几位战士在战斗中光荣牺牲，三洲田的老百姓把自己的寿材拿出来掩埋牺牲的战士。盐田老区人民与游击队军民鱼水一家亲的感人故事不胜枚举，时任惠阳大队大队长的高健尤为感动，曾经这样说："顽军疯狂地向盐田地区连续发动五次大'围剿'，每次出动一个正规营以上兵力，但每次都被我抗日军民粉碎了。其中最激烈的是1942年冬和1943年秋那两次，都是在盐田人民的大力支持下取得的胜利。"[①]

自从顽军遭受游击队的几次打击之后，元气大伤，直到抗日战争胜利，都没有再进攻盐田。同时，驻沙头角的日军也不敢像过去那样常派少数人到盐田抢掠了。

从1941年9月顽军先后大举进攻抗日游击队大岭山和阳台山根据地开始，至1943年9月，东江抗日游击队一直是处在日伪顽军的夹击下坚持斗争。抗日游击队根据地的军民共同努力，英勇作战，克服重重困难，粉碎了日伪顽军的进攻和"扫荡"。在惠

[①] 中英街历史博物馆编：《东纵在盐田》，美意世界出版社2004年版，第14页。

宝边区，恢复和发展了部队东移后一度被顽军占领的以坪山为中心的抗日根据地。抗日游击队在战斗中不断壮大和发展，由原来的两个大队发展为五个大队和一个独立中队，成立了统一的组织——广东人民抗日游击总队。在东江以南、广九铁路两侧的抗日根据地已逐步建立起来，并开始走向巩固。

四、反日军"扫荡"的胜利

1942年冬，日军包围洪安围，逼迫村民招出游击队队员，未得逞后抓走村中36名男丁，并押到沙头角镇碉楼，实施狼狗咬、灌水、吊飞机、竹筒火烧脚底、棍打、脚踩、钻铁刺笼子等酷刑。受刑的百姓有彭寿、彭发、彭丁仁、彭官来、彭贤昌、彭亚发、彭春荣、彭桂昌、彭福、彭景坤、彭亚照、彭得、廖炳福等。日军用尽酷刑仍然无果，便对每人勒索伪币2 000多元后才将其释放。不久，受重伤的彭寿、彭发、彭丁仁、彭官来等人相继伤毒发作过逝。年仅12岁的彭香受酷刑后遍体鳞伤，不得不变卖家产治疗，但其心、胃、耳等仍落下了病根。一时周围村落被日军残杀的村民不计其数，如小布村的何亚星，甲宿墩村的李长公、杨林森，坳背下围何观兴的父亲，新围何桂的妻子，庵上村的李马发、李煌生、李卓茂，以及到庵上逃难的3名百姓等。被日军烧毁的民房恩上村有46间，黄獠苗村有10多间。①苦难的盐田人民并没有被日寇的凶残、顽军和土匪的欺凌所吓倒，他们带着满腔的家仇国恨，在中共的领导下，纷纷投身到全民抗日游击战争中。

从1943年开始，盐田地区抗日军民在中共中央南方局指示精

---

① 中英街历史博物馆编：《东纵在盐田》，美意世界出版社2004年版，第84页。

神的指引下，向日伪军展开了全面出击。1月至9月，广东人民抗日游击总队及惠阳大队，在当地人民群众的支援下，在开展抗日游击战争的同时，粉碎了国民党军队向沙头角、盐田一带发起的五次大"围剿"。惠阳大队从驻地盐田向梧桐山推进一年多，梧桐山东部和北部地区已经和坪山中心区连成一片，成为巩固的抗日根据地；梧桐山西部和南部地区，除丹竹头、沙湾、沙头角3个日军据点外，广大地区已为游击队所控制。

1943年1月，惠阳大队派民运队的叶波涛打进伪军中队，在庵上村群众的配合下，争取到伪军一个班长做内应。一天晚上，由盐田常备抗日自卫队和庵上村交通联络员协助，惠阳大队向伪军据点发起突袭，结果不费一枪一弹，全歼据点内伪军中队，打通了从惠宝边地区至港九地区的陆上通道。

2月15日晚，惠阳大队派一个独立小分队深入梧桐山南麓的莲塘、坳下、铁门扇（今仙湖植物园南门一带）等地执行开辟新区任务。小分队和随行的民运队队员及负责税收工作的短枪队队员共50余人，由特派员王慕和小队长戴鼎带领，白天在坳下后山树丛隐蔽，晚上下到村庄做群众工作。因连续两年灾荒，粮食紧缺，为了不增加群众的负担，17日晚，独立小分队派一个班回盐田背运粮食。不料当地一名伪保长发现此行动，就跑到深圳（指深圳墟）向日军告密。18日，日军从深圳墟和沙湾调集100余人的兵力，向坳下后山包围。下午3时左右，沙湾的日军经黎围向佛子坳偷袭过来，被正在佛子坳税站收税的独立小分队副队长高桥和2名队员发现。3人抢占梧桐山腰，然后开枪射击。但3支短枪射程近，无法牵制日军，日军占领佛子坳，切断了独立小分队向小三洲转移的去路。此时，从深圳乘车赶到莲塘的日军，下车向坳下后山猛扑过去。独立小分队在瞭望哨发现敌情时，日军已形成包围态势，且越逼越近。特派员王慕和小队长戴鼎带领

20余名配备武器的人员，迅速登上坳下后山头迎击日军，其余非战斗人员分散隐蔽，一场激烈的战斗打响。小分队战斗人员居高临下，同时开火。枪声、手榴弹爆炸声响彻山谷，冲在前头的日军相继倒下。日军仗着人多、武器好、火力强，仍嗷嗷叫着往上冲，后来还是慑于小分队战士火力而退回山下。日军调整部署，组织第二次进攻，最后在数挺机关枪、掷弹筒和炮火的掩护下，日军冲到半山腰。小分队战士拼命阻击，小队长戴鼎不幸中弹牺牲，特派员王慕负重伤。战斗进行到下午5时左右，战士的子弹、手榴弹全部打光，日军冲上山头，双方展开肉搏战，终因敌我力量悬殊，最后小分队战士一个个倒下，特派员王慕牺牲。入夜，日军不敢进入密林搜索，下令放火烧山，5千米外都能看到熊熊烈火。战斗结束，日军伤亡30余人，独立小分队20余名指战员全部壮烈牺牲，其中有5名盐田常备抗日自卫队队员。

沙头角日军为了自身安全，在离沙头角桥头约百米之处的张丁贵大院设置新据点，派驻了一个伪军中队。惠阳大队决定端掉这一据点，由庵上村16岁青年李东发协助侦察，以打更做内应。经过周密侦察后，惠阳大队于6月7日在盐田常备抗日自卫队和庵上村群众的配合下，夜袭侵华日军在中英街桥头附近的外围据点——张丁贵大院，一举爆破成功，全歼伪军一个中队。沙头角日军除盲目射击外，不敢贸然出援。此后，日军再不敢在这个地区建立外围据点。

夏秋之间，惠阳大队在港九大队沙头角中队的配合下，数次攻击沙头角日军宪兵和警备队以及莲麻坑矿山的日军，虽然未能歼灭日军，但给沙头角日军造成很大威胁，使其龟缩在沙头角，不敢轻易进犯其他地区。

广东人民抗日游击总队取得了对日伪战斗的胜利,使路西①宝安阳台山根据地和东莞大岭山根据地连成一片,宝安阳台山根据地得到进一步巩固。同时,路东②地区以坪山为中心的惠宝抗日根据地也进一步扩大,使惠宝边的东、西、南大部分地区连成片。在抗日军民的浴血奋战下,整个深圳地区的形势发生了根本性的好转。

五、盐田抗日根据地和民主政权的建立

盐田地区通过民运人员深入发动和组织群众,各个乡村的群众都被发动起来,纷纷建立起抗日团体和组织,支持和协助游击队的抗日斗争,真正做到了全民抗日。由于群众基础比较好,具备建立半公开的抗日民主政府的条件,遂依照中共在延安建立"三三制"的民主政权方式,于1943年1月成立了东和乡(含盐田、沙头角)抗日民主政府,由何昌国任乡长,吴维汝为副乡长,乡政府办公地点在乐群学校,乡政府干事有何昌廉、何丁才、何志龙等人。

抗日民主乡政府成立后,配合惠阳大队做了大量工作:组织民兵站岗放哨,建立抗日常备自卫队(脱产),队长张才、杨锦良(后任),副队长刘煌,政治服务员何群,班长何德、罗洪、何尔夫等人,队员有20多人;自卫队配合惠阳大队作战,招之即来,来之能战,战之能胜,是一支打击日伪顽军、保卫家乡的坚强队伍。乡政府还建立了乡的交通站和情报网,监视沙头角日军警备队的行动,很有成效;又为惠阳大队采购粮食、添置被服,做了很多后勤服务工作;还进行"二五"减租,组织群众生产

---

① 路西,指广九铁路之西,包括宝安、东莞的一部分。
② 路东,是指广九铁路之东,包括东(莞)、宝(安)一部分和惠阳的大部分。

自救。

惠阳大队有了盐田人民的支持，弥补了自己的兵力不足，有条件开辟以盐田为中心的根据地了。有了盐田抗日根据地，从此盐田就成为广东人民抗日游击总队惠阳大队的指挥中心。[①]

1944年初，东江纵队政治部向全军发出建立抗日民主政权的指示：凡是部队所到之处，都宣布废除国民党统治时期的一切不合理的制度和苛捐杂税，发动群众组织起来，建立民主政权；以民主政权为机构，进行抗日根据地的建设，使东江抗日根据地成为有武装、有政权、有广大群众基础的抗日根据地。

1月10日，宝安县第四区抗日民主政府在观澜乡甘坑村成立。3月，宝安县第一、二区抗日民主政府成立。同年春，大鹏区王母乡抗日民主政府成立。接着，沙溪、桂岗、鹏一等乡民主政府也相继成立。

在区、乡抗日民主政权基本建立起来的基础上，根据东江纵队的决定，7月1日，在路西解放区建立县一级的抗日民主政权机构——东宝行政督导处；督导处下辖10个行政区，其中宝安县属4个区，分别设在黄田、公明、深圳、龙华，东莞县属5个区，另有梅长（平）塘（厦）地区未成立抗日民主区政府。

1944年秋，在东江纵队取得打击日伪军和反击顽军进攻的一系列战斗胜利之后，路东解放区先后建立6个区抗日民主政权。1945年4月23日至27日，东江纵队政治部在惠阳县麻溪乡召开路东解放区首届参议会，正式选举产生由49名参议员组织的路东参议会，由9名行政委员组成的路东行政委员会。路东行政委员会管辖范围"北以东江河为界，南至大亚湾、大鹏湾，东以惠淡

---

① 中英街历史博物馆编：《东纵在盐田》，美意世界出版社2004年版，第22页。

河、澳头公路为界，西以广九铁路为界"，划分为新一区至新六区。现在深圳市盐田区地域在新二区，下辖坪山、定南、坑梓、南强、龙岗、沙湾、东和、坪地等乡。1944年10月10日，大鹏地区抗日民主政权——路东新一区抗日民主政府成立。1945年1月1日，坪山地区抗日民主政权——路东新二区抗日民主政府成立，新二区政府下辖坪山、南强、定南、坑梓、龙岗、沙湾、东和、坪地等8个乡政府。同时，路东解放区各乡村也普遍成立了农抗会、青抗会、妇抗会、儿童团、生产救济会和备耕队等群众组织。

东宝行政督导处和路东行政委员会是在中国共产党的领导下，联合抗日的各阶层人士组成的统一战线的民主政权。这两个机构实施民主政治，广泛发动群众，支援抗日战争，为深圳地区抗战的胜利做出了重要贡献。由于盐田地区的群众基础比较好，惠阳大队在梧桐山麓设立总部，广东人民抗日游击总队队长曾生常常在此活动。

朝阳围地处梧桐山脚，彭长娇是朝阳围曾姓媳妇，懂一些草药土方。她家是游击队的落脚点，经常有一些伤病员秘密送来医治。曾生司令员跟彭长娇的儿子曾桂发是拜把兄弟，在抗战期间，曾桂发曾被国民党抓到龙岗，后经乡绅万新发担保才得以释放。曾生白天在后山办公，夜里住宿在曾家，直至东江纵队北撤山东烟台。其时，到曾家医治的伤病员较多，游击队还特意安排了黄月娥到曾家帮忙做饭。彭长娇以医务所做掩护，经常冒着生命危险收治盐田一带的抗日游击队伤病员，因而被东江纵队授予"游击队母亲"称号。1994年，彭长娇病逝。

第五节 东江纵队成立与抗日战争胜利

在东江敌后战场，东江纵队度过了艰苦卓绝的1943年后，军政建设进一步加强，部队人数增加，干部的军政素质得到提高，抗日根据地和游击区日益扩大。1944年，世界反法西斯战争的形势迅猛发展，日本在太平洋战场的败局已定，面临最后覆灭的命运。中国共产党领导的敌后战场，从1944年开始进行局部反攻，迫使日军在解放区战场处于战略守势。

一、参与秘密营救滞港文化名人[①]

抗战期间，香港聚集了大批文化界知名人士和爱国民主人士。尤其是皖南事变后，因国民党顽固派加紧对抗日进步人士的迫害，许多著名学者、教授、作家、戏剧家、音乐家、美术家及各界爱国民主人士在内地不能立足，先后从上海、武汉、广州、桂林、重庆、昆明等地，辗转来到香港避难；客观上推动了香港抗日救亡运动的发展和香港文化的繁荣。

香港沦陷后，受困于港九的文化界知名人士和爱国民主人士有300多人。日军封锁港九交通要道，实行宵禁，在全香港进行地毯式大搜查，矛头对准爱国民主人士和抗日进步分子。同时，

[①] 深圳市史志办公室编著：《中国共产党深圳历史》（第一卷），中共党史出版社2012年版，第126—132页。

侵占香港的日军总部发布命令，限令旅居香港的文化界人士前往"大日本军报导部"或"地方行政部"报到。日本文化特务机关还以各种手段要蔡楚生、司徒慧敏等人到设立在半岛酒店的日军司令部"会面"，妄图将旅港的爱国民主人士和文化界知名人士一网打尽。爱国民主人士和文化界知名人士的处境极其危险。

中共中央对这批爱国民主人士和文化界知名人士的安全极为关注。1941年12月8日，即日军进攻香港的当天，中共中央书记处就急电南方局和周恩来："我对英美政府应建立广泛和真诚的反日反德的统一战线；香港文化界人士和党的工作人员应向南洋及东江撤退。"①12月9日，周恩来急电在香港的廖承志等人，在分析形势以后，做出周密安排。电文指出："菲律宾'将不保'，新加坡'或可守一时'。估计香港工作人员的退路只有广州湾、东江和马来亚。"②他还提出："对这部分人，能留港或将来可去马来亚和上海的，尽量留下；能去琼崖、东江游击队则更好；不能留也不能南去或打游击的，转入内地。"

根据中共中央和周恩来的指示，张文彬、廖承志等立即指挥香港中共地下组织投入营救工作，并及时与南方工委、粤南省委、前东特委和东江抗日游击队等取得联系，由张文彬、廖承志在香港、惠阳、宝安召集有关方面领导人会议，研究营救工作可能遇到的种种困难和问题，进行周密的部署，制订了具体的实施方案：乘侵占香港的日军立足未稳，对香港情况不太了解和大批难民逃离香港之时，以最快的速度帮助滞港人士转移；撤退护送工作分陆路和水路同时进行。由水路撤退的，从香港长洲岛乘船

---

① 《中共中央关于太平洋战争爆发后与英美建立统一战线问题给周恩来等的指示》（1941年12月8日），《南方局党史资料（统一战线工作）》，第71页。

② 深圳市史志办公室编著：《中国共产党深圳历史》（第一卷），中共党史出版社2012年版，第101页。

到澳门，然后分别到台山、中山石岐或江门，沿西江到桂林；由陆路撤退的则首先到港九游击队设立的交通站，再由游击队和地下交通人员护送到惠东宝抗日根据地，然后护送到内地大后方。

尹林平接受任务后，赶回宝安龙华白石龙，召集梁鸿钧、曾生、王作尧等人布置抢救文化人士的工作。为了使抢救工作顺利进行，党组织分别在香港湾仔和宝安白石龙村成立了指挥部，并确定开辟和恢复水陆两路秘密交通线：水路由九龙至西贡渡海经大鹏湾至惠宝沿海，由蔡国梁负责；陆路由九龙至元朗渡深圳河至宝安，由何鼎华负责。广东人民游击队按照到一切日占区去开展抗日游击战争，建立抗日根据地的战略方针，派出第三大队黄冠芳、江水、刘黑仔等率领武工队在盐田乘船经"新界"沙头角吉澳岛进入西贡及附近地区；林冲率领的手枪队从华界沙头角伯公坳进入"新界"沙头角南涌村；第五大队周伯明、曾鸿文、黄高阳等率领武工队由罗湖经"新界"上水进入元朗、锦田等地区。武工队进入"新界"，立即秘密开展宣传抗日，组织群众，建立抗日根据地的工作。根据周恩来给八路军驻香港办事处的指示，游击队接受营救被困爱国民主人士和文化界知名人士撤离港九的任务。

从1942年1月开始，营救工作秘密、紧张地进行。曾生在白石龙负责接待工作，梁鸿钧负责部队的军事指挥，王作尧负责从港九至游击区交通线的警戒和护送工作。在香港中共地下组织的配合下，被营救人士摆脱了日军的跟踪监控，从1月5日晚开始被分批护送到九龙的港九大队交通站，然后分东西两条路线，被送往惠东宝抗日根据地。西线的护送工作由黄高阳、曾鸿文率领武工队负责，从九龙市区进入青山道，到荃湾，越过大帽山到达元朗，然后渡过深圳河，进入梅林坳，到宝安白石龙根据地；东线的护送工作由蔡国梁、黄冠芳率领的武工队负责，从九龙市区经牛池湾到西贡，然后乘船渡过大鹏湾，在大梅沙、小梅沙、上洞或沙鱼涌等地登陆，再经田心到惠阳茶园。何香凝、柳亚子等乘船被直接护送到汕尾港，还有10多名文化界人士经长洲岛被护送到澳门，再转到大后方。

1942年1月初，林冲率短枪武工队回到沙头角、元朗地区，与曾鸿文一起研究秘密营救滞港文化界人士的方案，决定由林冲率队负责荃湾到元朗一段交通线的警戒和接待，曾鸿文率队负责护送到宝安。林冲部队下设莫浩波和邓华2个小组，均到大帽山荃湾坳一带执行护送任务。大帽山山腰上原有十几户人家，战斗组到达时多数村民都已跑了，只剩一些年迈的老人。莫浩波和邓华决定把部队驻扎在这里，每天由邓华战斗小组占领制高点负责警戒，莫浩波战斗小组负责接应文化界人士过路。连续警戒了近一个月，接近完成任务的某天，一股30多人的土匪窜到这里拦路抢劫。林冲中队长下令邓华小组赶走土匪。邓华等人奉命在清晨7点多悄悄摸上山头，占领制高点，一开火土匪就吓得四处逃窜，以后再也不敢出扰此地。

爱国民主人士和文化界知名人士一批批地从香港被护送到宝安白石龙和沙鱼涌等地，再转送至韶关等地。深圳地区的党组织和人民抗日武装在转移、护送被营救人员过程中，部署得当，安排周密，将所有人员安全护送到目的地。1942年2月，刘少文致电中共中央书记处："全体同志及朋友，在战争中均已离战区，安全撤退，现韬奋、茅盾、乔木等百余人已安全到东江曾、王部，长夏等一部分人去澳门，再分别前往苏北及内地，何香凝、柳亚子等各乘民船去汕尾寄居村间，现在疏散工作已大体结束。"全部营救工作前后经历了六个多月，从港九地区营救了爱国民主人士和文化界知名人士共300多人，连同其他方面的人士共800多人，并接应了2 000多名到内地参加抗战的爱国华侨和港澳青年。

在这次秘密大营救中，被党组织和东江抗日游击队营救的爱国民主人士和文化界知名人士主要有：何香凝、柳亚子、茅盾、邹韬奋、胡绳、夏衍、戈宝权、张友渔、黎澍、乔冠华、沈志远、刘清扬、胡风、千家驹、范长江、萨空了、廖沫沙、蔡楚生、司徒慧敏、丁聪、叶浅予、章泯、金山、张明养、宋之的、梁漱溟、高士其等人。被营救脱险的还有国民党官员陈汝棠、国民党第七战区司令长官余汉谋的夫人上官德贤、南京市市长马超俊的夫人等一批国民党军政官员及其家属和英美印等籍的国际友人近百人。

邹韬奋、茅盾等到达阳台山抗日根据地时，受到热烈欢迎和盛情接待。党组织发动群众在白石龙和樟坑的山坡树丛、竹林里盖起了一间间草寮，供被营救人士住宿；在生活条件极为艰苦，粮食、肉类和药品奇缺的情况下，为了保证他们吃得好，党组织尽最大的努力，每天都提供大量的蔬菜和肉类；为了他们的安全，自卫队负责站岗、放哨，加强情报工作。党组织还邀请他们参加根据地各项政治、文化活动，使他们深受感动。邹韬奋对东江游击队的报刊给予很高的的评价，欣然为《东江民报》题写报头，为曾生题词："保卫祖国，为民先锋。"茅盾也为《东江民报》副刊《民声》题写刊名。许多文化界人士为游击队讲课、做报告，教战士们唱歌、跳舞、绘画，使指战员们增长了知识，扩大了视野，推动了部队的文化工作。在党组织的安排下，茅盾等人又由东江转移到大后方。因国民党的通缉，邹韬奋被护送到梅县江头村隐蔽了半年多时间，才被护送到上海，转赴苏北。

由南方局、周恩来具体指导，张文彬、廖承志、尹林平等领导组织的香港秘密大营救，是中国革命史上的奇迹，受到中共中央、社会各界的好评和赞扬，在国内外都产生了深远的影响。茅盾在《脱险杂记》一文中称这次营救工作是难以想象的仔细、周密，是"抗战以来（简直可说是有史以来）最伟大的'抢救'工作"。这次营救，及时保护了一批中华民族的优秀人才，对进一步密切共产党与知识分子、民主人士患难与共的关系，促进抗日民族统一战线的巩固和发展，加强全民族的抗日团结，具有深远的意义。深圳地区党组织在这次营救行动中投入了大量的人力、物力和财力，发挥了重要的作用。

二、东江纵队成立

1943年8月23日，新华社在延安《解放日报》发表的《国共两党抗战成绩的比较》和《中国共产党抗击的全部伪军概况》中，第一次公开宣布广九铁路地区有中国共产党领导的抗日游击队在抗击着日伪军。随后，中共中央发出指示，将广东人民抗日游击总队的番号改为广东人民抗日游击队东江纵队，并指示东江纵队可以发表成立宣言和领导人就职通电，正式公开宣布接受中国共产党的领导。12月2日，广东人民抗日游击队东江纵队（简称"东江纵队"）正式成立，司令部设在葵涌土洋村。司令员曾生、政委尹林平、副司令员兼参谋长王作尧、政治部主任杨康华联名发表《广东人民抗日游击队东江纵队成立宣言》。1944年1月1日，曾生、尹林平、王作尧、杨康华公开发布就职通电，并发布第一号布告，重申东江纵队的宗旨和统一战线等各项政策。

东江纵队成立时，下辖七个大队：第三大队，大队长邬强、政委卢伟如；第五大队，大队长彭沃、政委卢伟良；惠阳大队，大队长高健、政委李东明；宝安大队，大队长曾鸿文、政委何鼎华；护航大队，大队长刘培、政委曾源；港九大队，大队长蔡国梁、政委陈达明；独立第二大队，大队长阮海天、政委李筱峰。总兵力共3 000余人。

在加强部队建设的同时，东江纵队各部队广泛开展敌后抗日游击战争，进行杀敌立功竞赛。抗日战争全面爆发以来，港澳同胞和海外华侨支援抗日的军用物资，主要通过大鹏湾水路由港九、"新界"送到盐田、梅沙、沙鱼涌等地再转送到游击队坪山根据地。侵华日军占据沙头角后，为争夺大鹏湾海域的控制权，组织一支所谓"海上挺进队"，由日军军曹当队长，配备3艘武装木船，每艘木船上有日伪军10多名。"海上挺进队"以大梅沙对面海域的黄竹角湾为活动据点，经常活动在大鹏湾水域，企图切断港九大队与惠宝边抗日根据地的海上交通。1944年8月16日午夜，港九大队海上中队派2艘武装船左右包抄"海上挺进队"。2艘武装船上的轻重机枪同时开火，组成一张火力网覆盖日军船。1号船发起冲锋，加速冲向敌船，日伪军也集中火力向1号船射击。1号船冒着弹雨继续划进，2号船趁机接近日军船，2艘船先后投出3颗渔炮。3艘日伪军船起火，升帆想逃。海上中队石观福等几名战士举着渔炮，分头飞身跃上3艘起火日伪军船。日伪军被吓得急忙降帆求饶，日军军曹跳海溺毙，日伪军船在大火中先后沉没。拂晓前海战结束，全歼日伪"海上挺进队"，击沉敌船3艘，毙敌25名，俘敌13名，缴获轻机枪2挺、冲锋枪4支、长短枪25支。8月17日，延安《解放日报》以《东江纵队威震港粤》为题，报道东江纵队1944年上半年的战绩：东江纵队半年来与日伪军作战148次，攻克日伪据点10个，毙伤日军440人、伪军560余人，俘伪军764人，伪军反正144人。

三、东江敌后游击战争的战略转变

1944年7月15日，中共中央军委致电东江纵队和琼崖纵队时着重指出："拯救华南人民的责任，不能希望国民党而要依靠我党及华南广大民众。因此，你们在华南的作用与责任，将日益增大。英美在太平洋上继续作战的胜利，一旦接近中国南方海岸，实行对日反攻时，则我华南根据地，将成为一支重要力量，可予盟国部队以直接的配合。"①8月，中共广东省临委和东江军政委员会在葵涌土洋村召开联席会议，认真讨论了中央关于东江纵队开展敌后游击战争的指示，分析了当时广东和东江地区的斗争形势，通过了关于今后工作的决定：

第一，在全省开展敌后游击战争，建立根据地与发展游击区。凡敌所到，或意图占领的地方，都派遣武工队及军事干部前往活动，广泛深入开展敌后游击战争。

第二，战略方针是独立自主的游击战，不放松向运动战发展。东江和中区两区，在战略上积极配合，从个别的地区到全面的配合。

第三，发展人枪，扩大部队，建立支队编制。支队下辖大队，相应建立主力团或主力大队。同时建立特殊的编制，如爆破队、海上队、水雷队、工程队、运输队等。

第四，在全军进行思想教育，加强部队的思想建设。纵队成立党委，支队设总支。开展全军整风运动学习，加强军事教育和各项制度的建设，提高军事理论水平，提高作战能力与指挥能力。

第五，恢复和加强地方党的组织活动。为打开广东的新局面，积极开展对敌斗争。

第六，巩固抗日民主政权，使其能起根据地及后方的作用，并向新区发展；普遍建立不脱产的抗日保卫队与脱产的常备队。

第七，统战工作要以我为主，团结各阶层，争取中间人士。

---

① 《中共中央军委关于华南抗日根据地工作给曾生、冯白驹等的指示》（1944年7月15日）。

国际统一战线工作，应多方面争取联系。

第八，财政经济工作。总方针是发展经济，保障供给。

第九，开展城市工作。加强大城市的宣传工作和组织工作，用合法、非法、有形、无形的各种方式，在城郊发展游击小组，造成城市周围及交通要道两侧的掩蔽的游击区。

第十，中区建立军政委员会，以5人组成，仍受东江军政委员会领导。[①]

土洋会议的召开，对加强广东党组织建设、军队建设和抗日根据地建设，全面发展广东敌后游击战争，具有重大的战略意义。它是广东人民抗日武装发展的转折点，为广东人民抗日武装的全面发展确定了方向。

土洋会议结束后，广东省临委和东江军政委员会根据会议精神，决定：在巩固和发展惠东宝抗日根据地的基础上，集中主力部队一方面向北挺进，创建东江、北江间的抗日根据地；一方面积极向东发展，创建东江、韩江间的抗日根据地。同时，大力组织和发展地方武装，全面发动和广泛开展东江敌后抗日游击战争。

1944年9月，东江纵队决定对部队进行整编，建立支队编制。在路东地区，经常活动于盐田一带的惠阳大队被编入东江纵队第二支队。随后，第二支队遵奉东江纵队指示，与第三支队协同作战，在惠宝地区对日伪军展开攻势。自土洋会议之后，东江纵队开始由原来小股分散的游击活动，转变为较大规模的集团作战，东江地区敌后抗日游击战逐渐由战略防御向战略进攻转变。

遵照土洋会议的决议精神，盐田抗日根据地也组织地方武工

[①] 《中共广东省临委会工作决定摘要》（1944年8月），《广东革命历史文件汇集》（甲38），第303—309页，中央档案馆1987年印；《东江纵队史》编写组编：《东江纵队史》，广东人民出版社1995年版，第269—271页。

队，扩大地方抗日武装，广泛开展抗日游击战，积极配合东纵主力部队北上、东进的战略行动，为开辟新区、建立新的抗日根据地创造了条件。

四、交通情报工作

交通情报工作是随着党组织和部队的逐步壮大和抗日根据地的不断巩固而建立发展起来的。深圳地区地方党组织和部队的交通情报工作是由交通和情报两个密切联系而又职责有别的机构共同进行的。开展抗日游击战争，特别需要加强交通情报工作。没有及时准确的情报工作，部队就没有耳目，只有被动挨打。1942年1月，广东人民抗日游击总队成立，决定由政训室主任叶锋和总队部情报科科长袁庚亲自抓这个工作；同时建立直线领导的情报工作网，有严密的保密工作守则，情报人员之间互不了解、互不发生联系，特别强调要创造条件打入敌伪心脏部门建立情报点。总队部在路西、路东和港九地区都建立了交通总站，每个交通总站下设若干分站，形成了比较完整的交通情报网络。

对于沙盐地区的情报工作，港九独立大队建立了一张严密而覆盖面广的情报网络，由政训室主任黄高阳领导，情报干事陈亮组织实施，沙头角中队指导员罗广智和中共地下组织负责人刘德谦单线领导。在沙盐地区的主要村镇和交通要道上都设有交通联络点，这些联络点都以商店、茶楼、茶寮、士多店、学校做掩护。在日军严密控制的沙头角镇内，有李吉芳、何集庆等人活动在日军警备队和伪乡公所的机密情报点，有以义兴鱼栏、茂生堂药店、济生堂药店及新楼街码头的均利渔栏为掩护的情报点；在径口村有刘奇、王兰娇联络惠阳大队和港九大队的交通站；庵上村有地下党员李介玉。情报的传递工作一般是在情报到达交通站后，由交通员及时将情报送出去。根据不同任务的需要，交通员会化装成探亲的小孩、放牛娃、学生等，妇女则装扮成种田的农妇、回娘家的媳妇等。任务紧急时，会由秘密交通员来送情报。

开展情报工作的方式有：

1. 沙头角中共地下组织通过各种关系把一些进步教师安排到东和义学任教，以学校教师的合法身份掩护地下党员进行收集情报活动。成立少青体育会与东和体育会，开展各种球类比赛，从中进行串联，灵活地宣传抗日信息、游击区的抗战情况；组织儿童团活动，使许多青少年受到教育和影响。

2. 以商业、娱乐活动做掩护，从参与活动的敌伪人员中收集情报。安排商人何兴任商会会长，设立乐天俱乐部、中英街佑生堂药店二楼的俱乐部、麻将馆，刺探敌人的内部情报。

3. 建立严密的敌占区地下游击小组是党组织获取情报的又一个手段。东和义学教导主任李吉芳先后将何集庆、何集兰、卢乙发、温水发、黎发、李志彪吸收到游击小组。

4. 利用各种渠道打入敌人内部，做上层人士的统战工作，搜集机密情报。沙头角伪区役所第一任区长陈秉郎曾留学日本，沙头角中队领导反复做他的工作，通过他的关系，把大队情报干事陈亮安排在伪区役所任户籍科科长，让袁浩任沙头角宪查（日军宪兵的外国组织）队长；动员乡绅刘焕光打入沙头角镇伪乡公所任秘书。

5. 策反敌伪人员做卧底，搜集重要情报。如镇内宪兵队物资搜集所和安东洋行的青年翻译陈敏学、日军警备队的青年翻译黄杰文、日军桥头哨所炊事员沈马苏，经教育后被策反过来，仍安插在那里工作。1944年，惠阳大队派游击队队员吴贵兴回到老家沙头角沙栏吓村，秘密开展策反伪军的工作。一天深夜，沙头角伪乡公所联防队吴祥、吴永宏、吴马发、吴生、钟有、钟九等

6人，携带10支红毛瑟步枪，随吴贵兴在沙栏吓码头乘船到盐田九径口，与接应船只会合，再赴小梅沙投奔东江纵队。

中英街鸿福桥是内地通往"新界"的要道，日军设有关卡，查验比较严格。情报、交通和游击队的有关人员要通过这一关卡，必须持有由乡公所印制、日军警备队队长签发的通行证。

东和义学的老师、地下党员李吉芳利用与警备队队长打麻将的机会，故意给他"吃和"，在他玩得兴高采烈时，突然从裤袋里取出已经填好的通行证要求盖章，他便痛快地给盖了章，李老师便顺利地拿到了通行证。

抗日游击队的直线情报站交通点径口村的刘奇、王兰娇，山咀村的黄磊、黄荣等及时提供重要情报，使惠阳大队领导根据敌情变化做出相应的判断，制定战斗方案。王兰娇胆大心细，她在1943年巧妙地把伪军布防的情报及时送到盐田惠阳大队手中。根据这一情报，惠阳大队两次深夜出击，消灭了沙头角伪军两个中队。战斗中，游击队把鞭炮放进洋油桶燃放，镇内日军以为游击队的火力很强，吓得不敢出动支援，从而斩断了日军的臂膀。

交通情报工作是一项十分艰巨而复杂的工作，除担负情报的搜集和传送以及党组织和部队文件的传递外，还担负着繁重的运输和人员护送任务。交通员大多数为十多岁的青少年，他们来往于游击区、敌占区，为部队的作战部署提供了重要信息。党组织精心选出一批具有爱国心和民族正义感的青少年协助传递情报，如沙头角庵上村的李志坚、李东发、李观胜、薛平，山咀村的黄耀群，塘肚村的张俊儒，元墩头村的丘健明、丘平、李国平，径口村的刘德钦、刘德才，暗径村的何马生，沙栏吓村的吴克平、吴平、吴畔池、丘山，镇内的钟瑞玲、曾瑞英、刘马养等都为中共组织传递过情报。有一次,何集庆有紧急情报要送去盐田,经过庵上村时,由李志坚化装成放牛娃,掩护何集庆直奔盐田,顺利完成了传递情报的任务。1943年9月,情报总站收到由龙岗情报分站送来的一份特急情报:"顽军独九旅一个营,今天到达龙岗,决定明天凌晨由徐东来部配合向三洲田我部驻地进犯。"当时敌人已开始在龙岗墟集中兵力,情况十分紧急。据此,总站又写了一份比较确切的情报:"顽军决定明天凌晨由龙岗墟出发,分两路进攻三洲田。一路独九旅一个连,由徐东来部一个中队带路,经丙坑、碧岭到三洲田;另一路独九旅两个连,由徐东来部一个中队带路,绕道沿海经盐田到三洲田会合。"总站连夜派交通员送到部队。惠阳大队接到情报后,立即在碧岭至三洲田之间的半山腰处伏击敌人,全歼顽军一个连。

1945年春,盟国海军拟在广东登陆。日军有所察觉,急调驻武汉、长沙之间的精锐机动部队——波雷部队(日军一二九师团)兼程南下。①波雷部队昼伏夜行,关闭电台,行踪高度保密。东江纵队设在江村和东莞的情报站,得到波雷部队出现的信息,立即向上级报告。这时,美军正急于寻找波雷部队的动向,得到东江纵队的情报,如获至宝。美方来电说:"你们关于波雷部队一二九师团的情报对抗日游击队会有帮助。你们报告该部队的指挥官姓名及其师团部在淡水是抗日游击队所得唯一的报告。"后来又来电说"华盛顿对于发现一二九师团及其消息致以祝贺"。东江纵队情报联络处被认为是"美军在东南中国最重要之情报站"。

---

① 深圳市史志办公室编著:《中国共产党深圳历史》(第一卷),中共党史出版社2012年版,第206—207页。

五、深圳地区的收复和抗日战争胜利

1945年4月23日至6月11日,中国共产党在延安隆重召开了第七次全国代表大会,经过详尽的讨论,一致通过了政治决议案、军事决议案和新党章。7月6日至22日,中共广东省临委在罗浮山召开广东地方党组织干部扩大会议(又称广东区党委第一次代表大会),传达贯彻中共七大的精神,总结抗战以来广东地方党组织的工作经验和教训,研究和部署今后的工作任务,提出了广东党组织在解放区、敌占区、国统区的工作任务。

这时,世界反法西斯战争迅速向胜利方向发展。7月26日,中、美、英三国发表《波茨坦公告》,敦促日本无条件投降。8月8日,苏联发表对日作战宣言,苏军从东、西、北三面大举进攻盘踞在中国东北地区的日本关东军。8月10日,日本政府向盟国发出乞降照会,而日本大本营仍命令各地日军继续作战。

8月11日,东江纵队根据中共中央和延安总部的指示和命令,向各部发出紧急命令,要求"各部队长应立即坚决执行此项命令,动员全体军民开入附近敌据点,解除日伪武装,维持治安,镇压土匪、特务破坏活动,保护人民生命财产。千金一刻,不得稍有疏忽"。

8月15日,日本宣布无条件投降,沙头角百姓燃放鞭炮庆祝。8月23日,东江纵队第二支队收复沙头角镇。9月13日,港九大队沙头角中队队长邓华带领中队进入中英街,中英街两边人民群众夹道欢迎。进城仪式在东和义学举行。沙头角中队接收驻沙头角日军投降交出的武器、军马一批。东和乡民主政府宣布成立东和乡沙头角办事处,任命刘德谦为办事处主任、林传为沙头角自卫队队长、罗广志为指导员。10月,东江纵队敌工科转移到盐田地区，新接收的侵华日军战俘和前来投降的日军士兵达300多人。

在艰苦卓绝的14年抗战中，盐田地区党组织在上级党组织的领导下，紧紧依靠广大人民群众，团结爱国华侨、港澳同胞，广泛开展抗日救亡运动和敌后抗日游击战争，取得了抗日战争的伟大胜利。

第四章
人民自卫斗争与盐田解放

抗战胜利后,国民党反动派悍然挑起反人民的内战,盐田老区人民在中国共产党地方组织的领导下,又与国民党反动派展开了英勇的斗争。尤其是在1946年东江纵队北撤山东后,面对"白色恐怖"的恶劣环境,盐田老区人民不畏艰险,坚定信念,义无反顾地支援东江纵队留下的人民武装,开展自卫斗争。经过几年的艰苦奋战,终于推翻了蒋介石的反动统治,迎来了盐田的解放。

第一节 东江纵队北撤山东

抗日战争胜利之后，中国人民迫切希望实现国内和平民主，建立一个自由独立的国家。1945年8月29日至10月10日，中国共产党同国民党在重庆谈判，在排除无数困难障碍之后，最终签署了《政府与中共代表会谈纪要》（即"双十协定"）。为了实现国内的和平，中国共产党在不损害人民基本利益的前提下，做出让步，同意让出广东、浙江、苏南、皖南、皖中、湖南、湖北、河南南部等八个解放区，并将八个解放区的人民武装逐步撤退到陇海铁路以北及苏北、皖北解放区。在此之前，中共中央制定了"向北发展，向南防御"的战略方针。根据中共中央的指示精神，东江纵队准备北撤。

一、东江纵队北撤达成协议

1946年1月10日，中共代表同国民党政府代表正式签订停战协定，双方同时颁布于13日午夜生效的停战令。停战命令虽然下达，可是国民党广东军事当局置之不理，谎称广东只有土匪，没有中共武装，仍然按照原定计划对人民武装连续不断地采取军事行动。1月15日，国民党军第一五四师分三路进攻解放区的坪山、龙岗，一五四师四六二团两个营及宝安警察大队分两路进攻大鹏半岛的沙头角、沙鱼涌、葵涌、东西涌、盐田、大小梅沙等地。至1月23日，新一军相继占领沙湾、双坑及沙鱼涌等地。与此同时，国民党以一五三师为主力，向江北地区推进，妄图在北平军事调处执行部第八执行小组到达广州之前，消灭东江纵队江南、江北的部队。解放区军民强烈呼吁国民党军停止内战，遵守停战协定，撤出1月13日以后所占地区，恢复原军事位置。

同年3月31日，由美国代表柯夷、国民党代表皮宗阙、中共代表廖承志组成的"三人会议代表团"及尹林平等人由重庆到达广州。东江纵队司令员曾生、政委尹林平等以中共华南武装人员代表身份到广州参加谈判。工作人员有戴机、林立（通信官）、彭丰（副官）、林展（翻译官），后增加曾文、魏凌风等10人。4月2日，"三人会议代表团"就东江纵队北撤问题终于达成协议，确定：（一）承认华南有中共领导的抗日武装力量；（二）双方同意东江纵队北撤2 400人，不撤退的复员，发给复员证，政府保证复员人员的生命安全，财产不受侵犯，就业居住自由；（三）东江纵队撤到陇海铁路以北，撤退运输船只由美国提供。

二、东江纵队安全北撤

1946年4月18日，国共双方经过反复谈判，就广东的中共部队北撤等问题正式达成初步协议，并发表联合公报。5月21日，国共谈判，正式签署《东江停战和华南中共武装北撤问题联合会议决》。4月25日，北平军事调处执行部派到广州的第八执行小组的三个支队分赴江南、江北、粤北三个地区监督执行东江纵队北撤工作。5月下旬，上级通知王士钊（东江纵队第一支队代政治委员、中共路西县委代书记）到香港听取关于东江纵队北撤的指示，同时授权王士钊审批东宝路西的北撤人员。

国民党虽然被迫达成东江纵队北撤的协议，但蓄意消灭人民武装力量的图谋丝毫未变。不久，何应钦下令国民党广东当局乘东江纵队集中北撤之际消灭之。国民党广东当局肆意破坏双方达成的北撤协议，在北撤部队各集结点和行军路线上加强兵力部署，制造事端，妄图消灭东江纵队北撤部队。经过一系列激烈的斗争，6月24日，东江纵队江南、江北、粤北、东进部队冲破国民党的重重障碍，集中于大鹏半岛。

6月29日，在大鹏湾沙鱼涌海滩举行欢送东江纵队北撤部队的大会。中共南方工委书记方方代表中央军委致信慰问全体北撤人员，曾生在会上简要阐明北撤的意义，并向乡亲们和复员战士珍重告别。人民群众从四面八方赶来，挥泪送别患难与共、血肉相连的人民军队，朗诵诗歌，表达军民之间的鱼水深情。6月30日，东江纵队（包括珠江纵队、韩江纵队，及南路、粤中、桂东南等部队的部分骨干）2 583人，在沙鱼涌分乘美国3艘登陆艇，向山东烟台北撤，其中有沙头角、盐田、梅沙籍战士数十人。7月5日，北撤部队抵达山东烟台，受到山东解放区广大军民的热情欢迎。到此，东江纵队终于胜利完成了战略转移的任务。

东江纵队北撤山东

第二节 恢复武装斗争与粉碎国民党"清剿"

1946年6月,蓄谋已久的国民党政府围攻中原解放区,悍然发动了全面内战。广东的局势随着全面内战的爆发而发生了急剧的变化。由于东江纵队主力北撤,留下的武装力量大部分复员,党组织实行特派员制,全面停止公开活动,部分已经暴露身份的党员干部分散和隐蔽,革命力量骤然缩小。深圳地区的党组织和人民武装队伍进入艰难的隐蔽时期。

一、国民党发动大规模"清剿"

东江纵队尚未北撤时,国民党广东当局就进行了一系列的反革命部署,旨在消灭中共领导的人民武装力量。在东江纵队北撤谈判过程中,国民党当局就开始调集军队进攻东江解放区;同时在东江南岸地区成立以国民党广东省保安副司令韦镇福为主任的"绥靖区指挥所",以保安第三、第七、第八、第十一、第十二共五个团的兵力,加强对惠东宝地区的进攻。国民党广州行营向所属部队发布命令,声称"'剿匪'工作必须在4月底以前完成,整军与人员的改组,将依照'剿匪'功绩决定"。

1946年2月23日,国民党新一军进攻王母墟、大鹏城、澳头等地。24日上午,海上独立大队第二中队两艘武装船,在中队长肖华奎的率领下,于小桂东面大亚湾辣甲岛海面,与国民党海军"舞风"号炮舰和两艘炮艇展开激战。战斗持续到下午4时,终

1946年国民党士兵在中英街值勤的情景（摘自《中英街志》）

因船舰性能和火力相差太大，武装船被击沉，中队长肖华奎和副指导员陈华等16位同志英勇牺牲。

1946年3月，根据党中央和广东区党委坚持自卫斗争、保存力量的方针，东江纵队主力部队粉碎了国民党反动军队七个师的兵力对惠东宝解放区的进攻。国民党军"清剿"的锋芒基本过去。这次大"清剿"历时三个多月，国民党调动大量兵力，采用"填空格"战术，村村驻兵，对游击区进行"围剿"，妄图消灭革命武装力量，结果遭到失败。

早在东江纵队北撤之前，国民党广东当局就已准备在东江纵队的活动地区进行"清乡"，以摧毁抗日民主根据地，消灭中共领导的东江纵队人民抗日武装。1946年6月1日，国民党广东省政府召开全省治安会议，制定"绥靖"计划。6月中旬，东江纵队主力尚在集结途中，国民党最高当局就下令：一旦东江纵队北撤期满，即将留在广东各地的中共武装一律视为"土匪"，进行大规模的"清剿"。

东江纵队北撤后，国民党广东当局更是变本加厉，重兵"清剿"，意欲消灭东江纵队留下坚持斗争的武装人员和复员人员。他们派出军队进占惠东宝地区后，一方面抓丁拉夫，进行壮丁训练，强迫各地成立"自卫队"，推行保甲制度，采取"联防联剿，联保连坐""强化治安"等措施，加紧征兵、征粮、征税，实行残酷的反动统治；另一方面，疯狂迫害东江纵队复员人员，强迫参加过抗日救亡各项工作的群众登记"自新",肆意搜捕和屠杀人民群众,制造白色恐怖。深圳地域的东江纵队复员人员、地下党员、民兵干部、农会会员和进步青年受到残酷的迫害;许多复员人员有家不能归,有亲不能投,逃亡他乡,流浪度日,有的还被杀害,家破人亡,地下党员、原东和乡抗日民主政府乡长何昌国被宝安县国民党当局逮捕入狱。

由于国民党当局在抗战胜利之后一直加紧部署和挑动内战,为了保障地下党员、东江纵队复员人员的生命安全和维护人民群众的利益,在东江纵队北撤的同时,中共广东区党委根据中共中央的指示精神,采取了"保存力量,保存骨干,长期积蓄力量,等待时机"的斗争方针,让党员分散隐蔽、各地党组织转入地下活动。

深圳地区党组织在艰苦的环境下,紧密依靠群众,坚持地下活动,为恢复武装斗争保存了力量。1946年9月间,隐蔽在惠东宝地区的武装人员和复员战士逐步公开活动,纷纷拿起武器,反对国民党的迫害和"清乡"。经地方党组织同意后,复员干部刘立首先串联发动詹悟、刘盘等复员人员,组成10多人的小分队,不久发展到三四十人。这支小分队不断开展反迫害的武装活动,在大鹏坝岗除掉了勾结国民党军队杀害东江纵队复员战士的恶霸黎旺仔,镇压了坪山的土匪头子曾观新,保护了人民群众的生命和财产安全。

1946年夏,广东由于水稻成熟时遭遇特大台风,早造歉收。但是,国民党广东当局不管人民死活,横征暴敛,竟然宣布自8月起开始征粮,9月恢复征兵,并加收各种赋税,以致民不聊生,反内战、反饥饿、反迫害的斗争此起彼伏。面对严重的斗争形势,中共广东区党委发言人先后于7月22日和8月23日发表谈话,强烈谴责和抗议国民党广东当局破坏北撤协议、迫害东江纵队复员人员和人民群众的反动暴行；东江纵队北撤人员曾生、王作尧、杨康华、林锵云等人发表重要通电，对国民党广东当局迫害东江纵队复员人员的罪行表示极大的愤慨，号召复员战士和人民群众"采取同一步骤，严肃自卫。人不犯我，我断不犯人，人若犯我，迫我至于绝境，自不能束手待毙"，应进行坚决的自卫斗争。中共广东区党委发表的谈话和东江纵队北撤人员的抗议通电，充分揭露了国民党广东当局背信弃义的行为，鼓舞了东江纵队复员战士和人民群众的斗志，为隐蔽在各地的共产党员指明了斗争方向，发出了重新拿起武器、恢复武装斗争的信号。

二、人民武装斗争的恢复

自1946年9月10日起，为在南方开展游击战争，配合全国的解放战争，广东党组织集合留在香港的干部，连续举办五期干部训练班，就广东游击战争能否搞起来及搞起来后的前途如何等问题统一思想认识。学员们随后被派回各地，参加和领导当地的武装斗争，这为加强各地党组织的领导，恢复武装斗争，重建武装队伍准备了干部条件。中共广东区党委于11月27日做出了恢复武装斗争的决定，并提出不违反长远打算，实行"小搞"，准备"大搞"的方针，以及反"三征"（征兵、征粮、征税）、反迫害；破仓分粮，减租减息；维持治安，保护群众利益；反对内战独裁，实现和平民主的口号。同时决定在东江建立惠东宝建军委员会，并筹建惠东宝人民护乡团。11月底，中共广东区党委在香港召开干部会议，区党委书记尹林平传达了区党委的决定：江南地区要迅速重建武装，恢复武装斗争，并派叶维儒、曾建、李群芳等人先回坪山、龙岗等地做重建武装的准备工作。

12月中旬，中共广东区党委在听取叶维儒、曾建等人重建武装准备工作的汇报后，即派出第一批干部回江南地区活动，并要求他们在东宝县委的领导下,根据"分散发展,独立经营"的方针,分头发动,联系东江纵队复员人员,逐步集结队伍,开展武装斗争。12月下旬至次年1月,深圳地区党组织和武装小分队负责人先后到香港接受任务。1947年1月,江南地区党组织在香港动员干部回乡重建武装,恢复武装斗争,动员东江纵队复员战士归队,组织复员同志自卫会;在地方党的配合下,取出东江纵队北撤时掩埋的部分枪支,成立武工队,开展武装斗争。

三、惠东宝人民护乡团成立与自卫斗争

1947年2月,蓝造、高固、胡施、叶茵、黄友等分别从香港回到惠阳,召开干部会议。参加会议的各地方党组织和武装小分队负责人,听取了蓝造关于中共广东区党委恢复武装斗争指示的传达与汇报,对今后开展武装斗争和重建武装部队等问题进行讨论。根据中共广东区党委的指示,会议决定,以群众自卫组织维护治安的名义,在江南地区成立惠东宝人民护乡团,蓝造任团长兼政委,叶维儒任参谋主任,由中共江南地区特派员领导,带领群众开展反对国民党统治的斗争。护乡团先后建立四个大队,其中第二、三大队活动于宝安、东莞、惠阳等地。护乡团提出"保护人民利益,与广大人民及各阶层人士团结一致,维护治安,反抗'三征',反对内战,为实现和平民主的新中国而奋斗到底"的口号,东江人民反对国民党反动统治的武装斗争进入新的发展阶段。

惠东宝人民护乡团成立后,紧紧抓住国民党统治区兵力空虚的大好时机,及时开展了声势浩大的反抗"三征"、破仓分粮、摧毁国民党乡村反动政权、扩大武装队伍等一系列斗争活动。1947年夏,护乡团袭击盐田坳国民党宝安县警队,毙伤俘国民党军多名,缴获枪支弹药一批。同时,根据中共广东区党委关于

"除了建立一般精干主力之外,仍须保持有各种形式的武工队、地方性的不脱离生产的队伍活动,以致配合"的指示,护乡团主要在各区、乡开展以建立武工队为中心任务的斗争活动。

重建武装后不久,活动在惠阳西部地区的护乡团第二大队,即以新墟武工队和坪山武工队为基础,组成第一个主力连队,在全区开展活动。与此同时,戴文、钟思英、黄生在坪山活动,建立了坪山武工队;蓝介、廖梦建立了大鹏武工队;黄昌燊建立了盐田武工队。各地武工队建立起来之后,机动灵活,神出鬼没,广泛开展破仓分粮、借枪借粮及筹措资金、输送情报等斗争活动,配合主力作战,打击乡村反动武装,摧毁反动政权,瓦解敌军,建立农会和民兵组织。

恢复武装斗争以来,各地人民武装的广泛出击和群众斗争的不断发展,使国民党广东当局惶恐不安。为了扑灭人民武装力量,1947年3月15日,国民党广州行营发布"清剿"命令,在各行政区设立"清剿"机构,拼凑地方反动武装,调集兵力,实行"全面清剿,重点进攻"的方针,采取"分兵据点,伺机出击,有时集中机动,远道奔袭,忽东忽西"的战术,企图在人民武装队伍建立之初、力量尚小之时,集中兵力一举消灭。

为了反击国民党的军事进攻,开辟惠东宝沿海游击根据地,护乡团第二大队展开了一系列军事行动,以打击敌人的嚣张气焰。1947年4月10日,罗汝澄率护乡团肖伦中队的四个班和一个短枪组,采取奇袭战术,歼灭驻沙鱼涌海关黄玉如部一个排,缴步枪9支、短枪1支、毛毡10余张,俘敌5人。11日,护乡团肖伦中队以一个小队的兵力突然袭击葵涌乡公所,缴敌步枪8支、税谷3 000多斤以及弹药一批,俘敌2人。13日,护乡团严忠英中队在盐田伏击宝安县警队,毙敌1人,伤敌2人,缴枪2支。

1947年10月,护乡团派特派员刘宣到东宝地区加强工作,祁烽留在坪（地）龙（岗）领导工作，实行集体领导，分散活动。这年冬至次年初，路西、路东几十万农民掀起轰轰烈烈的农民运动。坪山地区党组织因势利导，先后在坪山、龙岗、横岗等乡建立农民协会和农民自卫队。11月，国民党宝安县警队及黄玉如部同时反正，投向人民武装。到年底，惠东宝人民护乡团发展到2 500人。在中共江南工委的领导下，惠东宝人民护乡团与民兵、群众相结合，采用袭击战、伏击战和围困战，袭击敌人，打击敌人，牵制敌人。经过一年艰苦的自卫斗争，护乡团粉碎了国民党军的多次进攻，活动范围逐步扩大，控制了坪山、盐田、大鹏、沙湾等地区，惠宝沿海根据地初步形成。

四、广东人民解放军江南支队成立

从1946年6月开始，人民解放军经过一年的内线作战，先后粉碎了国民党军队的全面进攻和重点进攻。到1947年6月，全国的军事形势发生了重大变化：中国人民革命战争长期以来的战略防御阶段宣告结束，人民解放军从战略防御转入战略进攻。10月10日，中国人民解放军总部发布《中国人民解放军宣言》，提出了"打倒蒋介石，解放全中国"的伟大号召。在华南，从恢复武装斗争以来，人民游击战争蓬勃发展，武装队伍迅速壮大，不断打击国民党地方反动武装，摧毁乡村反动政权，严重威胁其后方基地的安全。国民党统治集团为了挽救其全面崩溃的危机，于1947年9月派宋子文到广东，任国民党政府军事委员会广州行辕主任、广东省政府主席兼广东省保安司令。宋子文主政广东后，将华南"作为其最后挣扎的堡垒及最后逃命的退路"，要消灭华南人民武装力量。宋子文主持召开"绥靖"会议，决定调整机构，集中兵力，实行"军政一元化"，统一部署，起用"宿将"，加紧对广东各地人民武装实行军事"清剿"，以江南地区的惠东宝和九连地区作为进攻重点。

为了适应新时期斗争的需要,1948年4月,中共江南工委在坪山召开干部会议,根据中共中央香港分局指示,撤销江南工委,成立中共江南地方委员会(简称"江南地委"),王鲁明任地委书记,蓝造任副书记,祁烽主管地方党的工作。江南地委统一领导江南地区的工作,下辖东宝县委、海陆丰县委、惠阳县委和惠紫边县委。会议决定对部队进行整编,成立广东人民解放军江南支队。会议还研究了江南地区土地改革的问题。

坪山会议后,江南地区的武装部队进行了统一整编,正式成立广东人民解放军江南支队(简称"江南支队")。江南支队由蓝造任司令员,王鲁明任政委,曾建任参谋长,刘宣任政治部主任。支队下设5个团,其中惠东宝人民护乡团第一大队扩编为第一团,下辖5个连队,为江南支队主力团,担任机动作战任务;护乡团第二大队扩编为第二团,下辖8个连队,还有32个地方武工队,活动于惠阳及宝安边境地区;护乡团第三大队扩编为第三团,活动于东莞及宝安地区。江南支队整编完毕后,各团和独立大队都进行了短期整训,随后便积极展开军事活动,打击敌人,扩大活动地区和发展壮大部队。中共东宝县委的建立及部队的整编,加强了对包括盐田区域在内的整个深圳地区党组织和部队的统一领导,标志着深圳地区的人民解放战争进入了新的阶段。

五、粉碎国民党军队的"清剿"

1948年初,国民党广东当局发动第一期"清剿",国民党一五四师、虎门要塞司令部一个团、保八团、保十三团和东莞、宝安两县团防以及县警大队等2 400多人,先后向东宝地区发动进攻。活动于深圳地区的江南支队集结主力进行严格的整训,积极应战。江南支队主动打击国民党军队,摧毁敌人的据点,给国民党军队尤其是地方反动武装以有力的打击。深圳地区军民在反"清剿"中经历大小战斗40多次,其中江南支队第三团先后在乌石岩、固戍、龙华等地袭击敌人,七战七捷,取得很大战果,活动地区扩大了30%,队伍从800余人发展到1 200多人,彻底粉碎了国民党对东宝地区的"清剿"计划。

1948年夏,人民解放军全面转入外线作战,全国主要战场转入国民党统治区。人民解放军在战场上节节胜利,而国民党军队节节败退,不得不放弃"全面防御",收缩兵力,采取"重点防御"。在华南,人民游击战争迅速发展,群众斗争风起云涌。国民党广东当局在第一期"清剿"计划被打破之后,并不甘心失败。为达到其"安定华南"后方基地的目的,国民党广东当局经过一番准备,纠集了七个团5 000多人,重点对惠东宝地区进行旨在"肃清平原,围困山地"的第二期"清剿",企图歼灭广东人民解放军江南支队主力。

6月下旬,国民党第一五四师开至广九铁路东莞、宝安和大鹏半岛沙头角一带,加上其他国民党军,集结于惠东宝地区的兵力约1.2万人,除一部分负责广九铁路和重要据点守备之外,尚有大约7 000人的兵力可用于机动作战。7月初,国民党广东保安第八团、保安第十三团3 000余人,对淡水、镇盛、平山外围进行"清剿",虎门守备队及税警总队3 000多人向东莞、宝安地区挺进。国民党企图从东、西、北三面压缩江南支队于坪山地区,然后以第一五四师为主力,配合东、西、北三面部队,采取分进合击的战术,聚歼江南支队主力。

为了打乱国民党军队的进攻部署,江南地委采取"先发制人,主动出击""集中优势兵力,各个歼灭敌人"的作战原则,计划在"清剿"部队进攻坪山之前,用四倍于敌之兵力,首先歼灭沙鱼涌之敌。

沙鱼涌是国民党驻军重地，沿线有沙头角、溪涌、陈坑等据点，镇内驻扎一五四师一个营部带一个步兵连、一个机炮排，以及海关、税警等300余人，设防严密。敌人自恃天然屏障，布阵固若金汤，以为万无一失，错误估计江南支队不敢贸然袭击。

1948年7月10日，江南支队根据沙鱼涌驻敌情况，做出战斗部署。江南支队指挥所设在沙鱼涌东侧300米的高地上，攻击时间定在7月16日凌晨4时。7月15日夜，部队向沙鱼涌推进，16日凌晨抵达预定攻击位置，凌晨4时向敌营部发起进攻。突击部队在火力掩护下，经30分钟的激烈战斗，攻占敌排哨和班哨阵地。敌营部被解决之后，很快将海关之敌消灭。8时30分，战斗胜利结束，江南支队全歼沙鱼涌守敌327人，其中毙敌120人，伤敌营长以下官兵22人，俘敌连长以下官兵185人；缴获八二迫击炮2门、六〇炮2门、重机枪2挺、轻机枪8挺、卡宾枪2支、其他长短枪180多支、子弹7万发、电台1部及物资一大批。

沙鱼涌之战是江南地区重建武装后的空前胜利，迫使大鹏湾沿岸沙头角、陈坑、溪涌等地之敌于第二天狼狈撤退，从而解除了江南支队南面受敌的威胁，打乱了宋子文第二期"清剿"的部署，极大地振奋了部队和人民群众的信心和斗志。

7月下旬，国民党第一五四师和保安团数百人从深圳抵达盐田，企图与横岗、约场、淡水三路国民党军共2 000多人"围剿"坪山江南支队。7月23日，江南支队集中七个连队1 000多人，首先在山子下①至三洲田路段伏击横岗一路来犯之国民党军，只40分钟歼国民党军数百人，残余国民党军80多人逃回深圳。其余三路国民党军不敢贸然进犯，从盐田一路撤回深圳，约场、淡水两

---

① 深圳市史志办公室编著：《中国共产党深圳历史》（第一卷），中共党史出版社2012年版，第254页。

路撤回原地。8月2日，红花岭阻击战粉碎国民党军偷袭江南支队指挥机关的阴谋，毙伤敌军300余人。

在党组织的领导下，深圳地区人民在配合部队粉碎敌人"清剿"的斗争中得到锻炼。1948年八九月间，深圳地区人民武装在斗争中不断发展壮大，民兵组织已发展到600人、枪300余支，许多武工队也迅速建立起来。

在这场粉碎国民党军队"清剿"的艰苦斗争中，人民武装指战员和革命群众也付出了较大代价，做出了很大的牺牲，有些优秀的同志甚至为革命献出了自己宝贵的生命。就在战争取得节节胜利之时，1949年春节期间，驻横岗的国民党军突然袭击盐田税站。盐田税站站长曾振辉，又名曾振忠，坪山汤坑大队复兴村人，生于1927年，1945年参加东江纵队。当天天降大雾，当发现情况时，敌人已经对税站形成了包围之势。为了掩护其他战友转移，盐田税站站长曾振辉只身边走边鸣枪，吸引敌人朝避风塘方向追赶，让战友趁着浓雾向山上撤退。追赶途中，敌人击中了曾振辉的小腿，他忍痛继续前行至避风塘附近，利用沙丘继续与敌周旋。不久，天色大亮，浓雾散去，他完全暴露在敌人的火力之下，最后子弹耗尽，身中数枪，壮烈牺牲在盐田的避风塘畔。

第三节 盐田人民迎接解放

1948年11月20日,国民党保八团一个营、保十五团一个营及观澜联防队共2 000多人,从天堂围、布吉分三路夹击活动在龙华石㘵村的江南支队第三团部队(三虎队、活虎队、平西队和铁鸟队)。经过一天激战,第三团打退敌人的进攻,共毙伤敌100多人。12月下旬,祁烽、刘宣、曾建率江南支队第二、三、八团主力,联合攻打坪山、龙岗、淡水地区据点的敌人;28日,袭击龙岗守敌,全歼国民党龙岗自卫队,俘敌连长以下50多人,缴枪50多支。江南地区党组织领导人民武装队伍,开展游击战争,取得了一系列战斗的重大胜利,消灭了敌人的有生力量,巩固了以坪山为中心的惠东宝沿海根据地。为了加强和统一粤赣湘边境地区党组织和军事斗争的领导,1948年12月15日,中共中央香港分局经报请中共中央批准,决定正式成立由尹林平、黄松坚、梁威林、左洪涛、黄文俞、严尚民组成的中共粤赣湘边区委员会(简称"粤赣湘边区党委"),尹林平任书记,黄松坚、梁威林任副书记。粤赣湘边区党委管辖江南地委、江北地委、珠江地委、北江地委、五岭地委、九连地委。

一、边纵东一支武工队在盐田

1948年12月15日,中共粤赣湘边区委员会正式成立后,除了管辖江南、九连、江北、北江、五岭地委外,珠江三角洲的地方党委也划归粤赣湘边区党委领导。粤赣湘边区党委于1948年12月下旬至1949年1月中旬在惠东县安墩镇黄沙村召开了第一次全体会议。会议期间，中央军委发来电报，批准中国人民解放军粤赣湘边纵队成立，并任命尹林平为司令员兼政治委员，黄松坚为副司令员，梁威林为副政治委员，严尚民为参谋长，左洪涛为政治部主任。

1949年1月1日，中国人民解放军粤赣湘边纵队与闽粤赣边纵队、桂滇黔边纵队联合发表宣言，宣告粤赣湘边纵队在安墩镇正式成立。宣言明确宣布"本军作战目的，志在解放本地区人民群众，推翻帝国主义、封建势力、官僚资本主义独裁统治，配合人民解放军为彻底解放全中国，建立新民主主义的新国家而奋斗"。

粤赣湘边纵队成立后，旋即对东江各地的部队进行改编，将江南、江北、九连、北江、五岭及珠江三角洲等地区所属部队统一改编。江南支队编为东江第一支队，粤赣支队改编为东江第二支队，江北支队改编为东江第三支队，北江支队改编为北江第一支队，粤赣湘边解放总队（五岭支队）改编为北江第二支队，赣南支队、湘南支队也进行了改编，珠江三角洲部队待条件成熟后编为独立团。粤赣湘边纵队司令部以及东江第一支队司令部分别设在安墩镇黄沙小学和安墩镇大布村鹞子岭忠义堂。江南支队改称粤赣湘边纵队东江第一支队（惯称"边纵东一支"），下辖七个团、两个独立营、一个教导队，兵员达一万人。其中三团驻东宝地区。

边纵东一支下辖的横（岗）沙（头角）盐（田）武工队，由何昌柱任队长，黄生任指导员。该武工队以盐田为中心，在横岗至沙头角一带开展游击战争，打击国民党军队，保护人民群众，为配合南下野战军解放广东做出贡献。1949年4月23日拂晓，横沙盐武工队长枪班战士用机枪扫射一艘常在大鹏湾北岸骚扰游击区过往商旅的港英缉私炮艇，迫使该炮艇退走。4月25日，港英缉私炮艇几名华籍水兵暴动，杀死英籍大副，把炮艇驶靠沙头角海岸，并携带艇上的枪支、弹药投奔横沙盐武工队。

在边纵东一支武工队的骚扰、打击下，盐田区域内的一些国民党军据点、口岸关（所），或撤走，或关闭。7月15日，九龙关驻大梅沙、小梅沙支所关闭。第二天，九龙关驻盐田支关也关闭。盐田地区解放战争的形势一片大好。

7月后，粤赣湘边纵队各部队乘胜出击，迅速解放了江南、九连、江北和五岭的广大乡村和10余座县城，解放区人口增至400余万，作战部队从初期的470多人发展到3.8万多人，建立了有400多万人口、纵横千里的解放区，为人民解放军野战部队进军广州、解放广东铺平了道路。八九月间，解放军迅速解放了整个粤赣湘边地区。

10月上旬，粤赣湘边纵队准备接管广州的干部教导团在王母墟配合南下大军作战。10—11月，粤赣湘边纵队在第四野战军的指挥下参加广东战役，纵队主力与两广纵队组成南路军，解放惠阳、东莞等地，封堵国民党军南逃退路。

二、沙头角解放

1949年10月1日，中华人民共和国宣告成立。是日，在英界沙头角新楼街真光小学以教师身份做掩护的地下党员李吉芳，带领学校师生升起一面五星红旗，庆祝祖国解放。在中国人民解放军粤赣湘边纵队东江第一支队横沙盐武工队（代号"清河队"）和民运队（代号"锦州队"）的威慑下，国民党宝安县警察局局长肖天来及残部近100人退缩沙头角。肖天来见国民党大势已去，10月10日，只带一个随身警卫逃往"新界"。

10月10日，沙头角解放，中共惠阳县委领导人、横沙盐武工队接管沙头角镇（墟）；东和乡人民政府成立。10月11日，清河队队长兼指导员黄生率武工队20余人全副武装进入沙头角，在沙栏吓天后宫收缴肖天来残部的武器，共有长短枪30余支；接管桥头检查站，对

1949年10月，沙头角庆解放游行队伍（中英街历史博物馆 供图）

投降人员宣布有关政策，除个别留用外，大部分发给路费遣散回家。12日，范济群、凌锡澄率民运队30余人由盐田开赴沙头角，全队人员腰系红绸带，扭着秧歌、打着锣鼓，高唱着"解放区的天是明朗的天……"从中英街桥头进入沙头角，镇内外百姓夹道欢迎。

10月13日，庆祝沙头角解放大会在东和小学操场上召开。全场红旗飘飘，锣鼓喧天，镇内外群众数千人参加大会，各阶层代表讲话欢庆解放，大批香港记者涌进沙头角采访拍摄，许多"新界"居民越界围观，目睹沙头角解放的热闹情景。沙头角解放后，中共惠阳县委、县政府即派林洪、叶锡尧、蔡巧等人组成工作组到沙头角筹备组建基层政府事宜。10月中旬，沙头角镇政府成立，第一任镇长为叶锡尧。镇政府成立当日，在镇外圆墩头召开庆祝大会，庆祝沙头角第一个人民政权诞生。

10月20日，中共宝安县委、县民主政府随中国人民解放军进驻县城南头，接管东和乡（含盐田、梅沙）党政事务。

是年年底，工作组返回惠阳，锦州队奉命转战横沥、水口一

1949年10月10日,中方和港英政府双方在中英街三号界碑设岗,中英街上的中国士兵与英国士兵引起两地居民围观(中英街历史博物馆 供图)

带;清河队留守沙头角,协同镇政府开展工作。

三、宝安县城解放

1949年,在人民解放战争取得节节胜利的同时,中共中央对国民党统治集团及其残存的军队,展开了强大的政治攻势,发表了一系列声明文告,公开表明中国共产党的有关方针政策,以进一步促使国民党势力的分化瓦解。粤赣湘边区党委和中共江南地委也先后发出指示,要求各地展开政治攻势,瓦解和分化敌军。东江第一支队先后发表《告一五四师官兵书》《告国民党地方官兵书》和《致蒋军官兵书》等文告,指出:人民解放军"百万大军即将滚滚南下,解放整个华南以至于解放全中国。垂死的国民党反动政权,被我彻底打垮,亦是快要到来的事实"。并告诫国民党军政人员必须"认清当前的形势，只有放下武器，不予抵抗，你们才有生路！或者举行光荣起义，和解放军携起手来，共同争取解放，你们才有前途！"

10月上旬，中国人民解放军胜利南进，驻守在宝安的国民党部队有的从深圳逃往香港，有的从南头逃往大铲岛、伶仃岛。刘汝琛带领军管会人员和警卫连途经布吉向深圳推进，黄永光、周吉率金虎队、警卫连和武装民兵连向宝安西路进发。

10月10日，国民党广九铁路护路大队、税警团向人民解放军表明起义意愿。前往布吉上下坪村谈判后，人民解放军同意接受投诚，并指令投诚部队退出深圳镇，迁驻黄贝岭，听候改编。10月15日，黄永光、周吉率部开赴西乡，迫使国民党县警第二大队80余人投诚。当天下午，在西乡举行军民联欢大会。同一天，新华社发表公告，宣布"广深"全线解放。

10月16日，黄永光率县人民武装部队攻进南头城，在县城地下党员和西乡、沙河等地武工队的配合下，歼灭国民党残军百余人，接管了国民党县政府和军警队伍，接着在南头村祠堂门前的坪地召开庆祝解放大会。19日，驻深圳国民党税警二团团长伍秀民和护路大队大队长麦汉辉率部共1 500余人投诚，奉人民武装部队命令开赴黄贝岭听候改编。当天下午，宝深军管会主任刘汝琛率东宝税务处主任蓝杰、宝安县公安局局长刘鸣周、深圳镇警察所所长蔡达、军管会秘书曾百豪等接管人员160多人，从布吉进入深圳，接收国民党地方政权深圳镇公所，成立深圳镇人民政府。晚上，深圳各界代表和人民群众共1 000多人在民乐戏院举行庆祝大会，军管会主任刘汝琛宣布深圳解放。

1949年10月20日，中共宝安县委机关迁往县城南头，由中共江南地委领导，12月改由中共东江地委领导。

随着宝安的解放，社会经济文化生活得以恢复。1949年10

月28日,《宝安人民报》创刊,社长为王纪平,这是宝安解放后创办的第一份报纸。10月30日,全县中小学全面复课。其时全县初级中学7间,教职员66人,学生924人;小学147间,教职员515人,学生10 750人。11月15日,在南头广场召开宝安县各界庆祝解放大会,教育、工商、农会及各区乡的妇女会、农会等10 000多人参加。

四、中共沙深宝边界工委成立

宝安县处于深港边境上,面对着非常复杂的内外情况。为了应对这种复杂的形势,1949年10月23日,中共华南分局委派江南地委副书记、东江第一支队副政委祁烽率三个连进驻深圳,接替宝深军管会主任刘汝琛的工作,成立中共中央华南分局沙深宝边区委员会,管辖宝安境内的南头、深圳、沙头角三镇的党政工作,直属中共中央华南分局领导。为维护边区社会治安和稳定,沙深宝公安局随之成立。沙深宝军管会主任起初是广州派来的朱明达,祁烽担任政委。他们还分别兼任公安局局长和政委。沙深宝边区委员会成立后不久,沙深宝军管会改称广州市军管会沙深宝分会,负责人为祁烽。

军管会和公安局合署办公,最初没有正式的办公地点,办公和住宿都在火车站内的一节客车车厢里,接管九龙海关后,才搬进海关附近的一所房子,后又搬进蔡屋围村的一间祠堂。解放军一个班负责军管会的保卫工作。军管会的工作人员是从部队各机关和连队抽调出来的,他们组成多个接管小组,负责接管国民党留下来的各种政府机构。接管工作千头万绪,军管会工作人员常常工作到深夜,有时甚至通宵达旦。

1950年2月,由于港英当局在深港边界修建铁丝网,中方也决定由解放军封锁深圳河沿岸边防线,加强对边境的管理。中国居民须持公安部门所发通行证往来于港澳，宝安县公安局同时印发边防区农民耕作证，供过境耕作的农民使用。沙头角因特殊情况，只封锁进入沙头角的桥头通道，镇内居民仍可自由往来。4月9日，九龙海关与深圳镇各机关和商会各行业代表组成深圳镇私货清理委员会，发动群众开展清理私货运动。经过两个月的整顿工作，走私受到抑制，海关和税局税款增加。

1952年9月，中共沙深宝边区委员会并入中共宝安县委。

五、九龙关起义

深圳镇接管工作的最后一项重要内容是九龙关的接管。深圳解放前夕，中共香港地下组织在九龙关积极开展工作，成立了党的外围群众组织学习小组（实为"护产小组"），由林大琪、李国安先后担任小组长，学习小组的主要任务是团结爱国员工，宣传党的政策，做好保护关产、迎接解放的准备。在此期间，九龙关内部发生了船员护舰拒调台湾和关警武装扣留英籍副税务司事件。在中共地下组织和进步员工的支持下，事件得到妥善处理，部分留港舰艇停止调动，也促使税务司经蔚斐（英国人）在二等监察长黄昌燮协助下，及时与香港中共地下组织达成保护关产、等候接管的八点协议，为九龙关的起义铺平了道路。在广东的国民党政府败亡前夕，税务司经蔚斐主动提出与中共谈判起义事宜，新华社香港分社负责人黄作梅等代表与经蔚斐谈判，愿意接受九龙关起义。

深圳和平解放，为九龙关的接管工作创造了有利条件。由于九龙关涉及问题复杂，为做好接管工作，早在深圳解放前的一个多月，宝深军管会主任刘汝琛就派东宝税务处副主任谭刚赴港调查掌握九龙关的情况。在华南分局统战部部长饶彰风的支持下，并得到九龙关职员李国安、二等监察长黄昌燮的协助，谭刚顺利地收集了九龙海关的机构、制度、人员、关产、税率等情况。

10月21日,宝深军管会接管深圳缉私总部,成立九龙关临时接管委员会,刘汝琛任主任,着手接管境内各支关,恢复业务。当日下午,税务司经蔚斐按照事先达成的协议,在香港通电北京海关总署,表示九龙关已与前总税务司署断绝关系,接受北京海关总署领导,负责保护全部关产安全并听候指示。缉私总部和边境各支关悬挂中华人民共和国国旗,宣告由英帝国主义把持九龙关历史的结束。

10月24日,原九龙关代理副税务司张中炜奉令向海关总署呈报九龙关区接管前后情况,接管时计有在职员工1 134人、各式舰艇27艘、汽车12辆、枪支1 190支、港币420万元、银圆5 800元及房地产一批。11月15日,以刘汝琛为主任的九龙关接管委员会正式成立。

1950年1月28日,九龙关奉令改名为九龙海关。2月22日,海关总署任命赖田为九龙海关的代关长,新的九龙海关(总关)同时在深圳成立,九龙关接管委员会撤销。九龙海关创建初期共设有秘书、人事、会计、货管、查私、验估征税等6个科和驻港办事处,沿边设有三门、南澳、沙鱼涌、沙头角、盐田、莲塘、文锦渡、罗湖、蔡屋围、白石洲、桂庙、蛇口、大铲等13个支关。

六、解放盐田地区沿海岛屿

在宝安县解放初期,大铲岛、三门岛、内伶仃岛等岛屿上仍然盘踞着国民党军队的残余势力,蒋介石集团撤退时留下的特务以香港为跳板,频频对内地从事破坏活动。1949年11月6日,中国人民解放军两广纵队炮团在当地部队和民兵的配合下,炮轰大铲岛,击沉敌舰5艘;突击部队分乘3艘机帆船渡海登岛,俘岛上敌中将军官徐达以下80余人。中国人民解放军势如破竹,穷追逃敌,准备立即组织解放三门岛的战斗。三门岛位于宝安县大鹏半岛以南,与东涌村和西涌村遥遥相对,海面距离约4千米(在炮火射程内)。岛上有妈湾、北寇两个自然村。妈湾有四五十户,共两百多人;北寇有十多户,共五六十人,以捕鱼为业。三门岛是惠阳、汕头沿海地区通往香港的主要航道,在经济上、军事上有着很重要的地位。岛上有国民党的海关,海上有水警巡逻。1938年10月12日,日军发动侵略华南战争,就是经由三门岛到大亚湾登陆的。抗日战争时期,这里是东江纵队海上大队的基地。1949年11月,汕头、惠阳沿海地区相继解放,国民党残兵败将2 000多人溃退到三门岛上构筑工事,企图负隅顽抗。

1950年1月6日,两广纵队第二师第四团和粤赣湘边纵队东江第一支队新编独立第三营从大鹏半岛的东涌村出发,在炮火掩护下渡海作战,歼敌286人,缴获八二炮6门、六〇炮3门、轻重机枪37挺、长短枪500多支、子弹20多万发、物资一大批。

4月18日,深圳地区地方党和乡政府动员渔民400多人,出动渔船200只,配合中国人民解放军四十四军一三〇师三九〇团进攻内伶仃岛,在伶仃洋重击敌舰27艘,消灭岛上千余残敌。至此,深圳地区全境解放。

在中国共产党的领导下,深圳地区党组织从无到有,从小到大,带领人民群众同帝国主义、封建主义和官僚资本主义进行了长期的浴血奋战,终于迎来了革命的胜利,迎来了人民的彻底翻身和解放。从此,深圳地区人民走上了和平幸福的光明大道。

第五章
中华人民共和国成立后盐田的建设发展

中华人民共和国成立后,各级党委、政府不忘老区人民的贡献,千方百计大力扶持老区建设,医治战争造成的创伤,重建被敌人烧毁的家园,帮助恢复生产,解决行路难、照明难、饮水难、读书难、看病难等"五难"问题,帮助老区改善生产、生活环境,不断提高老区人民生活水平,有力地促进了老区各项事业的发展,使老区面貌发生了巨大变化。

第一节 人民政权建立与农村社会变革

1949年10月,中华人民共和国成立,盐田的历史掀开了新的一页。盐田人民遵照中共中央和各级党委的部署,建立人民新政权,并开展清匪反霸、镇压反革命,以及实行土地改革和农业合作化等工作。盐田老区人民的生活发生了翻天覆地的变化。

一、人民政权的建立和巩固

中华人民共和国成立伊始,取得执政地位的中国共产党带领各族人民建立各级人民政权,并为实现新民主主义建设进行了诸多尝试。

1949年10月10日,沙头角解放;中共惠阳县委、横沙盐武工队接管了沙头角镇(墟),成立中共东和乡支部及东和乡政府。

中共东和乡支部、东和乡政府建立后,遵照上级党委和人民政府的部署,带领全乡群众整顿乡村基层组织、开展剿匪反霸、建立革命秩序、镇压反革命活动等工作,以巩固新生的人民政权。

土匪猖獗、恶霸横行是中华人民共和国成立

1951年5月,沙头角成立了民兵连

初期乡村普遍面对的严重问题。这些反动残余势力，为了夺回他们的地盘，滋事生乱，破坏社会秩序，危害人民群众的安全和新生人民政权的巩固。因此，清匪反霸是党组织和新生人民政权面临的紧迫任务。盐田位于沿海地区，毗邻香港，情况十分复杂。除了部分散居沿海岛屿的土匪经常骚扰之外，还有一些未剿灭的国民党残余武装在广东解放后溃逃至香港，也经常偷渡入境进行破坏活动。他们与土匪、地主恶霸、社会上的残渣余孽相勾结，破坏交通，抢劫物资，甚至杀害群众和地方党政干部，企图推翻新生的人民政权。因此，东和乡的广大群众在上级党委、人民政府的领导下，积极参加剿匪斗争。

广东解放之初，人民政权虽然建立了，但很不稳定，特别是乡、村两级农村基层机构和民兵组织，更是鱼龙混杂，良莠不齐。因此，还必须做好清理内部的工作，纯洁干部队伍，尤其是要深入基层，发动群众，清匪肃特，镇压反革命分子，铲除反动残余势力，整顿好农村基层组织。

1950年下半年，匪特分子的活动更加猖獗，沿海地区的安全面临威胁。地处沿海的盐田老区人民在上级党委和人民政府的领导下，一方面做好沿海地带的防守与清查；一方面做好纯洁内部的工作，即整顿内部，清匪肃特，清除乡村基层组织中的反动分子，健全农会、民兵组织。此外，还要积极生产，实行减租退租，完成征粮任务，支援抗美援朝战争。

二、实行土地改革

土地改革是中国共产党领导的，以废除地主阶级封建剥削的土地所有制，实行农民的土地所有制为内容，旨在解放农村生产力，发展农业生产，为中华人民共和国工业化开辟道路的一场社会改革运动。1950年12月19日，以中共珠江地委宣传部部长梁奇达为首的珠江土改工作团共600多人到达宝安，开展广东省土改试点工作。20日，宝安县政府发布关于土地改革的布告，通告全县准备开展土地改革运动。月底，成立宝安县土地改革委员会（简称"土改委"），马伦任主任，黄干任副主任。同时，珠江地委重新任命宝安县委领导班子，由土改委员会的领导兼任县委领导，并改常委制为委员制。自此，以"依靠贫雇农、团结中农、中立富农、消灭地主阶级"为工作路线的土地改革运动在宝安拉开序幕。为了动员各界人民参与土地改革运动与支援抗美援朝，同年12月23日至25日，宝安县第三次各界人民代表会议在深圳蔡屋围燕贻小学召开，到会代表共200人。县长黄国伟致开幕词，沙深宝边委书记兼县委书记祁烽做总结报告。1951年1月，按照中共宝安县委部署，盐田区域内开展土地改革，计划分两年完成，第三年复查，宝安县全面铺开了土地改革运动。

根据珠江土改工作团的指示，宝安县委制定了土地改革分四步走的计划：第一阶段是整顿队伍，开展反破坏、反分散，追果实、追旧欠、追黑枪等运动，继续打击地主阶级；第二阶段是重划阶级，征收没收；第三阶段是分配果实，分配土地；第四阶段是庆祝翻身，转入生产。宝安县委和土改委还明确要求，1951年全县土改分三批进行，春天完成50%，夏天完成20%，秋天完成5%，剩下的25%到次年4月全部完成。1953年，盐田区域内进行土地改革复查，整个土地改革运动全面结束。土地改革中，盐田区域被划为地主的有8户，划为富农的有19户；枪决4人，包括地主恶霸3人、出卖抗日游击队的汉奸1人。

土地改革彻底摧毁了中国延续两千多年的封建制度的基础，即地主阶级的土地所有制，标志着宝安民主革命基本任务的完成。宝安县约18万农民无偿分得土地和生产资料，解放了农村生产力，有力地促进了农业经济的恢复和发展，同时也调动了农民的政治热情和生产积极性,进一步巩固了工农联盟和人民民主专政,为宝安农业的社会主义改造创造了有利条件。

三、盐田老区的农业合作化

党的过渡时期总路线颁布后,从1953年秋开始,中国共产党领导农民办起了互助组。每组由3~5户农民自愿组合,以利于在生产上互补互助,生活上共同富裕,农村经济得以迅速恢复发展。

1954年春,宝安县开始试办初级农业生产合作社。

1955年9月21日至28日,宝安县委召开三级干部扩大会议,通过了宝安县今秋明春农业生产合作化大发展的计划,进一步动员大办农业社。县委书记黄干在会上做了题为《正确认识当前农村社会主义革命的主流和本质,检查右倾思想,迎接合作化大发展》的报告。会后,全县合作化运动快速发展起来。

1954年3月,盐田区域内实行粮油统购统销,取消农村粮食集市贸易,非农业人口实行定人、定量、定点凭证供应粮油。沙头角、盐田成立国营粮站,经营粮油供销业务。同年上半年开始以自然村为单位成立农业合作社(初级社)。至年底,盐田区域内38个自然村均成立了农业合作社(初级社)。

1955年冬,宝安县委组织了对中共七届六中全会的决议和毛泽东《关于农业合作化问题》报告的学习,从党内到党外、从上到下统一思想认识。各级干部通过学习和自我检查,增强了领导农业合作化向前发展的决心。在这个基础上,县委积极领导全县农业合作化运动,并把运动推向高潮。到1956年春耕时,全县已建立初级农业生产合作社418个,入社农户33 688户,占总农户的52%。同时试办全部以劳动分红的高级农业生产合作社61个,入社农户23 646户,占总农户的36.5%。参加合作社农户占总农户的

盐田第一辆汽车（摄于20世纪50年代　何克捐赠）

88.5%。1956年10月，按中共宝安县委部署，农村开展升级、并社、整社工作。至年底，沙头角、盐田、梅沙3个片区各组建1个高级社。从此，宝安县基本实现了农业合作化。

农业的社会主义改造是继土地改革后，中国共产党在农村开展的以废除农民个体所有制，引导农民走集体化道路为主要内容，以发展农村生产力为目的的又一场重大社会改革。通过社会主义改造，宝安县的个体农民逐步走上社会主义道路，建立起新的生产关系，促进了生产力的发展，有力地支援了工业建设。

四、盐田渔改

1950年5月，宝洋军委会派出东海渔工组和西海渔工组，分别进入沙头角和蛇口去做渔改工作。东海渔工组管理范围从沙头角一直到小梅沙，包括沙头角镇和盐田镇以及香港"新界"的鸭洲岛、吉沃岛、塔门岛、高流湾、龙船湾、浦台岛、南丫岛（后划归西海渔工组管）、西贡8个海岛，有陆地渔民2 000多人，常年在海上漂流的"水流柴"五六万人以及少数半农半渔的群众。1952年,沙头角、盐田的渔民想在陆地拥有房子,宝安县委同意将盐田沙坝那块地给说广东话的建房子,避风塘口的山头归潮汕渔民建房子。这就成为渔一村、渔二村。后来香港渔民在盐田成立流动渔民协会。沙头角渔民村直接归镇政府管,盐田渔民乡包括渔一村和渔二村。1961年,渔一村改称上渔村,渔二村改称下渔村;1978年改革开放后,上渔村和下渔村统称渔村,也叫渔民新村。

第二节 盐田老区的曲折发展

"文化大革命"(简称"文革")是在中国特殊历史条件下发生的,在这一特殊历史时期,盐田的经济建设在动荡中曲折前进。

一、"大跃进"与人民公社化

根据中央提出的"大跃进"精神,及广东省委发出的迅速掀起全省工业生产高潮,争取工业"大跃进"的指示,1958年2月,中共惠阳地委对全区各县的农业发展定下了"跃进"计划。宝安县"大跃进"运动由此拉开了帷幕。

1958年2月24日,中共惠阳地委向全区各县发出了开展百日大竞赛的号召。竞赛的主要内容是比农业生产进度,比成就,比粮食增产增收,比畜牧业发展。随后,惠阳地区各县纷纷响应地委号召,向兄弟县提出了农业生产"大跃进"的竞赛活动。宝安县委迅速做出反应,向博罗、东莞、惠阳发出挑战,其战斗口号是:"苦战百天,以武松打虎的干劲、孙悟空大闹天宫的声势、愚公移山精神来实现我们的口号;学海丰超海丰,横扫东莞、博罗,压倒惠阳,一定把红旗插在宝安。"

"大跃进"运动在宝安真正发动,是从农业开始的。而农业"大跃进"又是以兴修水利、积肥为中心揭开序幕的。宝安县委做出"积、种、制、收"四管齐下的指示,猛攻肥料关,要求掀起近山靠山、近海靠海、近村向村，人人积肥、户户收肥、队队制肥的群众性积肥运动。特别是沿海地区，为了猛攻土化肥关，出现了家家户户煮海水，社社村村制化肥，日日夜夜齐奋战的景象。同时，还全民大办水利。经过百日苦战，宝安兴修水利工程14 638宗，使全县83.5%的稻田过了水利关。从此，宝安结束了"五天不下雨小旱，十天不下雨大旱"的历史。在猛攻水、肥关的同时，全县改良土壤一万多亩，开展了以密植为中心的技术改革和田间管理高潮，特别是春耕后，全县掀起了大张旗鼓宣传总路线运动，为农业生产的"跃进"助威呐喊。在全国"大跃进"背景之下，1958年8月，宝安县召开第四次干部扩大会议，提出了高产卫星指标。早造大丰收以后，宝安县委号召全县人民鼓足干劲，力争上游，认清形势，打掉三风五气，反对右倾保守思想；开展一个以反浪费、反保守，"四勤"（勤俭建国、勤俭办社、勤俭持家、勤俭办一切事业）运动为纲的总路线教育运动，组织晚造生产大高潮。

在农业"大跃进"的同时，工业也开始"大跃进"。宝安县工业在广东解放前有开采业、印刷业、食品加工、竹木制品、五金修理等行业，但比较落后，广东解放后虽然采取多项措施大力发展，但还是相当落后。"大跃进"运动开始后，宝安县委坚持"以钢为纲"，全面跃进，工农业并举，两条腿走路，大搞群众运动，兴起全党全民办工业的高潮。1958年5月，在工业会议上，宝安县委根据总路线的精神，贯彻省委、地委关于在农村实现"五厂化"指示，提出"农业为重点，工农业同时并举"的方针，动员全县人民为实现"五化"（工业化、机械化、电气化、车子化、美化）、"五厂"（农具加工修配厂、饲料加工厂、肥料厂、小粮加工厂、砖瓦水泥厂）而奋斗，开始形成全民办工业的"跃进"局面。原来的6个工业单位的职工群众，为了响应党的号召，在5月最后几天，纷纷提出"苦战2天""苦战60小时"的战斗口号，情绪无比高涨。工业交通、手工业单位的创造发明、技术革新63项，实际应用的有22项。

1958年10月至11月，宝安县跨乡成立人民公社。盐田区域属南天门公社（深圳）管辖。公社下设生产管理区，有沙头角、盐田、梅沙三个生产管理区。公社按民兵组织实行营、连、排建制。公社为营，盐田区域分沙头角前线连、盐田保卫连、梅沙冲锋连三个连队，连以下设排。12月21日，盐田区域开始整顿巩固人民公社运动，至翌年2月中旬结束。宝安县委抽调多名机关干部到区域内同群众、部队一起，采取大鸣、大放、大字报等形式，发动群众以主人翁身份提批评、建议、意见；两个月共9 081人次提意见，收集各类批评、建议、意见共1 444条。通过两个月的整顿，农村民主气氛空前活跃，解决了生产中存在的突出问题，扭转了生产混乱的局面。

在"大跃进"运动中，人民公社化运动也逐步开展。1958年8月，宝安县委根据上级党委的指示，号召在全县范围内建立人民公社。早在建立人民公社以前，全县的农业社由原来的428个合并成261个，有些地方虽没有称为人民公社，但实际上已经自发地办起了人民公社。在县委发出大办人民公社后，一些农民积极分子敲锣打鼓地向当地党委申请办人民公社，提出了"要搞好人民公社"的口号。建立人民公社的运动很快就形成高潮，几天内，全县已有6个乡、37个农业合作社、7 526户、17 584人报名加入人民公社，凡是报了名的农业社，几乎是100%的群众报了名。

1958年9月27日，宝安县的第一批人民公社——南天门、超英、超美和光明人民公社成立。南天门人民公社包括东和乡、深圳乡、盐田、深圳镇、沙头乡。当天，成千上万的农民、工人、干部、教师、学生、工商界人士、城市居民、蚝民等，都集中在深圳人民广场庆祝首批人民公社的诞生。先是由南天门、超英、超美人民公社的代表向县委报喜，县委第一书记王志接受了代表们的报喜并在大会上讲话，阐述了建立人民公社的意义、政策以及如何以实际行动迎接人民公社的建立。

1958年10月，全县从原来228个农业社合并成南天门、超英、超美、红色和红旗等6个人民公社。至此，宝安全县已完全实现了人民公社化。

1959年3月，盐田区域内根据中共中央、广东省委的指示和宝安县委关于巩固人民公社的通知精神，公社体制下放，确定生产队为承包核算单位，全部实行包产、包措施、包成本、包上调任务的生产责任制；以社或队为新的核算单位，自负盈亏；对劳动力、粮食等管理权下放。同年6月，附城人民公社分出部分地区成立沙头角人民公社。同年，根据中共宝安县委关于公社、大队机构设置的通知精神，撤销公社以下管理区和营、连、排建制，改设大队管理委员会和生产队。盐田区域内沙头角公社下设4个大队和2个渔业大队。其中沙头角片区为沙头角大队，盐田片区有2个大队和2个渔业队，梅沙片区为梅沙大队。区域内以自然村为单位成立生产队。

由农业生产合作社变为人民公社，宝安的社会生产方式发生了新的变化。人民公社具有"一大二公"的特点，它可以比农业生产合作社更有力地动员和安排农村的劳动力，可以兴办农业合作社难以兴办的事业，如发展公社食堂、托儿所和敬老院等集体事业。这些福利事业在当时社会生产力尚不发达的情况下盲目实行，给社会经济的发展背上了沉重的负担，最后支撑不了多久只能以散伙宣布告终。

二、开展农业学大寨运动

1970年9月23日,《人民日报》发表题为《农业学大寨》的社论。随后,广东省革委会召开全省农业学大寨会议,做出"关于进一步开展农业学大寨运动的决定"。为了响应号召,11月9日至14日宝安县在西乡公社召开了农业学大寨三级干部会议,生产队部分代表到场,学习贯彻《人民日报》社论和广东省农业学大寨会议精神。

从1970年12月下旬起,沙头角镇和盐田公社根据县革委会《关于学大寨、赶昔阳的规划》和1972年基本达到"队队变大寨、全县变昔阳"的目标,层层召开会议贯彻落实。

1972年,宝安县完成大小水利工程480余宗,增加灌溉面积2万余亩,全县水田旱涝保收面积达到30余万亩,约占76%。不过,由于这一年自然灾害影响严重,粮食比1971年减产76.5万千克(减产4.6%),工业总产值也只增长3.7%。

1972年冬至1973年春,盐田地域大搞农田基本建设和春耕生产。"文化大革命"以来,全县大大削减了对农田基本建设的投入。1964年至1967年,水利投资平均每年89万元,钢材151吨,木材918立方米。1968年至1971年,水利投资平均每年37万元,减少了58%;钢材79吨,减少了47%;木材300立方米,减少67%。1970年至1974年间,地方财政对农业包括支农工业的投资,总共只有84.2万元,平均每年16万多元。投资的持续大幅下降,严重影响了农业建设。从1966年到1969年,全县稻谷总产量增加2 745万千克,每年增产约686万千克。1970年至1973年,总产量平均每年不仅没有增加,反而减少5.135万千克。宝安县水利设施、电网、种子筛选,都是"文化大革命"前打下的基础,经过这些年持续不断的政治运动,工农业生产长期停滞不前。

第五章　中华人民共和国成立后盐田的建设发展

获评"红色前哨连"（中英街历史博物馆　供图）

　　1973年，宝安县深入开展农业学大寨群众运动，在抓好粮食生产的同时，积极发展多种经营，恢复和发展传统的出口产品生产；加快农业机械化步伐，给沙头角等边境地区社队增加一些手扶拖拉机和汽车；加固堤围，挖塘修港，扩大鱼蠔养殖；解决渔船维修需要的钢材、木材和柴油机，解决渔业生产需要的各种物资；从粮食征购、生猪调拨和商品供应等方面，给予一定的照顾，减少上调任务，增加当地销量，适当提高居民商品定量；加强沙头角等地边防管理，增设岗哨。

　　在农业学大寨运动中，宝安县抓主要矛盾，大搞农田基本建设。1976年，宝安县工农业总产值为18 265万元，其中工业总产值5 053万元，农业总产值13 212万元。自1975年第一次全国农业学大寨会议到1978年初，宝安县完成以治水改土增肥为中心的农田基本建设工程124项，搬动土石3 014万方，平均每个劳动力274方，这样的力度是十多年没有过的。

三、建立农村合作医疗

农村合作医疗,是在农村"缺医少药没钱"的情况下,为解决农民"看病难、看病贵"而出现的一种医疗制度。它是集体化过程中的产物。1968年9月10日,《红旗》杂志发表了《从赤脚医生的成长看医学教育革命的方向》一文,9月14日被《人民日报》转载。同年12月5日、7日,《人民日报》连续发表文章,刊登了毛泽东对介绍上海川沙县江镇公社培养赤脚医生和湖北省长阳县乐园人民公社举办合作医疗的调查报告的批示。毛泽东在乐园合作医疗的调查报告上批示,称赞"合作医疗好",合作医疗"是医疗战线上的一场革命","解决了农村群众看不起病、买不起药的困难"。此后,农村合作医疗在全国迅速兴起。

1968年12月8日,广东省卫生厅军管会、革委会向广东省革委会生产组呈递了《关于尽快地把农村合作医疗办起来的报告》,要求各地"加快合作医疗步伐,尽快地把农村合作医疗办起来"。包括盐田在内的宝安县是在1969年开始推行农村合作医疗的。据1970年统计,全县181个大队,有170个大队建立合作医疗。1977年全县有195个大队办合作医疗,参加合作医疗的有254 017人,占应参加人数的94.2%。合作医疗资金以大队(或生产队)的公益金和个人负担为主,每人每月交0.3元至1元,看病时只交挂号费5分或1角,不收药费(贵重药自费),有的队则全部免费,外出看病报销部分药费。赤脚医生的报酬,参加大队统筹分配,但数额各队不同,个人收入不低于所在的大队(乡)干部。盐田地区的生产大队也办有合作医疗,农民有了小病都愿意请赤脚医生诊治,既方便又花费不多,颇受农民群众的欢迎。

赤脚医生是由半农半医改名而来,随着合作医疗的发展面壮大,1975年宝安县有赤脚医生578人,其中女医生216人,平均每个大队（乡）有3.2名赤脚医生，每1 000人中有2.1名赤脚医生。每年有217名赤脚医生到省、地、县和公社卫生院复训三个月以上。此外还选送34名优秀赤脚医生到医科大学学习，学成回原单位服务。1979年以后，随着农村经济体制改革，合作医疗彻底解体，有125名赤脚医生通过考试获得合格证书，其他赤脚医生有的改行，有的参军，有的去了香港。

四、边防管制与边境"小额贸易"活动

深圳与香港山水相连，同根同源，历史上自秦代以来就同属于一个县级行政区管辖。自1840年鸦片战争后，英国靠着坚船利炮强迫清政府，先后霸占了原本属于新安县的香港岛、九龙、"新界"，从而对香港地区实施长时期的殖民统治。此后，深圳与香港之间被一条人为的鸿沟所阻隔。广东解放后，中共中央采取了"维持现状"，利用香港为内地建设服务的政策，人民解放军没有收复香港。但是，由于港英当局对新生的人民政权持敌对态度，因而在深港边境线上的摩擦、斗争屡有发生。

1951年2月15日，广东省人民政府决定实行边防管制，由对外开放口岸出入境的旅客需持公安机关签发的通行证方可出入境。当时，位于盐田区域内的沙头角一带，就是与香港陆地距离最近的边境，故实行边境管制政策。1961年，在中共中央、广东省委的支持下，沙头角公社和盐田口岸等地曾一度放

加强深港边境管理（陈桥摄于1962年5月）

宽边防管理，作为"小额贸易"和非贸易进出口特定地点，让边境地区的社队和居民开展"小额贸易"活动。后由于种种原因，又被禁止执行。

1971年，周恩来、叶剑英、李先念等中央领导人，国务院有关部门，以及广东省委对深圳口岸和宝安县边防建设给予了很多关注和支持，虽然"左"的干扰持续不断，但政策上还是有所松动，发生了一些新变化。

1972年3月，英国与中国建立外交关系，中英两国达成互换大使的协议，外交关系升格。港英将边境上一些过去戒备严密的地方做了调整，更换了哨位；我方指示，应尽快停止向港英方面放送高音喇叭。宝安县革委会接到上级指示后，马上派人到沙头角镇对干部、群众做思想工作。同年8月中旬，全部喇叭被拆除。

港澳是内地传统的出口和转口市场，香港经济的飞速发展，有利于国家每年从这里取得较多外汇收入。不过，"文化大革命"以来内地出口货物占港澳进口总数的比重急剧下降，从1968年起，由第一位退到第二位，日本跃居第一位。宝安县离香港最近，运距最短，这是任何国家和地区都比不了的优势。在宝安县就近大搞农副产品出口基地，很快进入各级领导人的视野。

1973年7月下旬，国家计委下拨一批物资和外汇。8月2日，广东省计委做出安排，分配宝安县农用汽车17辆、大中型拖拉机28台、钢材800吨、柴油机560匹马力、客运汽车6辆、货运汽车8辆、挖泥船4艘。另分配一部分外汇，其中就包括沙头角外币商店扶持货源5万美元。由于没有调整粮食种植计划和征购任务，缺乏启动资金，只能是小打小闹，难有大作为。中央领导人的批示因而难以真正落实。

1973年8月10日，广东省革委会颁布《关于宝安、珠海边防

20世纪50年代中英街七号界碑附近冷冷清清的街景。右侧前方为中英街40号打铁铺,与之相连的为中英街38~39号茂生堂药铺(中英街历史博物馆 供图)

地区有关经济政策的规定》。文件是针对近几年边防地区经济政策变动较多,各社队做法不统一而制定的。文件对过境耕作收获农副产品的处理、对过境居民携带物品、对流动渔民携带物品和福利费、货币管理等分别做出规定。特别是文件中有一条规定:"宝安县有过境耕作习惯的罗芳、赤尾、罗湖、向东(西)生产队和沙头角生产大队,在完成国家规定的粮、油、糖征购任务,并留足社员口粮和储备粮、种子、饲料之后,其过境耕作所收获农副产品的多余部分,可在当地出售,所得外币,应全部售给中国人民银行。为照顾过境耕作生产队购置部分生产资料和过境耕作人员伙食费的实际需要,由省拨给一定数量的外币(约占出售产品所得外币的30%以内)交宝安县掌握使用。"这在当时的政治环境下显得很特殊,有积极意义。由于粮食任务重,过境耕作劳力数量、时间和资金所限,过境土地还是种粮,经济效益没有明显变化。

从1975年开始,宝安县把外贸基地建设纳入"农业学大寨"运动中。到1977年,共发展各种水果基地27万亩,建立蔬菜基地6 500亩、水草基地2 500亩,新种茶园1 100亩,发展社办母猪场13个、集体鸡场33个、牛仔场98个;围海养鱼虾7 600亩,养蚝2万井,加速了外贸出口的增长。1976年超额完成全年外汇任务的43%。从这些数据看,全县外贸基地建设取得了一些成绩,但离中央和省里的要求还有一定距离,一直到改革开放前夕,才大规模地迅速发展起来。

五、多种经营与农渔商贸发展

中华人民共和国成立初期,盐田地区人民以打鱼、种田为主,盐田地区在以粮为纲的单一农业结构的计划经济体制下,工业颇为落后,第三产业也十分不发达,是计划经济体制下一个交通不便、信息闭塞、贫穷、落后的海边农村。盐田境域内的加工、制造业只有粮食加工、木薯加工、木器社、打铁铺、车衣铺等,生产技术水平和劳动效率低下,属半自给式、封闭式的经营方式。

后来,随着社会的发展,生产门路的增多,盐田人民不断挖掘生产潜力,除了耕种水稻等农作物之外,还搞多种经营,扩大生产,增加收入,因而各方面都有了较为明显的发展。当年的沙头角镇就是通过自力更生来改变落后面貌的。

沙头角镇农业队不靠进口化肥,自力更生解决肥料,1965年晚造种了50亩绿肥,1966年春积了2 000担塘泥肥。过去依靠化肥生产上不去,现在自力更生搞土杂肥,大大发展了生产。1965年晚造与1963年晚造相比,由亩产260斤增至369斤。1966年早造虽受风、虫灾害,但与1965年早造相比亦略有增产。工分值从过去

0.77元提高到1.15元每分，是当时历史上最高的收入水平。沙头角镇的渔业队树立了自力更生的精神后，生产面貌也有很大的改变，在1966年1月至4月的淡季里，一方面坚持出海捕鱼，提出勤出海、多下网；另一方面组织社员大搞副业生产，干部带头上山砍柴、织竹箩、打石仔等，收入达到12 362元，与历年淡季最高收入的7 629元比较，增加62%。其他各行各业、机关单位面貌也有了很大的改观。

大鹏湾的鱼类甚丰，沙栏吓和盐寮下的捕鱼小艇一般在大鹏湾内近海作业，一到晚上沙头角海面渔灯点点。二十世纪六七十年代，中英街街区的渔业生产常获丰收。渔汛期沙头角水产公司每天可收购到渔获物200多吨。中英街街区海傍路、环城路一带以至两三千米的沙头角海岸，都是当地渔民晒鱼的地方。

1978年，盐田区域内从事工业人数不过20人，工业产值不超过5万元；而农业、渔业和商贸却有了较大的发展。

在渔业方面，中华人民共和国成立后，渔民结束"水上漂"的生活，先后上岸定居，盐田渔港逐步成为有码头渔港，为宝安县三大渔港之首。20世纪50年代中期农业合作化，沙栏吓村有一个专门从事海捕的渔业队，以男性劳动力为主；还有一个专门从事农耕的农业队，以妇女劳动力为主。渔业队有捕鱼小艇40对，每对小艇配备4个青壮年劳动力，从事渔业生产的劳动力有160多人。宝安县水产公司也在华界沙头角禁区渔码头附近成立了分公司，收购在沙头角上岸的渔获物。1957年，盐田渔协会成立，对大鹏湾畔一带具有香港及内地双重户籍的流动渔民进行统一管理。20世纪50年代后期人民公社化时，渔业队添置了部分机船，每条机船需11个劳动力，这时沙栏吓有大小渔船100多艘、渔民300多人，有不少妇女也登船出海捕鱼。20世纪60年代到70年代末，盐田一带渔业达到鼎盛，本地和流动渔船达2 000多艘，加入渔协会的流动渔民达1万余人。渔业的发展，也带旺了交易市场，促进了商贸业的发展。

六、广东省委对盐田革命老区的关心[①]

中共十一届三中全会前后，习仲勋主政广东。1978年6月20日，习仲勋主持召开广东省委常委会议，研究宝安县建设问题。同年7月9日，习仲勋一行轻车简从，几个人挤在一辆七座的面包车内，到宝安县先后深入沙头角、罗芳、莲塘、皇岗、水围、渔农村、蛇口和渔一大队等边境社队调研，足迹几乎踏遍如今的市区范围。

沙头角是习仲勋主政广东后基层调研的第一站。当时的宝安，正处在偷渡逃港的风口浪尖上。逃港是一个延续多年的老大难问题。去沙头角时，习仲勋看到两个偷渡者被边防军铐在路边，便要立即下车调研，在陪同的宝安县委书记方苞的建议下，才改为归途时再到莲塘临时收容站了解情况。

中英街位于深圳市盐田区沙头角，长不足500米，宽不足7米。盛夏的中英街，熙熙攘攘，如常迎来全国各地的游客。习仲勋看到街心界碑那边的香港高楼林立、车水马龙，而内地这边一片冷清、荒草丛生。当看到中英街两边的巨大差距后，习仲勋忧心忡忡。他想，香港80%的居民是广东人，都是广东人，为什么香港能发展好，而广东却如此落后。愈演愈烈的偷渡外逃现象令习仲勋焦急。在沙头角中英街视察了供销社、百货公司、来料加工厂后，他当即指示要优先考虑沙头角的发展。

归途时虽然天已黑，尚未吃晚饭，他还是按原计划到收容

[①] 以下内容来源于中共广东省委党史研室编：《习仲勋主政广东忆述录》，中共党史出版社2013年版，第89—94页。

站调研偷渡原因。偷渡者告诉他，因为内地收入低，到香港容易找工作。习仲勋深受震动，他一针见血地指出，当时宝安县委和沙头角镇存在的问题主要是：框框太多，本来是对的事情也不敢搞。他强调在实事求是的基础上，大胆解放思想。他指出："只要能把生产搞上去的，就干，不要去管他什么主义。他们是资本主义，但有些好的方法我们也要学习。"

习仲勋主张放宽政策，下放权力，调动基层积极性和主动性。通过调研，他当即批准了宝安县委的多项请示：同意恢复边境"小额贸易"，收入外汇按比例分成，基层应得部分经批准可进口社队所需的生产资料和社员生活用品；同意引进外资发展"三来一补"工业、加工贸易审批权下放到县；同意宝安县调减5万亩粮食种植面积及相关粮食征购任务，改为种果菜、养鱼、养鸡、养猪出口。

两三年后，盐田的蔬菜、活鸡、猪、鱼、牛奶等农产品的生产和出口数量几倍、十几倍、几十倍增长，同时大力"外引内联"，发展工业和开展多种经营。1980年，盐田农村已出现大批万元户、十万元户，这批靠劳动和政策致富的典型，给境内农民带来了希望。偷渡外流这个困扰盐田近30年的"老大难"问题，到1980年尾就解决了。

习仲勋通过这次调研，开始深入思考、谋划如何推动粤港边境地区的经济发展，这也推动了后来经济特区的创建进程。在邓小平的支持下，1979年7月，中共中央、国务院正式批准广东创办经济特区。

第六章
盐田在改革开放中迅速发展

  中国实行改革开放后,广东得风气之先,在改革开放中先走一步,并建立了深圳、珠海、汕头三个经济特区。地处深圳经济特区属下的盐田老区凭借自身的区位、地缘优势,较早地实行经济体制方面的改革,加快建设现代工业,并大力发展盐田特色的海港运输物流业和旅游业,还建设口岸、港口、保税区等基础设施及配套项目,社会经济发展迅速。与此同时,广东省、深圳市也采取各种措施,大力扶持盐田革命老区建设,实施共同富裕工程,使盐田革命老区面貌大为改观,人民群众的物质、文化生活水平大为提高。

第一节 改革开放的先行者

改革开放催生了老区市场经济和农业产业化、工业化的发展，盐田老区利用自身优势——一是紧靠经济特区，毗邻港澳，十分有利于发展"三来一补"加工业，"吹糠见米"；二是靠山临海，适合大力发展种养业，把荒山、荒地、荒滩用来大搞开发性商品生产，"为出口服务，为特区服务"。盐田老区坚持一手抓来料加工业，一手抓种养业，扎扎实实地促进老区经济迅速发展。老区建设援建的工厂、种养场主要是镇村集体企业，工厂一般都有一两百个工人，种养场则大多数由外县人来承包经营，分布面广，且每个镇村同时办有几十个或几个经济实体，不仅发展了经济，还培养了一批企业管理人才。老区经济实现了农业经济向工业经济的转变，昔日的"稻田鱼塘"已不复存在，取而代之的是一片片现代化的工业园区。昔日的农民已"洗脚上田"，务工经商，人民生活从相对贫困走向初步小康。

一、实施经济体制改革

改革开放以后，为适应对外开放的需要和促进生产力的发展，盐田地区充分利用优惠的特殊政策和得天独厚的地理条件，大力发展外向型经济，先后建立和创办全国第一家保税工业区——沙头角保税工业区、全国首家农民股份企业——沙头角群利股份公司、全国第一个抽油烟机生产厂家——沙头角粤海家电五金总厂。

1980年11月23日,中共广东省委第一书记任仲夷视察沙头角镇,充分肯定镇党委从1979年起批准直接从香港"新界"引进外资、设备和原材料,进行来料加工和开展养殖业;允许集体和社员在完成国家任务后把农副产品直接运到香港"新界"销售;允许群众利用农闲工余时间过境打工和捡拾废旧物质;允许集体单位抽一定比例的外汇收入分配给群众。这些做法与经验极大地激发了群众建设边境小镇的热情。这对于当时在改革开放中先走一步,刚刚尝到改革开放甜头的盐田民众来说,是一大鼓舞和激励。

从1982年11月开始,盐田地区对原有的经济体制进行了一系列改革,逐步建立起一套与经济特区发展相适应的新的经济管理体制。主要内容有:所有制结构改革,在坚持以公有制为主体的前提下积极发展多元化的经济成分。

1990年,沙头角镇在各类企业中普遍推行经理(厂长)负责制、任期目标责任制和分类承包的管理体制,同时在国有企业和集体企业中实行净资产风险抵押承包责任制。至1994年,有9家企业进行了资产风险抵押承包责任制改革。与此同时,还大力推进国有企业的股份制改造。通过不断完善和改革,至1995年,沙头角镇企业资产管理体制的基本模式是实行镇资产管理委员会→资产管理委员会办公室→集团公司三级管理。资产管理委员会是镇属企业资产管理的最高权力机构,资产管理委员会办公室负责管委会的日常事务;集团公司在管委会授权范围内具体处理企业资产的经营和管理业务,并代表镇政府对企业的国有(集体)资产行使管理权和受益权。集团公司作为镇政府的一个资产管理业务机构,同时又是一个独立的法人企业,这种模式的目的是在保证国有资产安全增值的基础上,利用产权这条纽带,把镇属企业紧紧连在一起，并逐步实行资源的合理配置、优化组合，以获得高效益。

至1994年，盐田既有自办的国有企业、集体企业、个体企业以及民间科技企业，又有外商独资、中外合资和中外合作企业，以及由多种股份组成的股份公司，内联企业，跨部门、跨行业的经济联合体等，形成公有制为主体、多种经济形式并存的多元化经济结构。经过20多年的发展，沙头角镇较早实现了向工业化、城市化的转变，成为深圳经济特区东部的重要出口加工基地和商贸中心。

沙头角是我国改革开放起步最早、经济发展迅速的前沿地带，凭借其毗邻香港，发挥陆路口岸直通香港的地理优势，大力进行经济体制改革和商贸市场方面的建设，地方经济得到了快速发展。1982年，沙头角管理区实现地区生产总值269万元、农业总产值（当年价，下同）220万元、工业总产值66万元、社会商品零售额194万元、固定资产投资325万元、财政收入162万元。1983年，沙头角管理区实现地区生产总值1 690万元，为上年的6.28倍；农业总产值329万元，为上年的1.5倍；工业总产值365万元，为上年的5.53倍；社会商品零售额2 057万元，为上年的10.6倍；引进外资180万美元；固定资产投资1 835万元，为上年的5.65倍；完成财政收入681万元，为上年的4.2倍。之后，全区重点发展工业、商贸业、房地产业、旅游业和种养业，进行经济体制改革后的沙头角管理区，经济取得了长足发展。

1987年，沙头角管理区社会经济保持高速、稳定发展，商业购销两旺，市场繁荣；工农业迅猛发展，投资结构更趋合理，投资环境进一步改善。年末，社会总产值为1.53亿元，同比增长57.8%；地区生产总值1.1亿元，同比增长87.8%；国民收入9 164万元，同比增长83.3%；人均国民收入3 478元，同比增长32%；

农村人均纯收入1 947元，同比增长15.3%。

1989年，沙头角管理区深化经济体制改革，控制固定资产投资，工农业生产、利用外资、财政收入稳步增长，全年实现地区生产总值2.46亿元，为1983年的14.56倍；农业总产值2 208万元，为1983年的6.71倍；工业总产值2.18亿元，为1983年的59.73倍；社会商品零售额2.7亿元，为1983年的13.13倍；实际利用外资3 293万美元，为1983年的18.29倍；固定资产投资1.17亿元，为1983年的6.38倍；完成财政收入4 951万元，为1983年的7.27倍。

1990年，沙头角镇实现地区生产总值2.19亿元，工业总产值3.49亿元，社会消费品零售额3.07亿元，实际利用外资4 523万美元，固定资产投资8 705万元，一般预算内财政收入4 451万元。

到1997年，沙头角镇实现地区生产总值12.11亿元，为1990年的5.53倍；农业总产值1 917万元；工业总产值73.87亿元，为1990年的21.17倍；社会消费品零售额4.84亿元，为1990年的1.58倍；实际利用外资5 004万美元，为1990年的1.11倍；固定资产投资3.16亿元，为1990年的3.63倍；完成一般预算内财政收入2.32亿元，为1990年的5.21倍。

二、成立全国第一家农村股份制企业

深圳市沙头角群利股份有限公司（以下简称"群利公司"）是深圳、也是全国第一家农村股份制企业。

1979—1982年，深圳市政府在沙头角海关周边地区大规模征地，政府付给沙头角大队1 600多万元的征地补偿金。沙头角大队领导班子经研究提出把这笔钱用来发展集体经济，按照村民入股、年终分红、滚动发展的模式，使这笔钱产出可持续发展的效益。通过做工作，村民认可了这一构想。1983年6月7日，沙头角大队组建了群利公司，"群利"即"群众利益"之意。创立农村股份制企业的方案上报到沙头角管理区，因全国没有先例，这份方案又从深圳市政府上报到广东省政府，最后是由国务院体改办专门派一名副主任带队，到沙头角大队了解情况并予以肯定，群利公司才得以成立。群利公司首创的集体经济股份制模式，在深圳市全面推广。

群利公司成立时，股东人数达到1 003人，总股数达到1 600万股。时任沙头角大队党支部书记张天来任群利公司第一任董事长。创立之初，群利公司拿出一部分资金修建了6 000平方米的简陋厂房和3 472.3平方米的配套职工宿舍，吸引"三来一补"企业进驻，开办第一家来料加工厂——乐加毛衫厂，后又开办了致富胶丝花厂、国华针织厂等几家小厂。伴随着深圳改革开放的快速发展，境外投资者涌入，群利公司建起大量厂房，随着招商引资项目的进驻，直接带旺了沙头角的人流、物流、资金流。大量外来务工人员给村民带来房租收入。1985年，群利公司的账面总资产为313.5万元，1989年账面总资产突破1 500万元。1992年，深圳经济特区全面启动农村城市化改革，特区内所有旧村村委会均按照"村企分开"的模式，分别设立居委会和股份公司。到1993年，群利公司创立10周年，公司集体经营性物业已超过6万平方米，厂房、宿舍和商铺等集体经营性物业迅速成为群利公司的支柱。

1992年邓小平南方谈话发表后，深圳经济发展加快，群利公司也陆续投资了一大批项目，包括电池、印刷电路板、电池壳、表壳、服装、超市、贸易、砖厂等。企业经营"战线"越拉越长的同时，群利公司的决策水平和管理能力却跟不上发展的步伐，有些投资项目明显盲目，经营收益逐年递减。群利公司总资产1994年增长到2 800万元，1999年达到4 960万元，2004年上升到7 337.8万元。到2004年，群利公司拥有物业5.56万平方米，总资产市值不低于1.5亿元，20年间，群利公司总资产增长了近48倍。

群利公司的发展，影响和带动了盐田区股份制企业的经济发展，到2005年，盐田区股份合作公司有19家，注册资本2.9亿元，总资产达到14.83亿元。这些公司基本上都是在特区农村城市化时，从原行政村或自然村合作经济组织改造而成的。日常经营的项目也都是以物业出租及管理为主，一些公司也有对外投资，主要以合作开发房地产项目和物流仓储租赁为主，个别也有涉及物业管理、制造业、报关、金融服务业。

1983年，群利公司成立之初就实施安全生产考核制度，对自营企业实施经营目标管理考核方式，实行财务人员委派制度；对后勤部实行目标管理制，建立各项内部会议制度，实施外派管理人员年度评审办法，将制度修订作为公司每年的日常工作进行，提出总部以人力资源和财务管理为主线，层层考核，提出每年保持10%的利润增长率。2003年，群利公司实现利润1 000万元，被评为盐田区优秀企业；提出"三大产业"发展方向，确立"稳健经营、创新争先"的经营理念，提出"全资法人企业"概念，推动市场化运作；确立"职能为根、团队为本"的年度工作指导方针，提出"人力资源市场化"概念；实行"10股送5股"的分红送股方案。

从1983年创办中国首家农村股份制企业——深圳市沙头角群利股份有限公司算起，到2004年底，深圳市股份合作经济共有企业700多家，总资产达到600亿元，净资产近400亿元，实现利润总额近30亿元，为200多万人提供了就业机会。星星之火可以燎原，群利公司的兴旺发展，引导了整个深圳市股份制经济的崛起。

三、兴办现代化工业园区

改革开放以后，盐田地区积极招商引资，筑"巢"引"凤"，千方百计吸引外商前来投资，建厂办实业。他们除了出台优惠的政策之外，还为外来客商营造一个宜居宜业的理想营商环境，先后兴办了鹏湾工业区、太平洋工业区、北山工业区等一批现代化的工业园区，为盐田的社会经济发展注入了新的活力。

鹏湾工业区，于1987年开始创建。该工业区位于沙头角镇，主要生产电子、鞋、钟表等产品。经过十几年的建设和经营，至2004年末，鹏湾工业区实际投资1 562万美元，厂房面积43万平方米，先后入驻企业14家，员工总数5 300人。该工业区内有服装企业4家，五金制品企业2家，纸制品企业2家，制鞋企业1家，印刷企业1家，印刷线路板企业1家，电池加工企业1家。在14家企业中，有三资企业5家、来料加工厂9家。

2005年底，根据盐田区土地规划调整，鹏湾工业区被拆除，企业全部迁到北山工业区。

太平洋工业区，位于盐田区深盐路北侧，与沙头角保税区隔路相望，是原国家机械工业部直属企业投资开发建设的物业，始建于1988年1月，工业区占地面积4.8万平方米，2019年有工业区厂房及配套建筑合计约9.4万平方米。经过20多年的经营，至2019年，该工业区有厂房4栋，建筑面积7.6万平方米；单身职工宿舍3栋，建筑面积1.64万平方米；综合办公楼1栋，建筑面积2 365平方米。先后进驻工业企业40多家，以机械精密加工、汽车修理、金银珠宝加工销售、服装加工为主，从业人员共4 000多人。

北山工业区兴办时间稍微晚一些，于2002年10月由盐田区政府投资2.74亿元建设。北山工业区位于盐田区北山大道北侧。2003年5月，第一、二、三标段由盐田区土地投资开发中心开始建设，中铁二局工程有限公司承建，2004年2月竣工，建筑面积为4 406平方米。该工业区第一期工程于2004年12月竣工投入使用，工业区占地5.8万平方米，建筑面积共18.9万平方米，总投资3亿元。截至2019年5月，北山工业区共有21家业主，现有企业36家，租住率100%，分别是华大基因、安多福、电子科技和黄金珠宝等行业的龙头企业，员工为8 000人左右。

盐田现代化工业园区的兴办，吸引了国内外的客商携资前来入驻兴业经营，这不仅扩大了地方工业的生产规模，改善了商贸活动的环境，而且壮大了地方经济的实力，极大地促进了盐田地方经济的快速发展。

四、从农业镇到工业镇的转变

改革开放后，盐田地区得天独厚的地理条件得到充分利用。从1979年起，盐田、沙头角一带开始引进外资办厂。当年末，从业人员198人，实现工业值366万元。相继建立丝花厂、毛衫厂、表带厂等来料加工企业，从业人员292人，实现工业产值673万元。1982年底，沙头角镇工业发展公司成立。1983年，投资280万元重点建设沙头角镇内、外工业大楼；同时积极开展外引内联，建设新企业，引进投资少、见效快的项目。8月，沙头角群利公司成立，这是深圳市首家农民股份制企业。截至1983年末，区属工业企业5家，分别为沙头角五金厂、沙头角五金二厂、沙头角石场、盐田石场、盐田水电站；"三来一补"及其他工业企业9家；全民所有制商业企业14家。这些企业主要生产石料、熟牛皮、钢门窗、表链、尼龙丝花、尼龙蚊帐、毛衫等产品。

1984年，沙头角管理区投资5 256万元，建设工业厂房2栋9 000平方米、职工宿舍1幢7 000多平方米、石场综合大楼1 500多平方米，新办外引内联企业7家，自办工贸企业3家。工业产品发展到十余个品种、几十种规格型号，主要销往特区内外及香港市场。1988年8月，沙头角管理区工业发展总公司分设为区工业公司、粤海家电五金总厂、新材料厂、轻工工艺公司、东湾建材公司。1988年10月，区粤海家电五金总厂生产的"厨洁"牌抽油烟机获全国"星火计划"成果展览交易会金奖，11月又获首届国际专利及新成果展览会金奖，12月再获国家首届"星火计划科技奖"；该企业成为沙头角管理区的骨干企业。

20世纪80年代后期，沙头角管理区抓住国际经济结构调整的有利时机，以市场为导向，调整产业结构和产品结构，发展多元化、多层次和外向型工业，开始兴建沙头角保税工业区；同时加强行业管理，对区属企业试行经理任期与目标责任制和经营风险承包制，扩大企业自主权，完善企业内部机制。截至1988年末，全区工业企业达152家，形成以服装、家电、建材、玩具、五金、家具、食品、新材料、皮制品、塑料、化工等行业为主的工业体系；工业总产值首次突破亿元大关，达1.03亿元，比上年增长108.3%；利税1 768.2万元，比上年增长125.5%；工缴费收入1 264万美元，比上年增长97.2%；出国产品产值（不含来料加工）1 230.8万元，占总产值的11.9%，比上年增长6.1%。1989年，全区调整产业结构，提高区办工业比重，增强企业自我发展能力，工业企业增至28家，工业产值增至2.18亿元，比上年增长111.6%；主要产品有服装、家电、建材、玩具、五金、家具、新材料等。

1990年，区域内工业企业共207家。沙头角镇在各类企业中普遍推行经理（厂长）负责制、任期目标责任制和分类承包管理体制，在国有企业和集体企业实行净资产风险抵押承包责任制。1991年5月，经国务院批准，沙头角保税工业区改名为沙头角保税区，一些较大型的三资企业进驻保税区，进料加工业迅速增长。沙头角镇积极引进外资和国外先进技术设备，大力发展外向型工业，并加强与内地企业合作，工业规模迅速扩大，建立了适应市场调节、以出口为导向的外向型工业生产体系。到1997年，区域内实现工业增加值9.81亿元、工业总产值73.87亿元，其中沙头角保税区64.88亿元。1991—1997年，区域内工业总产值年均增长54.7%，其中来料加工业产值年均增长19.1%。

1998年盐田建区后，制订《关于区属国有企业改革实施方案》和《关于深化区属国有企业改革的意见》，按照"不求所有、但求所在"的经济发展方针，解放思想、实事求是，深化区属国有企业改革。在稳定和提高"三来一补"工业的同时，重点发展以电子信息、通信、医药为主的高新技术产业，推进对传统工业的调整和提高，采取措施鼓励企业加大技术改造力度，企业的技术水平和创新能力大幅提高，工业结构逐渐发生重大变化，企业规模不断扩大。同时，制订《盐田区进一步放开搞活国有企业的方案》，从实际出发，进行国有企业产权制度改革，壮大一批优势企业，放开搞活一批小企业，治理淘汰一批弱、乱、差企业。年末，全区规模以上工业企业总资产50.93亿元，实现工业总产值94.41亿元。

2003年，盐田区加快发展高新技术产业，大力引进附加值高、技术含量高的先进技术项目，形成规模化产业集群，走新型工业化发展的路子。2004年，全区规模以上工业企业205家，工业增加值达40.78亿元，实现利润6.82亿元，工业经济效益综合指数达156%，全员劳动生产率达8.36万元/人。

2005年，盐田区工业生产平稳运行，效益提高，全区规模以上工业企业109家，完成工业总产值387.3亿元，同比增长21.98%；实现工业增加值52.99亿元，同比增长29.94%，工业对全区经济增长的贡献率达36.1%。全区规模以上工业企业完成销售收入347.2亿元，比上年增长21.63%；实现利税7.73亿元，比上年增长13.34%。全区规模以上民营工业企业12家，占全区规模以上工业企业的114%，完成工业总产值22.5亿元，占全区规模以上工业产值的5.81%。实现高新技术产品产值265.4亿元，比上年增长19.6%，占全区工业总产值的68.52%。黄金珠宝加工业完成产值43.43亿元，占全区工业总产值的11.21%。精茂与晶冠两家龙头企业增势强劲，工业总产值占全区工业总产值的33.5%。

2011年，盐田区全年工业企业实现增加值57.12亿元，比上年（同口径）增长10.2%，占地区生产总值的17.6%。其中，规模以上工业企业实现增加值54.33亿元，增长10.2%。全年规模以上工业企业实现产值541.27亿元，增长15.8%。其中，内资企业实现产值195.14亿元，增长32.7%；港、澳、台商投资企业实现产值327.14亿元，增长10%；外资企业实现产值18.98亿元，下降5.3%。分轻重工业看，轻工业实现产值484.55亿元，增长20.1%；重工业实现产值56.71亿元，下降9.8%。在总产值中，高新技术产品制造业实现产值53.72亿元，增长5.2%；黄金珠宝加工业实现产值441.67亿元，增长22.2%。由于工业产值的大幅度增长，盐田已经实现了由过去的农业镇向工业镇跨越。

五、农业、渔业、林业的发展

改革开放后，盐田地区的农业、渔业、林业等都有了较大的发展。

（一）农业

在农业方面，深圳经济特区成立后，随着沙头角管理区经济迅速发展，土地被大量征为建设用地，耕地越来越少，农作物面积逐年减少，蔬菜种植和家畜家禽养殖业得到发展。1982年，全区耕地面积4 846亩，粮食作物种植面积5 555亩，蔬菜种植面积

608亩，家禽饲养量14.7万只，实现农业产值220万元，人均分配收入332元。

1983年，沙头角在农村实行家庭联产承包责任制，坚持"为特区建设服务、为出口服务"的方针，因地制宜引导农民向"贸、工、农"方向发展，以种养业、工副业增加农民收入。1986年，随着城市建设的加快，农村逐渐向城市转化，农民向市民转化，农村产业结构发生很大变化。农作物种植面积逐步减少，养鸭、养鸽、种菜、种果专业户逐年增加。是年末，全区农民兴办农村股份公司10个，促进了以来料加工为主体的第二、第三产业的发展，乡镇企业总收入达4 099万元，比上年增长43%；农村人均分配收入2 279元，比上年增加378元。1989年，全区农业产值增至2 208万元，粮食种植面积降至326亩，蔬菜种植面积1 856亩，蔬菜产量增至6 960吨，家禽饲养量增至26.6万只。

1992年，深圳经济特区内实行"两个转变"，区域内农村转化为城市，农民转化为市民；农村土地一次性转为国有土地。1995年，粮食作物种植面积降为710亩。到1997年，耕地面积近170亩，家禽饲养量降为16.1万只，实现农业总产值1 917万元、农业增加值1 092万元，占区域内生产总值的0.9%。

1998年，盐田区实有耕地面积370亩，全年播种面积1 840亩；农业增加值为1 127万元，占全区生产总值的0.56%。到2000年，实现农业总产值3 420万元。之后逐年减少，特别是盐田港及华侨城三洲田项目的开发，所有果园、菜地、茶园都被征用。2005年，全区实现农业总产值1 071万元、农业增加值801万元，占全区生产总值的0.03%。

2010年，全区实现农业增加值0.06亿元，比上年下降13.2%。农产品中，蔬菜产量2吨，比上年减少60%；茶叶产量2吨，与上年持平。2011年，盐田区内农业生产仅为当地居民在国有储备用地上耕作，主要种植蔬菜及部分林业、特产，其中：蔬菜种植面积9亩，产量2吨，产值5万元；盆栽观赏植物产量20万盆，销售额190万元；观赏花卉28万株，产值130万元。茶叶种植面积340亩，产值150万元。全区农业年总产值为975万元；实现农业增加值0.05亿元，比上年下降0.2%。

（二）渔业

在渔业方面，1980年，盐田区域内流动渔船共1 900余艘，从业人员2万余人，水产品年产量3.7万余吨，主要有乌鱼、石斑鱼、麻虾、豪蟹、鲜蚝等。由于过度捕捞、海水污染、1987年盐田港全面开发及东部黄金海岸旅游业的发展，近海片区海洋资源接近枯竭，导致渔业产量下降，捕捞成本增加，流动渔民纷纷转产或迁移省内其他渔港。其后，盐田区实施渔业产业政策调整，扶持渔民转业转产，先后实行发展水产养殖、休渔期、发展远洋渔业、渔船注销补贴等措施。

1999年，盐田区以深圳市海源实业股份有限公司牵头筹资3 000万元，并通过金融渠道贷款7 000万元，政府解决5年贷款利息的方式，购置2艘灯光围网船（粤阳江99801、粤阳江99802），配备船员30名，与阳江市远洋渔业有限公司、阳江市江城区南洋渔业有限公司合作，赴文莱海域开展远洋捕捞。后因燃油价格飙升，远洋捕捞作业成本剧增及国外廉价渔获物冲击，捕捞入不敷出，便停止了远洋捕捞作业。

2001年，全区流动渔船减少到1 100余艘，从业人员5 000余人。由于人民生活水平提高，对水产品消费需求增长，渔业产量仍然保持总体上升态势。2003年，盐田港填海工程进度加快，近海养蚝业生产面积锐减。2005年底，全区流动渔民仅1 500余人，渔船380余艘，远洋中深海作业渔船约50艘，每年向国内提供约5 000吨水产品，总产值3亿余元。

2011年，盐田当地渔民有122户、390人，主要集中在盐田街道办沿港社区居委会。全区有出海打鱼的船只583艘，总吨位54吨，总功率为1 109.85千瓦；从事渔业捕捞人员150人，占当地渔民总人口的38.5%；港澳流动渔船377条。因近海海域遭到工业、生活污水的污染，海域生态环境质量明显下降，海洋渔业资源减少。据统计，2011年盐田当地渔民渔业捕捞量为400吨，总产值为500万元；海水产品产量30吨，减少11.8%，其中鱼类25吨、虾蟹类4吨、其他海水产品1吨。

（三）林业

在林业方面，1984年，沙头角管理区木材蓄积量25.6万立方米，林果场36个，面积296亩。1985年，全区林地面积29.9平方千米，森林覆盖率47.6%，以松树、杂树为主。后经过连年不断的栽种，至1998年末，全区森林面积48.9平方千米，主要为大头茶、荷木、山乌桕、松树、桉树等树种，森林覆盖率70%。1999—2000年，盐田区在梅沙街道办事处、鹅公岌、求水岭、崎头岭后山营造生态风景林2 000亩。

2002年，全区植树造林1 010亩。其中在三洲田上山公路旁种植风景林195亩、"东埔林"55亩，在三洲田茶场后山上种植"控股林"70亩，在小三洲水库周围种植双拥林386亩，在小三洲自然村对面种植生态风景林304亩。是年和次年，按照深圳市生态风景林建设规划，分别在小梅沙水库周边、小梅沙海洋公园后山、盐坝高速公路大梅沙段、骆马岭水库周边种植生态风景林6 268亩。

2005年，全区组织1 500余人在三洲田地区种植5 500棵乡土树种，人工造林1 500亩，抚育幼林2 800亩。是年末，全区森林面积48.3平方千米，主要为大头茶、山乌桕、高山榕、杨梅、藜蒴等乡土树种，森林覆盖率69%。2010年，更新改造林面积2 602

亩，幼林抚育作业面积15 000亩次，四旁零星植树15万株。2011年，幼林抚育作业面积2 700亩次，四旁零星植树6万株。

六、开放沙头角，设立特殊政策的示范窗口[①]

在改革开放实行特殊政策、灵活措施以前，沙头角镇是个静悄悄的边防禁区。农业生产队除种点粮食、花生外，生产单一化，集体分配人年均纯收入仅100元左右。偷渡外逃从未间断，据统计，从1950年至1978年，沙头角镇共外逃2 518人，等于1978年全镇人口的两倍。中共十一届三中全会以后，沙头角镇党组织贯彻执行党的改革开放政策，利用与香港"新界"一街相连的特殊地理条件，在经济上逐步实行开放政策，积极引进外资，改变了过去以农业经济为主的局面，大力发展商业、工业、房地产业、旅游业和种养业等，仅仅两年时间就发生了巨大的变化。全镇290户、1 237人，1980年工农业总收入达到115万元，比1978年增长了7倍；集体分配加上个人副业收入，平均每户年收入可达人民币1 000元、港币1万元；有87户建起了新房，75%的家庭有电视机、收录机、电风扇，2/3的住户有电饭煲、软沙发等高档生活用品，35%的住户有电冰箱。社会治安大为好转，个个乐于在家乡工作和生活，群众对社会主义的信心也增强了。过去逃港的人，也陆续返回故乡。此后镇里的经济以年递增近15%的速度发展，全镇很快就摆脱了贫困。香港报纸评论说"沙头角的唐界一日千里，香界老牛迈步"。

沙头角镇走向富裕，是沙头角镇政府依靠党的改革开放路线的指导而实行特殊政策、灵活措施的结果。从1979年开始，经镇

---

① 深圳市史志办公室编：《中国经济特区的建立与发展（深圳卷）》，中共党史出版社1997年版，第74—80页。

党委批准，直接从"新界"引进外资、设备和原材料办厂办场，大搞来料加工和来料养殖，不用经过外贸、海关办手续，货物直接进出，手续简便，节省费用。镇党委得知香港"新界"鲜活产品价格高的情况后，允许集体和社员把完成国家任务后的农副产品直接运过"新界"销售；同时允许群众利用农闲和工余时间过境打工和捡拾废旧物资。鉴于镇内有人民币和港币这两种货币流通，镇党委允许集体单位抽一定比例的外汇分配给群众。根据两边人民生活水平悬殊的情况，沙头角镇对镇内群众购买自用的生活用品实行免税。这些措施极大地激发了群众建设边境小镇的热情，推动了沙头角镇经济的发展。

沙头角镇党委以巨大的魄力和勇气推进经济建设发展的举措，引起了人们的关注。1980年11月下旬，广东省委第一书记任仲夷来深圳市检查工作时，充分肯定了沙头角镇的经验，并提出："在沙头角实行的某些政策可不可以扩大到整个深圳去实行？"深圳市委对此进行了认真的讨论，同时组成调查组深入到沙头角镇和附城、福田等公社进行调查研究。实践证明，凡是能实行特殊政策、灵活措施的地方，效果就好。例如，附城公社渔民村大队充分利用能过境耕作之便，在深圳河两边大搞挖塘养鱼和养鸡，直接运到香港市场销售，并积极搞好加工业和运输业。事实使人们认识到，任仲夷关于推广沙头角经验的指示，为如何使特区真正"特"起来，提出了解决问题的办法。

沙头角镇乘改革开放的春风，抓住正确使用特殊政策和灵活措施的良机，走出了一条共同富裕的新路子。在发展经济的同时，镇党委也注意加强社会主义精神文明建设。他们抽调力量编写了一份约3万字的爱国主义教育材料——《沙头角的历史与现状》，向全区印发了近万份。该材料分为"不平等条约与中英街的由来""深重的压迫与英勇的斗争""正确的政策与深刻的变化""'新界'的状况与社会的本质""特殊的环境与复杂的斗争"及"坚定的信念与前进的道路"等六部分,在干部群众中进行了数月的宣传教育,以期沙头角人了解自己的环境,激发热爱祖国的感情,调动他们参加经济建设的积极性。

1981年3月21日,深圳市革委会下发《关于加强沙头角镇市政建设和城镇管理的决定》,指出:沙头角镇地处两种社会制度并存的前沿,双方居民互相来往,我们一定要把沙头角镇建设成为一个讲文明、讲礼貌、讲卫生、讲秩序、讲道德,心灵美、语言美、行为美、环境美的社会主义城镇,既具有丰富的物质基础和美好的经济生活,又具有社会主义精神文明,使它充分显示社会主义的优越性。深圳市决定成立镇的市政建设领导小组,统管镇的建设、管理、环卫等工作,镇内的建设要按统一规划进行。沙头角镇的建设跨入了一个新的阶段。

随着改革的深入开展,沙头角镇在经营管理和劳动工资制度方面进行了大胆改革,推行浮动工资制,把职工的工资收入与企业的经营效果和劳动生产率挂钩,调动了干部职工的积极性,提高了企业的经济效益。沙头角镇中英街中方最大的国营公司——沙头角综合公司原本门可罗雀,与港方商店人头攒动形成鲜明对照。1982年,沙头角综合公司试行承包经营,将上缴利润与工资奖金制度挂钩,不几天,公司员工的服务态度就完全转变了:原来中午不营业改为中午照常营业;过去坐在柜台内等顾客上门,变为主动把商品摆到店门外招揽顾客;商品的花色品种也增多了。当月公司营业额是以前的10倍,上缴利润50多万元。经市财政局与财贸办派人审核,经理的工资奖金达到350元,员工工资奖金都超过200元,震动了整个沙头角。

1983年9月,为适应特区建设发展的需要,经广东省人民政府批准,深圳市人民政府将原沙头角镇升为县级区建制,所辖范围除了沙头角镇以外，还包括田心、盐田、大小梅沙等整个深圳特区东部的地方，总面积65平方千米，主要发展旅游业、住宅业和商业。新成立的区委、区政府正确执行对外开放政策，采取灵活措施，充分利用沙头角的有利条件，积极开展"外引内联"的工作，在继续发展商业的同时，大力发展工业、房地产业、旅游服务业。

随着特区建设的深入进行，沙头角的市政建设也飞速发展。在1979年以前，沙头角还没有五层楼以上的多层建筑，民房大多是低矮的旧式砖瓦房，道路除通往盐田的沙石路可以通车外，其他均为羊肠小道，市政设施十分简陋。1983年，沙头角区政府根据城镇建设总体规划方案，在镇外划出2平方千米的土地，大规模进行"五通一平"的基础建设工程，修建了宽阔笔直的水泥大道，并在大道的两旁建设了数十座商业、工业、办公和居民住宅大楼，形成了一个与原来的旧镇连成一片而又比旧镇大十几倍的新兴市镇。1983年底，区政府与港方合作修建中英街，加固地基，铺设下水道，改变了中英街原先崎岖不平、下雨变水沟的状况，使之成为一条平坦干净的水泥街道。中英街以其特殊的地理位置和齐全的商品品种，吸引着全国各地的人们到这"历史遗迹""购物天堂"参观与购物，每天平均接待游客数千人，成为全国旅游、购物的热点，也是外地游客来深圳必去的地方。

作为深圳特区的一个组成部分，沙头角利用其得天独厚的地理优势，借改革开放的春风，充分运用特殊政策，积极开展"外引内联"，为特区初期经济工作的发展提供了宝贵的经验，推动了特区建设的前进，为特区的腾飞做出了积极的贡献。

第二节 盐田区成立与革命老区的脱贫攻坚

改革开放以后,盐田地区的社会经济取得了很大的发展。但是,一些革命老区的乡村尚显得相对落后。1998年,盐田区成立后,区党委、区政府在积极发展经济的同时,也加大了革命老区的脱贫攻坚力度,采取各种措施,大力扶持革命老区乡村建设,使老区乡村面貌发生了巨大变化。

一、盐田区挂牌成立

1997年10月21日,国务院批准增设深圳市盐田区。同年11月7日,国务院批复,从罗湖区分出沙头角镇和梅沙、盐田两个行政街道,成立盐田区,为深圳市辖六个行政区之一。1998年2月16日,盐田区委、区政府成立,驻地在沙头角镇沙盐路3018号。同年3月30日,盐田区举行挂牌揭幕典礼。目前,盐田区下辖沙头角、海山、盐田、梅沙四个街道办事处和中英街管理局。

1998年盐田建区后,制定"以港兴区、以区促港"的发展战略,促进区域经济协调发展,以港口服务业、旅游业为龙头,形成区域性物流集散地和旅游胜地的决策,培育港口服务业、旅游业、房地产业、商贸业、工业五大产业体系;坚持"大投入、大建设、大发展"的方针,克服亚洲金融危机带来的负面影响,全区经济进入快速增长阶段,产业结构不断优化,人民生活水平得到提高。是年,全区实现地区生产总值31.89亿元,工业总产值

94.41亿元，社会消费品零售额8.87亿元，实际利用外资3 103万美元，全社会固定资产投资总额18.66亿元，一般预算内财政收入2.7亿元，出口总额13.74亿美元。

进入21世纪，盐田区政府实施增创新优势和可持续发展战略，转变经济发展方式，全面推行产业结构转型。从2001年起，盐田区强化"四大支柱"（港口强区、旅游旺区、文化立区、工贸兴区），营造"五大环境"（政务环境、治安环境、法治环境、市场环境、生态环境），坚持能快则快、好中求快和"大投入、大建设、大发展"方针，以结构调整为主线，以全面推进改革开放为动力，以扩大投资拉动内需为切入点，大力推进港口服务业、旅游业、高新技术产业和城市信息化建设，进一步优化投资发展环境，扎实推进依法行政，促进社会各项事业全面进步。2001年，全区实现地区生产总值60.98亿元，比上年增长20.42%；工业总产值214.82亿元，比上年增长19.6%；全社会固定资产投资总额20.18亿元，比上年增长14.4%；社会消费品零售总额11.66亿元，比上年增长16.83%；出口总额25.78亿美元，比上年增长16.9%；实际利用外资8 445万美元，比上年增长36.6%；地方预算内财政收入6.05亿元，比上年增长40.6%。

2005年，盐田区依托港口、旅游、工贸、文化四大支柱产业，建设"效益盐田、和谐盐田"，国民经济健康平稳发展，港口物流发展壮大，消费品市场活跃，综合经济实力显著增强，社会各项事业全面进步，城区面貌焕然一新，人民生活水平不断提高，全面完成"十五"计划各项目标。全区实现地区生产总值、辖区税收收入、财政总收入"三个突破"，即地区生产总值突破100亿元，辖区税收收入、财政总收入均突破10亿元。港口物流业和旅游业的龙头地位基本形成，高新技术产业快速发展，房地产和商贸业稳步增长，经济增长方式由粗放型、外延型逐步向集约型、内涵型转变。是年，地区生产总值达至149.91亿元，为1998年的4.7倍，年均增长24.7%；其中第一产业增加值0.04亿元，第二产业增加值58.09亿元，第三产业增加值91.78亿元。按全年平均常住人口计算，人均生产总值7万元。是年，农业总产值1 071万元；工业总产值387.33亿元，为1998年的4.1倍，年均增长22.3%；社会消费品零售额18.75亿元，为1998年的2.11倍，年均增长11.3%；实际利用外资1.19亿美元；固定资产投资总额52.88亿元，为1998年的2.83倍，年均增长16%；完成一般预算内财政收入8.01亿元，为1998年的2.97倍，年均增长16.8%；出口总额64.03亿美元，为1998年的4.66倍，年均增长24.9%。

2011年，盐田区全年实现地区生产总值325.36亿元，按可比价格计算（下同）比上年增长10%。其中第一产业实现增加值0.05亿元，下降0.2%；第二产业实现增加值74.94亿元，增长6.4%；第三产业实现增加值250.37亿元，增长10.9%。三次产业结构由上年的0.02∶26.82∶73.16调整为0.02∶23.03∶76.95。在第三产业中，交通运输、仓储和邮政业增长13.2%，其他服务业增长10.4%，批发和零售业增长10.2%，房地产业增长8.7%，金融业增长8.6%，住宿和餐饮业增长3%。

二、保税市场与保税区的创建[①]

1986年特区工作会议后，深圳市委、市政府围绕国务院批转的《经济特区工作会议纪要》提出的特区产业结构以具有先进技术水平的工业为主、工业投资以吸收外资为主、产品以出口为主的方针，结合深圳特区的实际，想方设法进一步扩大开放，实现

---

① 深圳市史志办公室编：《中国经济特区的建立与发展（深圳卷）》，中共党史出版社1997年版，第239—243页。

会议纪要提出的目标和要求。

特区工作会议后不久，深圳市委召开分析讨论会，根据原来提出的在深圳建立大保税区的设想难以实施的情况，提出了先划一小块地方做试验，成功后再推广到整个特区的新的设想和打算。同年夏，国务院有关领导到深圳召开专题座谈会，研究如何扩大利用外资，加快外向型经济发展。市领导便把在沙头角建立保税工业区的设想向国务院领导做了汇报，并得到支持。于是，市政府立即组织有关部门制订规划，起草规定。经过一年多的筹备，1987年12月，深圳市人民政府以深府[1987]493号文的形式，发出《关于设立"深圳市沙头角保税工业区"的通知》（以下简称《通知》），指出：为充分利用沙头角区紧靠口岸的优越条件，抓住当前国际经济形势的有利时机，进一步发展对外加工装配和经济技术合作，促进深圳特区外向型经济的发展，市政府决定在沙头角口岸附近划出一定的区域，设立保税性质的工业区。工业区的名称为"深圳市沙头角保税工业区"。《通知》还就工业区的项目审批权限、项目选择原则、政策与优惠等做了明确的规定。沙头角保税工业区的设立受到国内外投资者的广泛关注。

沙头角保税工业区凭借其与香港水陆相接的独特地理优势，以发展先进的出口工业为主，同时发展进出口贸易、转口贸易、仓储、运输、房地产和其他相关产业。作为全国创建最早的一家保税区，沙头角保税工业区的建立标志着深圳经济特区改革开放事业沿着邓小平指示的"不是收，而是放"的方向又向前迈进了一大步，同时，对探索把深圳建成大保税区的路子和探索在特殊经济区域里如何搞好科学管理，具有十分重要的作用和意义。

1988年7月1日，深圳市政府发布《深圳市沙头角保税工业区暂行管理规定》，使沙头角保税区的经营管理走上程序化、法制化，保证了沙头角保税区各项工作的顺利进行。

1991年5月28日，国务院以国函[1991]32号文的形式正式批准设立深圳市福田和沙头角保税区。国函32号文指出："同意在深圳市设立福田、沙头角两个保税区。保税区要充分发挥毗邻香港的优势，引进资金和先进技术，发展出口工业。"国函32号文还就两个保税区的地理位置做了具体的划定，福田保税区面积为1.35平方千米，沙头角保税区面积为0.2平方千米。国务院的批文，充分肯定了深圳经济特区在没有上级批文的情况下敢于和善于创办保税工业区的做法，给深圳经济特区的改革者们和福田、沙头角保税区的干部、职工们以极大鼓舞和鞭策，给外商投资者增添了莫大的信心，同时也推动了福田、沙头角保税区的建设和发展进入一个新的阶段。

（一）沙头角保税工业区

该工业区于1987年12月25日由深圳市政府批准设立，同时成立沙头角保税工业区管理委员会。沙头角保税工业区背靠梧桐山，面临大鹏（海）湾，首期隔离设施内面积20万平方米，配套生活用地10万平方米（1997年新增填海地12万平方米），是中国创办最早、实际运作最早的保税区。

1988年2月21日，保税工业区破土动工。7月，深圳市政府制订《深圳市沙头角保税工业区暂行管理规定》，鼓励外商在工业区兴办技术先进、产品档次高、经济效益佳、发展前景好、能耗少、污染小的外向型企业。至1988年底，保税工业区开工面积11.8万平方米，建成和正在兴建的厂房、宿舍楼14栋。保税工业区和投资企业实现了"双赢"，实现了"四个当年"：当年规划、当年建设、当年投产、当年收益。

为解决建区初期资金不足的困难，从1988年起，以引进建设周期短、投资回报快的服装加工业为主，香港富华丝绸有限公司率先进入保税区。到1989年，接待洽谈项目和投资咨询的美、日、意等十几个国家和中国港台地区客商500多家，批准设立企业36家，其中已投产12家。1990年11月，深圳尼康电子有限公司入驻，投资350万美元，生产高压高频电解电容器，年生产能力达2亿只。

1991年5月28日，经国务院批准，沙头角保税工业区改称沙头角保税区。同时，国务院以国函[1991]32号文进一步明确：沙头角保税区"要充分发挥毗邻香港的优势，引进资金和先进技术，发展出口工业"。1992年9月，沙头角保税区通过国家验收，管理机构改称沙头角保税区管理委员会。保税区以发展先进的外向型工业为主，适当发展进出口贸易、转口贸易、仓储、运输、房地产及第三产业。至1992年9月1日，保税区进入实质性运作，实行"不出一线不算出口，不出二线不算进口"的监管模式。

从1993年起，沙头角保税区逐步进行产业结构调整，向技术型、效益型、外向型、多元化方向发展，引进和发展高新技术项目与IT产业。1993年底，保税区批准设立企业165家，协议投资额2.7亿美元，累计出口创汇2.5亿美元，实现利润2.26亿元。1995年，沙头角保税区引进外资企业200家，投资3亿多美元，实现工业产值20亿元、利润2亿元，形成以出口加工为主，兼营仓储、运输、国际贸易和转口贸易的综合性保税区。IT企业工业产值占全区工业总产值的30%。

从1996年起，沙头角保税区进入大力调整产业结构、完善配套设施、加强服务功能、提高产出效益阶段，陆续引进一批投资规模大、技术先进的大中型出口骨干企业，高新技术产品产值达总产值的85%，形成以电脑、电控玩具、黄金珠宝为主的三大支柱产业结构。至年末，保税区工业企业达230多家，从业人员1万多人。自建立保税区起，累计实现工业总产值61亿元，出口创汇

5.2亿美元。

至2000年底,沙头角保税区发展为投资环境良好的外向型经济区域,投资商来自美国、德国、日本、加拿大等10个国家和中国的台湾、香港地区,年产值147.99亿元,产品89%出口,出口交货值17.58亿美元,企业实现利润2亿元。由深圳市科学技术局认定,沙头角保税区获高新技术企业称号的企业有4家,获高新技术项目的企业有1家。

2001年7月,深圳市三个保税区合并管理,沙头角保税区并入深圳市保税区管理局。2005年,沙头角保税区实现了由劳动密集型产业向资金、技术密集型产业和高新技术产业的转化。沙头角保税区已成为全国产业生产出口基地、黄金珠宝首饰加工出口基地、高档电子电动玩具生产出口基地之一,形成了规模经济。

2011年,全球经济企稳回暖,驻区企业订单随之增多,在全球黄金价格暴涨的强劲拉动下,园区黄金加工行业大幅度增长,区域经济稳步上升,经济总量翻了3倍多,达到历史新高。实现工业总产值335亿元,进出口总额182亿美元,税收总额1.31亿元;驻区正常生产企业达99家,规模以上企业达19家。

(二)盐田港保税区

盐田港保税区于1996年9月27日由国务院批准设立,重点发展现代物流业。该区位于深圳经济特区的东部、盐田港的中部。保税区的主要功能是充分发挥盐田港的优势,发展转口贸易和仓储功能,适当发展与之相关的其他业务。1997年4月25日,深圳市政府批准成立深圳市盐田港保税区管理局和深圳市盐田港保税区投资开发有限公司。盐田港保税区投资开发有限公司为盐田港集团的子公司,注册资金3 800万元,具体负责盐田港保税区的开发、建设和经营。12月12日,盐田港保税区南片区基础设施工程开工建设，以国际贸易、转口贸易和保税仓储为主。1999年1月8日，盐田港保税区南片区隔离设施通过海关总署验收，开关运作。

2000年9月1日，深圳海关驻盐田港保税区办事处正式挂牌，标志着保税区正式开关运作。是年，盐田港保税区实际利用外资250万美元，新设立企业3家；全年处理集装箱11.4万标准箱。2001年，盐田港保税区是全国15个保税区中唯一与港口、铁路、高速公路相连的保税区。

2004年8月16日，国务院批准深圳盐田港保税区与其邻近港区开展联动试点，统筹利用保税区和港区土地进行封闭围网，作为保税区的物流园区。盐田港在盐田港保税区0.85平方千米的基础上，新批准0.96平方千米土地，与盐田港物流园区实施"区港联动"，专门发展仓储和物流产业。2005年10月，盐田港保税区南半岛监管仓投入试运营，整个保税区封关运行。2005年12月，由海关总署牵头，财政部、国土资源部、商务部、税务总局、质检总局和外汇局组成的国家联合验收小组，通过对保税区的验收。

三、口岸的建立

口岸是国家对外来往的门户，承担国家对外开放的重要使命。口岸是国际货物运输的枢纽，它是一种特殊的国际物流节点。口岸不仅仅是经济贸易往来（即通商）的商埠，还是政治、外交、科技、文化旅游和移民等方面的外来港口。随着深圳及珠三角地区自主品牌企业加快向国际市场的拓展，以及国际产业巨头向内地的大举转移，深圳口岸外向型经济得到进一步发展壮大。自从设立沙头角和盐田港口岸以来，进出口在多年来高基数、高增长的背景下，继续保持快速、稳定的增长势头。

（一）沙头角口岸

该口岸位于盐田区沙头角街道办事处西面，东接沙头角保税区和盐田港，北邻梧桐山公路隧道，距深圳市区12千米，是服务于深圳市盐田、龙岗及珠江三角洲东部地区的辅助性客货综合性口岸。该口岸1984年动工兴建，当年9月国务院批准其对外开放，属国家一类口岸；1985年2月竣工，3月1日投入使用，日通关能力1 500人次、1 500辆车次。是月，设立沙头角口岸办公室。是年，出入境人员22万人次、车辆6.3万辆次。1993年10月，沙头角口岸办公室撤销。2005年1月28日，启用新的口岸跨境大桥，设有出入境车辆检查通道10条（出境、入境各5条），查车台15个；出入境旅客查验通道22条（出境、入境各11条，其中人工查验通道6条，自助查验通道5条）。此外，还建有专门供香港灵柩入境的检查服务设施，为港澳同胞前往大鹏湾"华侨墓园"办理安葬和扫墓活动提供方便。沙头角口岸原设计车辆日通过能力1 500辆次、人员1 500人次。由于口岸设施限制，2005年后，该口岸增速缓慢。2011年，沙头角口岸出入境旅客345.5万人次，出入境车辆89.1万辆次。

（二）盐田港口岸

该口岸位于深圳大鹏湾海域西北部，南与香港九龙半岛隔海相望，分为盐田港区、下洞港区和广东大鹏液化天然气（LNG）专用码头。盐田港区于1990年6月经国务院批准对外国籍船舶开放。1992年11月，经国务院批准，盐田港为国家一类海港口岸，于1994年7月正式开港。该港区距深圳市区13千米，距大鹏湾口12海里。由于大鹏半岛与九龙半岛天然的屏障掩护，湾内水深浪小，无淤积，大型船舶可以自由进出锚地，是少有的天然良港，并被列为中国沿海重点发展的四大国际深水港之一。截至2011年，港区建有大型集装箱专用泊位15个、多用途泊位3个，可停泊10万吨级以上大型集装箱船舶,开通每周近100个班次的远洋国际集装箱班轮。

在口岸建设与平稳运行过程中,有大批实干先锋模范涌现。他们之中,有恪尽职守、勤勉尽责的优秀共产党员,更有无数默默无闻、夜以继日奋战在一线的平凡工作者。刁显辉主管出入境证件办理,每年经他的手办理证件20万人次以上,但他从不以手中权力做金钱交易。与其共事20余年的原龙川县公安局政委说,老刁这个人可用"勤政、廉政、利人"概括其一生。1989年5月,刁显辉被确诊为肺癌,需长期治疗,但他在切除右肺中叶不到三个月便回来上班。其后,他连续工作五年,先后做过四次手术,其间从未请过一天假,已完全将生死置之度外,用他自己的话说:我是一名共产党员,共产党员就要有"活着干,死了算"的拼命精神。

四、盐田港的建设

盐田是深圳最小的行政区,却有世界上最大的集装箱港口。盐田港位于深圳市东部大鹏湾北岸,东起正角嘴,西到沙头角保税区,南与香港九龙半岛相望,北靠风景秀丽的梧桐山;深入大鹏湾水域约20千米,海岸线长7.5千米。港区海面宽阔,水深浪少,淤积少,无深海潜流,具有避风条件,可停靠万吨级轮船。1985年,深圳市委、市政府开始筹建盐田港。1985年1月24日,市政府批准成立深圳东鹏实业有限公司,规划码头岸线16.4千米,建造万吨级以上泊位50个,年处理集装箱能力800万标准箱,包括散杂货年吞吐能力1亿~1.2亿吨。同时开发面积30多平方千米的仓储区、工业区、商贸区和生活区,建设疏港铁路24千米、一级疏港公路72千米。1987年底,深圳市盐田港起步工程奠基。1990年1月,盐田港一期工程开工。1992年11月,经国务院

盐田港区一期工程堆场工地

盐田港二期工程奠基揭幕

批准,盐田港码头对外籍船舶开放。

1993年9月9日,国务院授权国家计划委员会,批准建立盐田港保税区(港)。10月5日,负责规划建设盐田港的东鹏实业有限公司与香港和记黄埔盐田港投资有限公司签订合资合同,组建深圳最大的中外合资公司——盐田国际集装箱码头有限公司,全资建设和经营盐田港一、二期工程。1994年4月,一期工程竣工验收。

1996年12月,二期工程开工。盐田区突出港口产业龙头地位,制定"以港兴区、以区促港"的方针,充分发挥港口服务业的带动作用,在制定产业政策、投资指引、优惠政策和资源配置等方面加大对港口服务业的政策倾斜;要求区、镇经济快速进入港口服务业,通过资产重组、项目合作、产权股权转让、引进外来资本参股等方式,发展港口服务业。

2002年,盐田港三期工程开始兴建。同年,集装箱运输业已成为盐田区经济发展一大亮点,注册运输企业100多家,其中87家投入营运,盐田港出口货物监管仓等区港合作项目运营良好。

2004年,盐田港集团迎来自身发展中又一重要机遇。国务院批准盐田港建设0.96平方千米的区港联动区。盐田港集团发挥其综合开发的特点,先港后园、以港带园、以园促港,最终实现港产城一体化发展。环球物流设施及服务供应的巨头——美国普洛斯公司在这里建起了国际物流园,美国力又、嘉里物流等世界知名物流企业等纷纷入驻。

2005年,盐田国际集装箱码头扩建工程启动,深港合作进入了一个新的发展阶段;盐田港区实现四大步跨越,一、二、三期工程相继投入运营,三期扩建工程开工建设,累计投资100多亿元;35家世界著名船舶公司挂靠盐田港区,开通国际航线75条;集装箱吞吐量增长到766万标箱,单港集装箱吞吐量跃居全国第一,被评为"2005年度全球最佳集装箱港口"。港口发展带动货运和仓储业快速发展,盐田港保税物流园区通过国家验收,"区港联动"全面启动,450多家物流企业落户盐田,美国普洛斯公司国际物流园开工建设,南半岛监管仓投入试运营。全年交通运输仓储业实现增加值57.98亿元。同年,盐田港区荣获"全球最佳港口"称号。

2007年,盐田港集装箱吞吐量突破1 000万标

盐田港(摄于2006年)

盐田港

箱，实现了盐田港发展里程上一个历史性的跨越。

2010年，在深圳经济特区成立30周年之际，深圳市委、市政府明确制定了将盐田港建设为深圳"两翼齐飞"中重要一翼的战略决策，大力扶持盐田港做强做大。自此，抓住市属港口资源重组机会，打造"深圳市港航产业航空母舰"，成为盐田港集团新发展进程中的战略方向。

2011年，受国家宏观调控的影响以及日本大地震、美国经济疲软、欧债危机持续恶化的冲击，我国经济出现放缓迹象，对外贸型港口业务和临港产业的经营构成较大压力，港口集装箱吞吐量出现明显的前高后低趋势。在经营环境极其艰难的情况下，盐田港集团公司上下积极应对，在消化预算前提变化而导致利润总额缺口9 412万元的情况下，全面完成市国资委年初下达的各项经营指标。截至2011年底，盐田港集团公司总资产218.32亿元、国有净资产138.67亿元，分别比年初增长8.46%和5.03%，较好地完成了国有资产保值增值任务。

盐田港从建成到成为世界上最大的集装箱港口，这30多年来，盐田港日新月异的变化，这些成就的取得，背后凝聚着无数建设者和普通人的汗水和智慧，并涌现出一批以熊力为杰出代表的奋斗者。正是有熊力这样爱岗敬业的一代又一代建设者的接续奋斗，盐田港才在短短30多年里成为世界上最大的集装箱港口。随着大湾区协议的落地，盐田港将会以更矫健的步履向智慧港口时代迈进。

五、中英街商业、旅游业的发展

深圳经济特区建立后，改革开放政策使中英街这条百年小街焕发青春和魅力，成为旅游、观光和购物的热点，街区建设、商业、旅游业以及来料加工业、房地产业都进入迅速发展时期。

从1983年起，中英街开始有限制地向外地人开放，游人增多，但不能到港方购物。深方门店的生意开始兴隆起来，各级政府部门纷纷在镇内办实体、开门店，主要销售啤酒、味精等内地难以见到的进口货。

20世纪80年代，到中英街购物的人流（中英街历史博物馆供图）

按当时的边防管理规定，沙头角镇内居民实行"三五"政策，即每个月可带5次洋货到镇外，每次限带5斤货物，每次限购50元的物品，外地游客则可多带一些。1984年，深方店铺的销售总额达1.06亿元，比1979年的590万元增长了近18倍。为了扩大商业经营面积，位于沙头角中英街的东和小学搬迁到海边，学校旧址改为商业门店，店铺增至41个。随后许多店铺相邻、产权相同的企业，把小店铺打通连接成大型商场，如沙头角商贸公司第一商场面积达1 888.8平方米；沙头角进出口贸易公司把所属的6个店铺连通成新佰伴商场，面积3 800多平方米。港方店铺面积相对小得多，许多空置的地方也搭起小摊档。

从20世纪80年代中期开始，中英街的商业、旅游业进入鼎盛时期，每天进入中英街观光、购物的游客数以万计，节假日高峰期每天超过10万人次。1988年初，港方首先在中英街开了3家金铺。金银首饰变成了销售热点，港方金铺猛增至32家，从香港把世界上最流行的金饰品引进中英街，日销量约30千克，日销售额平均达400万元港元，盈利相当可观。

中英街由于自身的地缘优势，其销售的黄金饰品及时地展示了香港金饰设计的最新成果，其精湛的工艺和花色品种令内地各大城市的金行心悦诚服。国内客商和游客纷至沓来，到中英街购买金饰就成为人们的愿望。由于这一原因，极大地促进了中英街黄金市场的发展，使黄金交易在中英街整个贸易中占有较大的比重。面对这股购金浪潮，深方公司也纷纷向人民银行深圳分行申请设立金行。经批准，15家符合条件的商店获得经营金饰品权，仅200多米的中英街，拥有金银首饰店47家，其中深方15家。中英街出现"购金热"，中英街成了全国第一条"黄金街"。仅1988年5月至10月，中英街上的金店共销售黄金饰品达5吨，金额6.5亿港元。当年中英街深方街区的销售总额达15.68亿元，为历史最高水平。中英街作为商贸业龙头的黄金交易不仅把精美的黄金饰品源源不断地分流到全国各地，推动了中英街商业贸易的迅猛发展，还带动了深圳市黄金加工业的发展。

随着"购金热"的兴起，中英街商品年销售总额直线飞升，至1988年已增至5.3亿元，为1979年的89.78倍；1992年增至10.81亿元，为1979年的183.22倍。这个时期，政府允许原材料和产品在双方街区内自由流动，中英街深方街区来料加工业有较大规模的发展，港商、外商投资办厂的纷至沓来。到1988年，在这弹丸之地已办有丝花、服装、羊毛、表带等加工企业62间，外来劳务工5 000多人。

1992年，"购金热"达到高潮。但随着全国实行市场经济，丰富了各地商品，到中英街购物的人流逐渐回落。同时，中英街门店租金持续走高，经营者纷纷将门店层层转包，承包者惨淡经营，出现销售假冒伪劣商品，再加个别不法商人或以劣充优，或强买强卖，中英街遭受信任危机，商业开始出现萧条，但金银首饰销售仍保持畅销势头。沙头角商贸公司与港商谢瑞麟在中英街合办2间金行，1989年金行总销售额达205亿元，2000年降至892

万元。

20世纪90年代中期开始,深方街区房地产业也有适度发展。兴建了南天花园、碧海花园、海港花园、碧海苑等商品房住宅区,占地面积共2.68万平方米,建商品房或小别墅406套(幢),商品房面积共5.06万平方米。国家实行改革开放政策,也给中英街港方带来实惠。港方店铺生意兴隆,港人收入增加,不少人在粉岭添置物业,也有不少人在深圳购置房产。港方街区进行旧城改造,兴建沙头角新村,世世代代居住木屋的"家人"也搬进新洋房。

1998年,盐田区政府在开展"综合治理"的同时,提出"重塑中英街形象"的口号,拆除违章建筑,打击出售假冒伪劣商品行为。

进入21世纪,由于国内物资流通加快,商业繁荣发展,到中英街购物的游客大幅减少。2005年,日客流量不到2 000人。中英街逐步从发展商业贸易向开发历史文化转变,并建设成爱国主义教育基地。

到2005年底,中英街深圳方商业物业面积达2.49万平方米,其中商业营业面积1.43万平方米、仓库面积6 220.39平方米、空置面积444.39平方米。共有门店105间(含个体),分别属于50家业主单位(含个体)。其中:市属企业33家,门店面积5 540.01平方米;区属企业10家,门店面积2 784平方米;区事业单位及居委会物业7家,门店面积400平方米;集体和改制企业41家,门店面积4 474平方米;个体业主14家,门店面积1 050平方米。这些业主大部分自己不经营,而是将整个门店或分档位发包、出租给他人经营。主要经营范围为:日用百货、药品、摄影器材、金银首饰、服装、美容美发、餐饮等。

2011年,中英街全年接待游客85.82万人次。

六、盐田革命老区脱贫攻坚

中华人民共和国成立后,各级党委、人民政府不忘老区人民为革命事业所做的贡献,千方百计大力扶持老区建设。盐田老区建设经历了三大阶段:第一阶段是中华人民共和国成立初期至二十世纪五六十年代,主要是扶持老区医治战争造成的创伤,重建被敌人抢掠的家园,帮助恢复生产。第二阶段是改革开放后至二十世纪九十年代,重点扶持老区发展经济和解决行路难、照明难、饮水难、读书难、看病难等"五难"问题,帮助老区改善生产条件、生活环境。第三阶段是二十世纪九十年代以后至今,大力扶持老区建设小康社会,不断提高老区的社会经济发展水平,有力地促进了老区各项事业的发展,使老区面貌发生了巨大变化。

中华人民共和国成立初期,老区普遍贫穷落后,绝大部分老区是自耕不自足的自然经济,工业和商品经济尚未形成。改革开放催生了老区市场经济和农业产业化、工业化的发展,盐田老区充分利用自身优势:一是紧靠经济特区,毗邻港澳,十分有利于发展"三来一补"加工业,"吹糠见米";二是靠山临海,可大力发展种养业,把荒山、荒地、荒滩用来大搞开发性商品生产,"为出口服务,为特区服务"。于是,盐田老区坚持一手抓来料加工业,一手抓发展种养业,扎扎实实地促进老区经济迅速发展。老区援建的工厂、种养场主要是镇村集体企业,工厂一般都有一两百个工人,种养场则大多数由外县人来承包经营;每个镇村同时办有多个经济实体,设有"农工商办公室(或领导小组)",分工领导。镇村办经济实体,不仅发展了经济,还培养了一批企业管理人才。老区经济实现了农业经济向工业经济的转变,昔日的"蕉基鱼塘"已不复存,取而代之的是一片片现代化的工业园区。昔日的农民已"洗脚上田",务工经商,成为工业、服务业的管理者,人民生活从相对贫困走向初步小康。

长期以来,各级党委和人民政府一直扶持盐田革命老区。1975年,为了照顾帮助革命老区和穷队、移民队搞好农业生产,宝安县革委会财贸办公室抽出氮肥1 500担和磷肥4 000担,分配给革命老区、穷队、水库移民的生产队;盐田革命老区贫穷社队分到50担碳铵、50担磷肥。

1980年恢复深圳市革命老根据地建设委员会(以下简称"市老建委")后,市老建委每年都拨出专款,支援老区建设。这类专款资金的使用大致可分为两个阶段、两种投资方法。1983年前主要使用的是无偿投资,帮助老区群众解决行路、照明、饮水、治病、入学等长期存在的困难问题,改善老区群众的生产、生活条件;1984年后资金使用的重点改为有偿无息投资,重点扶助比较困难的老区社队,兴办经济实体和发展交通、能源项目,增强老区经济活力。

1989年,根据广东省人民政府办公厅粤府办〔1989〕133号文的要求,把支援革命老区建设列入"八五"计划,把帮助老区人民搞好经济开发、脱贫致富、安居乐业作为重要的政治任务和经济任务,安排一定的资金和物资支援革命老区建设。

1995年,深圳市委、市政府决定实施"同富裕工程"。从1995年底到1998年底,力争用三年时间,解决欠发达地区迫切需要解决的生产、生活条件问题,并脱贫致富。按照深发〔1995〕25号文的规定,全市1994年底人均集体分配收入低于2 000元的416个欠发达自然村,作为"同富裕工程"的实施范围。盐田办事处的盐田一村、盐田二村、盐田三村、渔村、三洲田村,梅沙办事处的大梅沙村、成坑村、上坪村,共8个村属于"同富裕工程"的实施范围。

为实现"同富裕工程"的任务,深圳市委、市政府规定:(1)通过市、区、镇三级财政投入,在符合城市规划的前提下,用三年时间分期分批解决欠发达地区的供水、供电、通讯、治河、道路、学校、卫生设施,改善生活条件和投资环境;(2)集体经济有较大的发展;(3)实现欠发达村人均年集体分配收入超过2 000元。深圳市委、市政府做出了多方面的努力,将"同富裕工程"项目资金纳入市、区国民经济和社会发展计划,给予安排,支持欠发达地区搞好基础设施建设;设立深圳市"同富裕工程"基金,用于扶持在欠发达地区创办带动当地经济发展的"造血型"项目。深圳市各国有商业银行和地方商业银行在三年内(1996年至1998年)每年安排2 000万元贷款,用于扶持欠发达地区的经济开发项目,重点保证欠发达地区"三高"农业和农副产品加工行业的贷款资金需要;适当提高特区内政府征用欠发达地区统征土地的征地补偿价格,土地补偿费、安置补助费以每亩10 000~15 000元为宜;欠发达地区被征地单位在留用土地上兴建的经营性商业、服务楼宇和工业项目,免交土地出让金、土地开发费和市政建设配套费,原负担的农业税应相应核减;三年内(1996年至1998年),欠发达村的自办企业免交土地使用费,其他新设立的各类企业减半收取土地使用费等。

为了筹措更多的资金投入基础设施项目建设,缓解资金不足与项目之间的矛盾,确保扶贫扶出实效,"同富裕工程"资金投入采取市、区、办事处三级配套解决,即市政府出大头,区、办事处出小头的办法。原罗湖区三级投入比例为80%、6%、14%,盐田区的比例为市85%、区15%(由于财政体制变化,办事处所需配套资金全部由区政府负责)。据统计,从1995年到1998年,盐田区三级财政无偿投入了1.1633亿元进行欠发达村的基础设施建设和改造,其中市政府出资9 531万元,区政府(含罗湖、盐田两区）出资1 100万元，有关办事处出资1 002万元。在无偿投入资金支持欠发达地区搞基础设施建设的同时，积极争取市"同富裕发展基金"的支持，用于扶持欠发达地区兴办"造血型"项目。三年中，盐田区"同富裕工程"系统的广大干部在争取和使用好"同富裕发展基金"方面，进行了不懈的努力并做了大量的工作。区"同富裕工程"办公室会同各行业主管部门、经济职能部门，做好"基金"申报项目的筛选、评估和论证，对项目的必要性、可行性和还款能力进行认真的调研，觉得成熟时，才提交给区领导小组讨论审批并上报市基金办。三年中，共争取到市"同富裕发展基金"支持的项目共7个，获基金借款1 280万元。它们分别是：三洲田矿泉水厂、长江出口监管仓、勤辉保税仓、盐田海鲜一条街、盐田鸿泰林果场、盐田二村裕宏果场、梅沙加油站。基金的注入，有力地扶持了此类"造血型"项目的发展。

三年中，重点抓"有效利用土地资源、税收优惠以及其他费用的减收照顾、城市增容费返拨"等三大类政策的落实。先后帮助盐田、梅沙2个办事处有关欠发达村完成征地19 296亩，获得土地补偿费和安置费近2亿元（以下简称"两费"），其中盐田办事处征地13 000多亩，获得"两费"补偿金近1.3亿元，梅沙办事处征地6 900多亩，获"两费"补偿金近7 000万元。此外，区统计局、农林水务局、经发局、财政局、科技局等经济主管部门也力所能及地给予一定的资金支持。三年来，上述单位共拨出有偿和无偿支持款项600多万元。

1997年，盐田港集团大力扶持盐田办事处的欠发达村，当年落实的项目有：无偿划拨盐田医院用地9 000平方米，折合人民币2 000万元；修筑盐田地区同富裕路3.6千米，投资1 528万元；无偿承担盐田中学扩建的4.6万平方米土地土方回填平整工程，投资92万元。益力公司利用自己的资金、技术和品牌优势，扶持盐田办事处的三洲田村，共同创办"深圳市益力三洲饮品有限公司"；在三洲田投资改造矿泉水厂，生产益力矿泉水，注册资金500万元，占股70%。特发集团在小梅沙兴建海洋世界。其他企业如赛格集团、机场集团、宝安集团、自来水公司等也都积极与欠发达地区开展对口扶持活动。

1996—1998年盐田办事处欠发达村人均集体分配统计表

单位：元

街道办事处	村名	1996年人均分配	1997年人均分配	1998年人均分配
盐田	一村	1 600	2 100	2 500
	二村	700	2 000	2 300
	三村	2 000	2 100	2 500
	渔村	450	1 000	2 000
	三洲田村	950	1 500	2 000
梅沙	大梅沙	1 000	2 000	3 500
	上坪	2 200	2 481	5 000
	成坑	3 000	3 478	4 600

由于实施了"同富裕工程"，盐田区欠发达村的集体经济和集体平均分配水平几年间有了长足的发展。8个欠发达村经济总收入1998年为1 596万元，比1995年的1 114万元增长43%；集体经济收入1998年为1 303万元，比1995年的1 014万元增长28%；人均所得收入从1995年的1 340元增加到1998年的3 200元，增长139%；人均年集体分配收入从1995年的840元增加到1998年的2 762元，增长229%。随着这些欠发达村集体经济的发展和个人收入的增加，欠发达村所在的盐田、梅沙办事处的综合经济实力也明显提高。1995年至1998年盐田、梅沙办事处的国税、地税征

收合计完成1.568亿元，财政收入累计完成1.61亿元，分别比1991年至1994年有大幅度的增长。

通过三年来实施"同富裕工程"，欠发达地区的生产、生活条件和投资环境得到明显改善。因此，吸引了众多客商前来投资兴业，厂房利用率、土地开发率、出租率等也相应提高。自办、独资、合资、合作及"三来一补"等企业的经济效益也日趋好转，一些新的经济增长点在这一带正在形成或已经形成。如"同富裕工程"无偿投资1 000多万元，加上基金扶持200万元的"盐田长江"监管仓项目，据测算年利润可达600万元。基金扶持的盐田海鲜一条街、梅沙加油站、三洲田矿泉水厂等，均为当地带来或即将带来可观的经济和社会效益，成为"同富裕工程"实施后培育的新的经济增长点。

1995年至1998年，共分期分批改造和兴建了28个基础设施项目。其中投资2 108万元，新建库容75万立方米的水库和日供水5 000立方米的水厂各1座；投资527万元，架设供电线路7千米，建配电房5间，电力增容1 835KVA；投资161万元，架设通信线路30千米，安装有线电视和电话共4 000户；投资1 529万元，修建等级道路和村道共10.9千米；投资2 462万元，新建和改造学校3所，总建筑面积20 850平方米，新增学位2 200个；投资1 643万元，新建医院2所，总建筑面积10 500平方米，新增病床140个；投资2 114万元，建设了2个土地"三通一平"项目，平整土地48 000平方米；投资1 037万元，建设工业区项目1个，占地4.22万平方米；投资110万元，建设排污项目1个。以上基础设施项目的建设，解决或不同程度缓解了欠发达地区的吃水用水难、用电难、通信难、行路难、入学难、就医难等方面的矛盾，有效改善了其生产、生活条件和投资环境，为其日后通过招商引资，发展壮大集体经济，提高集体分配水平奠定了基础。

到2000年，实现了每个老区镇（办事处）有1所中学和1所中心小学、1间文化站、1间医院、1间敬老院，每个村有1所小学、1间文化站、1间卫生所（站）；全面解决了老区群众行路难、通信难、用电难、上学难、就医难等老大难问题，同时促进了集体经济的发展。实现"同富裕工程"后，老区各村的基础设施建设、投资环境大大改善。

2001年，深圳市启动第二期"同富裕工程"。第二期"同富裕工程"基础设施建设的主要内容，是实现村村通公路、通电、通自来水、通电话、通电视，兴建和改造农村中小学校，加强欠发达地区医疗卫生设施建设，各区提出的排污和工业区内水、电、路配套等项目也可适当安排，但必须严格控制。本应由市业务部门或区、镇（办事处）承建的市政建设项目（如治河工程、排洪，区、镇主要干道等），"同富裕工程"也可补助性予以支持。城市规划建设区以外的村和按照城市规划属于生态、农业、水资源保护区范围以及地处偏远、自然条件差、户籍人口少的欠发达村的基础设施项目，区别对待，采取搬迁、异地发展等措施，解决他们的生产和生活问题。盐田区有30个村落列入"同富裕工程"实施范围中。2001年，盐田区同富裕工程基础设施建设项目5个，项目总投资943万元，其中市财政安排资金838万元。由于第二期"同富裕工程"基础设施建设范围的调整，盐田区2001年资金安排相对较少，2002年又适当予以倾斜。盐田区第二期"同富裕工程"共获市政府立项21个，总投资达5 970万元。在发展集体经济方面，全区欠发达村全年共引进客商5个，协议投资额约2亿元，建设"盐田安置新村监管仓""心海伽蓝""倚心阁"等物流和房地产项目。

2008年，盐田老区农村年人均纯收入已超过1万元。住房的变化是老区群众生活水平提高的突出表现。现在，老区群众的住房已100%楼房化，昔日低矮、阴暗、潮湿、破烂的泥砖房已不复存在，取而代之的是一栋栋装饰漂亮的楼房。盐田老区大多数地处边远，过去长期存在着行路难、照明难、饮水难、上学难、看病难等问题。到2018年，这些困难绝大多数已得到彻底解决。

七、大力发展第三产业[①]

1985年，深圳市委、市政府根据深圳市经济发展的实际情况，提出了把深圳市建设成以工业为主，工、农、商、贸、金融、运输、旅游、服务业综合发展的外向型经济特区的战略目标。经过几年的努力，在深圳市委、市政府的统一部署下，盐田经济获得了飞速发展，第三产业渐成规模，并逐渐发展成盐田经济的重要支柱。

随着人口日益增长和出入境旅客不断增加，人民生活水平迅速提高，社会购买力急剧扩大，盐田的商业、服务业蓬勃发展起来。全区社会商业网点大量增加，零售商业网点总数飞速上涨。自此，盐田基本解决了生活日用品匮乏的问题，常用物资货源充足，物价相对稳定，社会商品零售总额急剧上升。通过经营体制的改革和外引内联，深圳饮食业也有了很大的发展。随着深圳特区建设事业的飞跃和对外开放的不断扩大发展，盐田利用中央给予特区的特殊政策，克服了计划经济模式中流通领域条块分割、三级批发呆板格局的缺陷，开创了多种经济成分、多种经营方式、多条流通渠道的开放式新局面。商贸在第三产业及整个经济发展中具有重要作用，除了本行业的繁荣外，还对其他部门有较强的带动作用。商贸同工业紧密相连，相互促进，没有商贸的发

---

① 深圳市史志办公室编：《中国经济特区的建立与发展（深圳卷）》，中共党史出版社1997年版，第283—298、461—463页。

展，工业的高速发展是不可能的。商贸的发展还可以带动运输、信息、旅游、金融等行业的发展。从某种意义上讲，商贸既是盐田经济发展的起点，又是盐田经济全面发展的引擎。

在改革开放浪潮的推动下，盐田金融业也蓬勃发展起来。深圳特区创办初期只有4家国家银行分行。1984年7月，中国工商银行深圳分行成立。1987年12月又增设了中信实业银行深圳分行。到1991年底，深圳设立国家银行分行6家，分支机构大幅度增长。盐田的非银行金融机构也蓬勃发展，至20世纪90年代初期，深圳设有非银行金融机构——保险公司、财务公司、租赁公司、信用所、证券交易所、证券登记公司、证券公司等，比例之高居全国首位，接近"银行多过米铺"的香港。深圳各家银行利用各种渠道筹集资金，发放贷款，有力地支持了特区经济建设。工商企业的流动资金有80%以上是由银行提供的；而由财政担保用于市政基础设施的贷款，有力地支持了盐田改善投资环境，加快了盐田开发建设的步伐。银行在盐田经济建设中发挥越来越重要的作用。以银行业为主的盐田金融业已成为盐田经济的一个重要支柱。

随着经济的不断发展，盐田旅游业的巨大潜力日益发挥出来。盐田旅游业充分利用山海风光的优势，不断探索，逐步走出了一条速度较快、效益较好的有海滨特色的旅游发展路子。盐田在统一规划的前提下，允许多家经营旅游业。除了区级建立旅游公司和旅行社等专业机构外，允许和支持其他行业、集团兼营旅游宾馆业务，把各方面的积极性、创造性发挥出来，实行国家、地方、部门、集体、个人"五种形式一齐上"。同时，通过外引内联，广泛筹集资金，使旅游资源得到较快的开发和利用，旅游业在开拓和竞争中迅速发展起来。盐田的酒店、观光景点和其他旅游设施，大都是通过合资、合作办起来的。盐田没有名山大川，但却有较多的客源和毗邻香港的特殊地理位置。根据这个特点，盐田旅游业努力挖掘已有的旅游资源，并探索有特区窗口特色的中英街旅游项目。

为了发展深圳的旅游业，从1980年到1985年，深圳相继建成了"五湖四海"风景区。"四海"的第一个旅游景区指小梅沙海滨旅游中心。小梅沙海滨旅游中心位于深圳东部，在沙头角镇东北约10千米的海边，占地1.2平方千米，有一条800米长、100多米宽的洁白晶莹的细沙海滩。这里青山环抱，四季草木葱茏，景色秀丽，海碧沙白；交通方便，车船皆宜，从香港"新界"驱车沿沙头角海关通道20分钟即可到达小梅沙，自香港沙田直达小梅沙的客轮仅需35分钟。小梅沙海滨旅游中心是由深圳经济特区发展公司建设的。第一期工程投资2 500万元，自1984年开始，用八个月的时间基本建成海滨酒店、人工游览湖、豪华别墅等建筑群。其中海滨酒店共九层，占地8 000平方米，建筑面积12 000平方米；外观呈塔形，设计新颖别致；有客房140间、中餐厅6间，可供800人同时用餐，还有西式酒吧、咖啡长廊、室外泳池、迪斯科舞厅、高级商场等。人工游览湖地处山海之间，占地3 000平方米，湖中小岛有小桥与旅游区连成一片。小梅沙的水上运动设施包括海滨浴场、摩托快艇、水上飞机、舢板、游览船、钓鱼台等。第一期工程于1985年夏天正式投入营业。经过逐年的拓展、翻新，小梅沙年年有变化。小梅沙酒店每年接待中外游客70万人次，酒店改建和增设了豪华宴会厅、卡拉OK包房、啤酒屋、舞厅、弹球室、美容院、健身房、花园食街、水上舞台等。小梅沙每年夏季举行欢乐仲夏之夜，专程请来歌舞团表演，还有沙滩排球、沙滩竞赛、堆沙等娱乐，更有龙舟大赛、水中芭蕾、水上叠罗汉、滑浪、摩托艇编队、技巧滑水等。很多过去只能在内地湖泊举行的比赛和表演节目，小梅沙都尝试在海上进行，而且都取得了成功。

旅游业作为第三产业中的重要部门，其发展对整个经济的持续增长起着积极的促进作用，带动了交通、房地产、加工制造、商业贸易、金融、文化娱乐、酒店等行业的发展。经过多年的发展，旅游业已经是盐田创汇、创收的重要行业，成为深圳第三产业中一个支柱性行业。

进入20世纪90年代，盐田经济发展的内外部环境发生了重大变化，中央对深圳特区的发展也提出了更高的要求。在新的形势下，1990年深圳市委、市政府提出了要实行经济发展的战略性转变，在产业政策上不再提以发展工业为主，而是提大力发展高新技术产业和第三产业；在城市功能上，不是一般地提建设工业基地，而是提要建设多功能、综合性的国际性城市。

大力发展第三产业对盐田经济向更高速度、更高效益发展，具有十分重要的意义。大力发展第三产业有利于发挥盐田的整体功能效应，更好地完成中共中央赋予深圳特区新时期的历史任务。办特区之初，中央就明确了深圳特区要发挥知识、技术、管理和对外开放的"窗口"作用，20世纪90年代又要求深圳特区当好建设有中国特色的社会主义的"排头兵"。随着改革开放的深入进行和外向型经济的进一步发展，已迫切需要提供国际金融、保险、运输、商贸、信息咨询等方面的服务。发展第三产业，有助于推动外向型工业的发展，有助于优化盐田的投资环境和社会生活环境。香港、新加坡之所以被认为是投资设厂、做生意的良好地方，就是因为有了高度发达的第三产业。20世纪90年代初的盐田，交通、邮电、商贸、水电供应、环境卫生、信息咨询、文化生活服务等方面跟不上经济的发展，影响了盐田的投资环境，也影响了盐田人民的正常生活。因此，大力发展第三产业，不仅是盐田经济自身发展的需要，也是完善盐田特区投资环境，引进国内外资金技术以及提高特区人文化和身体素质的需要。

发达的第三产业,不仅是深圳经济发展的客观要求,而且也是建成国际性大都市的前提条件和重要标志。调整产业结构,大力发展第三产业,是深圳经济发展战略的重大转变,它标志着盐田的经济发展进入了一个多元化、国际化的新时期。第三产业的迅速发展无疑对盐田20世纪90年代的发展具有重大意义。

根据中央和广东省有关指示精神,并结合深圳实际,深圳市委、市政府进一步解放思想,提高认识,制定了《深圳市第三产业发展纲要》,经1992年12月28日召开的市政府第四次全体(扩大)会议讨论通过后颁布实施。《深圳市第三产业发展纲要》按照"以金融、证券、信息为龙头,商业贸易、交通运输、通信为主干,相应发展房地产和旅游业"的总体思路,对深圳市第三产业的发展重点、目标、策略、措施等做了比较详细的规定。据此,深圳市第三产业的发展目标是:建设成联系国内外两个市场的区域性金融中心和万商云集的商贸中心。为此,要积极培育发展金融证券市场,大胆进行金融外汇体制改革,以金融证券为龙头,带动商业、贸易、信息等的发展;同时要大力加强现代化商品市场建设,大力加强交通运输、通信等基础设施和科技、教育、房地产、技术服务等新兴产业建设;要大力发展信息业、旅游业,大胆引进外资进入第三产业领域,大胆进行第三产业股份制改革,转换企业经营机制,建立现代企业制度。

八、旅游业已成为盐田的重要支柱产业[①]

盐田区旅游资源得天独厚。海岸线长30千米,沙滩、岛屿

---

① 深圳市史志办公室编:《中国经济特区的建立与发展(深圳卷)》,中共党史出版社1997年版,第463—465页。

错落，礁石、海积海蚀崖散布其间，被《中国国家地理》评为"中国最美的八大海岸"之一。2009年，盐田区先后获华南地区第一个"国家生态区"和全国第一个"国家旅游服务标准化示范区"；2012年，盐田区获亚洲金旅奖"最负盛名旅游区"。盐田区旅游资源丰富，名胜景区有东部华侨城、茶溪谷度假公园、大峡谷探险乐园、梧桐山国家风景名胜区（国家森林公园）、中英街、大梅沙海滨公园、小梅沙海洋世界、小梅沙度假村、金色海岸海上观光游艇、盐田港、大梅沙湾游艇会、海滨栈道等。其中"一街两制"中英街、"梅沙踏浪"、"梧桐烟云"列入了"深圳八景"。

自创办特区开始，在深圳市委、市政府的规划与支持下，盐田把开发旅游景区景点作为城市建设的重点之一。为了发展盐田的旅游业，在1980年到1985年的五年时间内，建成了小梅沙景区。景区的建成是盐田旅游业第一阶段的象征，也是盐田景区、景点建设的第一个里程碑，并为盐田旅游业奠定了坚实的基础。20世纪90年代，盐田更根据自身实际情况及发展变化了的形势与市场需要，着力开发文化旅游景观，大胆改革管理体制，提高旅游服务，积极开拓旅游市场，尤其是随着大梅沙度假村旅游景点的建成与开放，更为盐田增添了颇具特色的旅游观光景点，使盐田旅游区形成了一定的规模，产生了巨大的社会经济综合效益，并使盐田的旅游业渐渐成为地区经济的一个重要的支柱产业。这期间，深圳还积极进行旅游经营管理体制改革，经过近两年的不懈努力，终于于1994年12月1日，经国务院批准，同意深圳率先对到香港的外国人组团来深圳经济特区旅游提供"72小时免签证"特殊政策，从而掀开了共和国旅游史上崭新的一页。深圳市旅游部门大胆改革，积极进取，还本着"大旅游、大市场、大发展"的指导思想，结合经济发展的实际，制订了《深圳市旅游发展规划》，从而使深圳的旅游业走上了快步发展的轨道。

1998年，中共盐田区委、区政府更是把旅游业确定为两个龙头产业之一，紧紧围绕"建设美丽海滨旅游城区"的目标加快发展步伐。从2001年开始，盐田区实施"旅游强区"战略，对旅游业发展给予政策扶持，引进和扶持旅游项目，改造中英街整体景观，引入东部华侨城大型综合旅游项目，同时小梅沙海洋世界、明斯克航母世界、金色海岸海上观光游艇等项目陆续建成开业。2017年盐田区共计接待游客2 148万人，旅游收入95.93亿。在盐田地域，比较典型的旅游景区有：

大梅沙海滨公园 位于深圳特区的东部、盐田区大梅沙海滩上、风光旖旎的大鹏湾畔。深圳大梅沙总面积36万平方米，海滩三面青山相拥，中间开阔平缓，一面临海，长1 800米的沙滩就镶嵌在青山碧海之间。

大梅沙海滨公园于1999年5月开业，是深圳市委、市政府1999年度为民办的十件实事之一，由盐田区政府投资4 000万元建设而成，是为市民提供的公益性免费休闲娱乐场所，是深圳最具人气的海滨沙滩。先后建成的主要设施有海滨沙滩、广场、阳光走廊、酒吧、古人类文化遗址、运动区、雕塑区、愿望塔、栈桥等。

东部华侨城 位于大梅沙，占地近9平方千米，是由华侨城集团斥资35亿元打造的世界级度假旅游目的地，是由国家环境保护部和国家旅游局联合授予的首个

东部华侨城

"国家生态旅游示范区"。东部华侨城于2004年12月30日动工建设，2007年7月28日项目一期开放，是国内首个集休闲度假、观光旅游、户外运动、科普教育、生态探险等主题于一体的大型综合性"国家生态旅游示范区"，主要包括大峡谷生态公园、茶溪谷度假公园、云海谷体育公园、华兴寺、茵特拉根酒店群、天麓大宅等六大精品项目，体现了人与自然的和谐共处。2015年，东部华侨城被评为全国首批、广东省唯一一个国家级旅游度假区。2017年8月，东部华侨城获得由国家发改委、中国民航局、国家体育总局和国家旅游局联合授予的"首批全国通用航空旅游示范单位"。

深圳海洋世界

坐落在深圳东部黄金海岸线上享有"东方夏威夷"美誉的小梅沙海滨旅游区，占地约20万平方米。

深圳海洋世界于1999年6月开业，由深圳经济特区发展

深圳海洋世界

（集团）公司投资建设，总投资额3.8亿元。先后建成的旅游设施有广场、展览馆、海洋剧场、海洋乐园、游乐场等。二期为华南地区独家极地动物馆，投资近亿元，于2011年开馆迎宾，成了海洋世界最亮丽的风景。极地馆内展示北极熊、企鹅、北极狼、北极狐、大白鲸和海象等两极动物。

梧桐山国家森林公园　位于深圳市沙头角梧桐山南麓，属"深圳八景"之"梧桐烟云"的重要组成部分，其面积678公顷，是一个以山体和自然植被为景观主体的城市郊野型自然风景

梧桐烟云（摄于2005年　中共盐田区委宣传部　供图）

区。梧桐山历史上是"新安八景"之一，有较丰富的人文景观。山中植被良好，属典型的南亚热带常绿阔叶混交林，最高峰海拔943.9米，为深圳市第一高峰。登高西可俯瞰深圳市区；南与香港大雾山（海拔958米）对峙；向东南远眺，烟波浩渺的大鹏湾海面及美丽的大鹏半岛尽收眼底。梧桐山地区气候变幻莫测，山峰常年云雾缭绕，时而轻烟淡抹，时而浓雾成盖。在蓝天的映衬下，绿色植被随峰谷起伏，山野一展质朴、奔放的线条，展示出一幅清新和谐的自然景象。梧桐山西北角峰峦起伏，沟壑纵横，山涧溪流终年不绝，分布有大片良好的植被，身临其境颇有宁和、淳朴的自然美感。这里适合集体登山、赏景、挑战自我体能、攀岩探险等。

九、精神文明建设

1963年的全国学雷锋活动中，盐田区域内的城镇、农村、机关、学校和部队学雷锋、做好事蔚然成风。中英街居民陈观玉就是其中一个典型代表。陈观玉是沙头角镇中兴街居委会居民，1938年出生在新加坡一个贫穷的华侨家庭，1957年随母亲回到祖籍沙头角，定居中英街。1966年，她加入中国共产党。1960—1976年，她先后在沙井头幼儿园、沙头角镇幼儿园工作。20世纪60年代初期，雷锋的事迹使她十分感动，她立志"做雷锋的好妹妹"。

改革开放后，在新的时代条件下，陈观玉依然用雷锋精神鞭策自己，做了大量好事。在榜样的感召下，区域学雷锋的活动十多年来持之以恒。每年3月5日，各级团组织组织青年上街头、进入社区开展活动。

1981年3月，深圳市革委会发布的《关于加强沙头角市政建设和城镇管理的决定》强调指出：一定要把沙头角镇建设成社会主义城镇，既具有丰富的物质基础和美好的经济生活，又具有社会主义精神文明，以充分显示社会主义制度的优越性。沙头角管理区委组织力量编写《沙头角的历史和现状》一书和制作《界碑下的沉思》等电教片，对干部、群众进行爱国主义教育。

1992年6月，深圳市委成立市、区、镇三级领导参加的"深圳市共建沙头角文明镇"领导小组，领导小组研究和制定文明镇的目标、任务、措施、步骤等，并认真组织实施。在各级党委和政府的重视下，沙头角在经济繁荣的同时，精神文明建设成绩也极为显著。1993年，沙头角镇在全市19个镇中率先被评为深圳市的"文明镇"；1993年、1995年、1997年、1999年，沙头角镇连续四届被评为广东省"文明单位"；1999年，沙头角镇被评为"全国精神文明建设先进乡镇"。1997年7月1日，香港回归祖国，实行"一国两制"，中英街是"一国两制"的交汇点。中英街被列为深圳市和广东省的爱国主义教育基地。

1998年2月盐田区成立后,把中英街建设的目标定位为"集旅游、购物、休闲、爱国主义教育为一体"的城区,在保留中英街历史原貌前提下,做进一步的规划和改造。中英街越来越发挥其对外开放的"窗口"作用和独特的教育作用。中共盐田区委、区政府在加快经济建设的同时,实施"两个共建、两大工程",加强爱国主义教育和"致富思源、富而思进"教育,推进五好家庭和文明社区的创建,全区精神文明建设成就显著。1996年,陈观玉被授予"广东省学雷锋标兵"称号。她是中英街的居民、深圳市第二届道德模范,也是这座城市一张闪亮的爱心名片。她热心公益事业,从小就把"学雷锋"当作毕生追求,把积德行善当作"家常便饭",先后耗资上百万元帮助别人,自己却过着省吃俭用的生活。几十年来,陈观玉经常主动为沙头角的群众义务挑水、打柴、理发、洗衣服,做好事无数。改革开放后,她一如既往地将省吃俭用节省下来的钱,帮助残疾人、贫困户。1990年,在自家生活刚有好转,意外获得45万元股息分红之后,她毅然说服家人,把钱拿去支援灾区,支持公益事业,捐献给许多素不相识而需要帮助的人们。

陈观玉爱兵如子,大力支持部队建设,为当地驻军做了大量好事,被誉为"当代沙奶奶"。1993年退休后,她仍坚持参加社会活动,热心公益事业。1995年,她资助河北省张北县失学少年张素珍重返校园,引发全市"特区山区贫困地区人民心连心"活动的开展。她以实际行动赢得人们的赞誉,被誉为"中英街上的活雷锋"。20世纪60年代起,她先后获宝安县、深圳市、广东省等各级党委授予的"优秀党员""拥军模范"等称号共50多次。1983年和1996年,她2次获全国"三八"红旗手称号。1995年,她获"深圳市劳动模范"称号。1996年,她被广东省委、省政府授予"广东省学雷锋标兵"光荣称号。1997年,她获"广东省劳动模范"称号;同年9月,她作为代表,出席中国共产党第十五次全国代表大会。

至2005年,盐田区先后对精神文明创建进行了四届表彰,共表彰文明单位87个、先进个人12人次。

第七章
盐田的建设成就与开启新的征程

中共十八大以后,盐田区以习近平新时代中国特色社会主义思想统领改革发展全局,始终以质量和效益为中心,坚持精品和特色发展导向,不断追求卓越,经济发展的规模、质量、效益显著增强,社会经济发生了翻天覆地的变化。

第一节 社会经济建设成就

中共十八大以来,盐田进一步加大了开放的力度,进一步深化了改革,社会经济建设发展突飞猛进,政治建设、经济建设、社会建设、文化建设和生态文明建设等各个方面,都取得了巨大的成就。盐田老区充满了生机活力,面貌焕然一新。

一、经济建设飞速发展

2012年,面对复杂严峻的国内外经济环境,全区按照区四届人大一次会议提出的工作目标,围绕主题主线,紧扣"稳中求进"的工作总基调,强力推进各项工作,经济运行平稳向好,转型升级成果初显,重大项目全面推进,改善民生成效显著,发展质量持续提升,年度经济发展目标全面完成,各项社会事业取得新发展,全年实现生产总值365.78亿元,比上年(下同)增长10%。其中,第一产业实现增加值0.02亿元,下降53.2%;第二产业实现增加值74.98亿元,增长2.7%;第三产业实现增加值290.77亿元,增长12.4%。三次产业结构比为0.01∶20.51∶79.49。在第三产业中,交通运输、食储和邮政业增长12%,其他服务业增长10.7%,批发和零售业增长13.6%,房地产业增长14.3%,金融业增长15.5%,住宿和餐饮业增长4.8%。

2015年,经济发展实现"三个提升"。一是经济实力进一步提升。实现本区生产总值486.44亿元,比上年(下同)增长

8.9%；公共财政预算收入36.49亿元，增长38.1%；税收总额73.16亿元，增长24%。二是发展质量进一步提升。三次产业比例为0∶17.01∶82.99；每平方千米产值和税收分别为6.46亿元、0.96亿元，增长7.1%、21.5%；人均产值为3.4万美元，继续居全市前列。万元GDP能耗0.402吨标准煤、水耗6.33立方米、建设用地4.15平方米，分别下降4.4%、8.4%、6.5%。三是市场活力进一步提升。全社会固定资产投资完成99.6亿元，增长8.1%，其中社会投资84.85亿元，增长6.6%；社会消费品零售总额61.9亿元，增长8%；实际利用外资3 549万美元，增长18.06%。新登记企业1 843家，其中注册金额亿元以上企业6家；1千万至1亿元企业159家，增长38.3%。

2018年，盐田区主要经济指标稳中向好。实现生产总值突破610亿元，比上年（下同）增长7.1%；一般公共预算收入29.65亿元，税收总额71.54亿元；固定资产投资、社会消费品零售总额分别增长3%左右和8.5%，进出口总额1 273.99亿元，万元GDP能耗、水耗分别下降4.3%、6.6%；辖区GEP（生态系统生产总值）预计达1 100亿元，增长0.4%，连续六年保持GEP与GDP双提升，经济发展实现稳中有进、进中提质。发展动能在促转型中加快培育。盐田国际集装箱码头荣获"亚洲最佳集装箱码头"大奖，盐田港集装箱吞吐量达1 315.96万标箱，增长3.6%，稳居世界第一；我国首家"16+1"农产品和其他产品电商物流中心与展示馆项目正式落户盐田港现代物流中心。出台全域旅游发展规划，旅游接待总人数和旅游业总收入分别为2 010.23万人次、91.94亿元。国家首饰质量监督检验中心分别与周大福、百泰建立联合实验室，周大福荣获2018年度JNA年度制造商大奖，规模以上黄金珠宝企业产值达448.64亿元。大型工业企业研发机构实现全覆盖，盐田河临港新兴产业集聚区正式授牌，大百汇生命健康产业园不断壮大，华大生命科学研究院再获4个国家级科研项目，码隆科技成为唯一入选世界经济论坛科技先锋企业名单的中国创新企业，清影医疗荣获中国（行业）最具投资价值品牌。发展活力在优质环境中持续释放。建成启用海格零售物流中心，完成安科讯网络能源大楼、汉邦大楼项目建设，优质产业空间加速释放。壹海城商业综合体、宝银旺等商圈陆续开业，海景二路特色商业走廊初步形成。新华联集团南方总部、人工智能与人机交互实验室等优质企业和项目成功落户，新登记企业商事主体2 954户，增长4.8%。挂牌成立人才服务站，创新搭建人才e点通平台，新引进、新认定各类人才1 044人。深入开展"百人服务百企"活动，发放产业发展资金1.46亿元，协调解决企业发展难题215个。

2019年，盐田区积极抢抓粤港澳大湾区和中国特色社会主义先行示范区"双区驱动"重大历史机遇，大力实施"产业兴盐"战略，奋力拼搏、开拓进取，实现经济社会平稳健康发展，较好完成盐田区区五届人大五次会议确定的各项工作任务。第一，经济指标强劲跃升。盐田区有效应对国内外风险挑战明显上升的复杂局面，经济高质量发展态势凸显。全区地区生产总值比上年（下同）增长8.2%，增速位居全市第三；一般公共预算收入增长8.9%；税收收入增长13.1%，增速全市第一；固定资产投资增长10.7%；社会消费品零售总额增长7.8%，增速全市第二；进出口总额增长5%。第二，产业兴盐成效显著。盐田区坚持创新驱动，加快转型升级，积极构建现代产业体系，发展基础和后劲持续夯实，辖区生产总值增速近五年来首次高于全市增幅，为深圳经济发展做出了盐田贡献。盐田港集装箱吞吐量1 306.92万标箱，微跌0.7%；规模以上工业增加值增长4%，高于年初目标任务3.5%；旅游业总收入首次突破百亿大关，达101.64亿元，增长10.6%；中交（深圳）工程局、粤通建设、图森智运（深圳）无人驾驶科技、盐田腾讯云计算等80多家优质企业成功落户，新增商事主体4 658户，其中认缴注册资本超过1亿元的特大型企业21家。

2012—2018年盐田区综合经济情况一览表[①]

年份	生产总值（万元）	第一产业（万元）	第二产业（万元）	第三产业（万元）	人均生产总值（元/人）	盐田港集装箱吞吐量（万TEU）
2012	3 657 773	263	749 813	2 907 697	172 683	1 067
2013	4 104 196	310	838 208	3 265 678	192 459	1 101
2014	4 501 469	318	811 407	3 689 744	209 176	1 167
2015	4 864 379	349	788 122	4 075 908	222 631	1 217
2016	5 402 693	807	848 428	4 553 458	240 197	1 170
2017	5 859 975	899	879 351	4 979 725	252 533	1 270.37
2018	6 127 631	1 440	858 292	5 267 899	255 265	1 315.96

二、社会建设惠及大众

中共十八大以来，盐田区围绕共享发展，坚持在发展中保障和改善民生，使民生福祉不断增进。2012年，盐田区在民生领域投入20.3亿元，比上年（下同）增长9%，占公共财政支出的88.2%，较上一年提升了10.2%，公共财政更多向民生领域倾斜；辖区居民年人均可支配收入达3.87万元，增长13%，超过本区生产总值增幅，发展成果更多惠及居民。2015年，民生福利水平不断提高，九大民生领域投入资金26.33亿元，增长61.7%；居民人均可支配收入4.49万元（按新口径），增长8.5%。2018年，九大类重点民生领域投入35.76亿元，占一般公共预算支出的65.5%，

---

① 资料来源于深圳市盐田区国民经济和社会发展统计公报。

较好完成10件重点民生实事和348件民生微实事。

2012年，盐田区建成"就业e通"信息服务平台，实施扶持困难居民就业和大学生创业举措，保持充分就业社区全覆盖；建成公共租赁住房和保障房897套，优先保障548户困难家庭和人才住房；实施"呼援通"居家养助管理新模式，开展困难群众志愿参与社区公益服务试点工作。2015年，全区安置失业人员就业365名，保持"零就业家庭"零纪录，户籍大学生就业创业盐田模式成效显著，城镇居民登记失业率控制在3%以内；基本完成1 002套第五期保障性住房分配工作；开展"情暖万家"上门服务294户，新建老年人日间照料中心3家，区社会福利中心颐养院成为全国养老服务机构标准化试点单位；第二轮扶贫"双到"工作圆满完成。2018年，全区全力做好就业和社会保障工作，城镇登记失业率为2.3%，足额发放退休金、工伤保险等社保各项待遇，新开工和筹集保障房3 370套，供应1 126套，区社会福利中心获评全省首批"五星级"养老服务机构。

2012年，盐田区人民医院整体改造加快实施，公立医院改革扎实推进，药品加成费用全面取消。2015年，盐田区人民医院门诊急诊大楼建成启用，区第二人民医院门诊医技综合楼完成主体工程建设；区属医院与湘雅医院、广东省中医院深入开展合作，门诊、住院人均费用继续低于全市平均水平；盐田区获评全国基层中医药工作先进单位、广东省人口与计划生育工作先进单位；新建老年人日间照料中心3家，区社会福利中心颐养院成为全国养老服务机构标准化试点单位；第二轮扶贫"双到"工作圆满完成。

2017年末，全区共有医疗卫生机构84家，同比增长1.2%，其中，医院2家，门诊部7家，诊所和医务室56家，疾病预防控制中心2家，社康中心15家，其他卫生事业机构2家。2018年，试点推行家庭医生"承包责任制",盐田区人民医院获中国医院竞争力五星级认证,医疗行业服务公众满意度居全市前列,连续七年荣获广东省计划生育管理优秀称号。

社会治理水平不断提高。2015年,盐田区推进"智慧城区"建设,深化"织网工程",在全市率先实现区级业务系统数据并网,推动了部门间数据的应用和共享;新增社会组织27个,每万人拥有社会组织8.78个,位于全市前列;推广"岗位化"志愿服务模式,各类志愿者参与义工服务过万人次;依托"社区议政会"开展专题议政43场,推动解决了一批热点、难点问题;开展"助民微行动",解决居民个性化诉求151件;强力实施中英街综合整治,"水客"走私行为大幅减少,售假贩假现象基本消除,桥头进出关秩序明显好转。海山街道、永安社区分别获评全国和谐社区建设示范街道、示范社区。

2017年,平安建设示范区创建工作机制日趋完善,城区公共安全保障体系已然成型。2017年9月19日,在中央综治委召开全国社会治安综合治理表彰大会上,盐田区获得"全国平安建设先进区"称号,成为广东省五个获此殊荣的行政区县之一,也是深圳市唯一的获奖区。

2019年,盐田区深入开展防风险、保安全、迎大庆工作,创新构建"942"治安陆海防控体系,扫黑除恶专项斗争实现三个"零突破",刑事、治安警情同比下降17%,公共安全指数和群众安全感稳居全市前列;深入实施安全生产专项整治行动,较大以上安全生产事故"零发生";高标准完成广北肉菜市场升级改造,防震减灾、疫情防控、食品药品安全等形势总体平稳。与此同时,精准扶贫、对口帮扶、扶贫协作等工作成效显著,信访、民族、宗教、对台、侨务、人防、双拥、外事、保密等工作也取得较好成绩。

人居环境也在持续优化。高品质建成花漾街区、街心花园等10个项目，迅速推进大梅沙海滨公园及海滨栈道升级重建等工程，烟墩山公园、鸳鸯谷景区、毛棉杜鹃花会、恩上水库环湖步道成为市民徒步休闲热门目的地。"互联网+"垃圾减量分类实现全覆盖，获评市容环境综合考核"八连冠"。

先行示范成果丰硕。盐田区力求先行一步，突出示范引领作用，在多领域、全方位先行示范；率先出台勇当深圳先行示范区建设尖兵行动方案，明确8大方面、51项具体举措，建成全国首个自来水直饮示范区；获评全国绿化模范单位，获批开展全国街道服务管理创新实验；盐田港区荣获"全国模范劳动关系和谐工业园区"称号。

三、文化建设彰显活力

中共十八大以来，盐田区扎实推进文化建设，文化软实力持续增强。历届区委、区政府奋力把盐田建设成文化繁荣、文明兴盛的魅力人文城区。2019年，中英街界碑被列为第八批全国重点文物保护单位。

（一）文化事业

2012年，盐田区设立宣传文化体育事业发展专项资金，加大公共文化领域投入，文化建设呈现新的生机与活力。精神文明建设大力推进，明珠人口文化公园、东和法治文化公园顺利建成，形成了一批引领道德风尚的文明创建重要品牌；梅沙街道和沙头角街道获评"全国文明单位"。文化惠民取得新成效，"城市街区24小时自助图书馆"覆盖率居全市首位。中英街入选第四批"中国历史文化名街"，"深圳十大观念"文化墙启动建设，"海洋文化论坛"等活动反响热烈。

2015年，盐田新建的区图书馆、档案馆、游泳馆、文体康乐中心开放运营，四级公共图书馆服务网络建成并投入使用，图书馆智慧平台研究与示范项目通过文化部验收，中英街历史博物馆成为省级爱国主义教育基地。"新盐田好市民""文明达人"等活动深入开展，城区公共文明和交通文明指数保持全市前列，海山街道获评"全国文明单位"。

2017年末，全区共有公共图书馆（室）26个，其中区级图书馆1个，街道图书馆3个，社区图书馆22个，藏书量共71.6万册；还有文化馆1个，文化站4个，博物馆1个。文艺方面，盐田当年获省以上奖励3项，获市级金奖6项、银奖9项、铜奖10项；"海之声"合唱团获新加坡第六届国际华人合唱节成人组金奖和第四届香港国际音乐节金奖，盐田交响乐团获第四届香港国际音乐节金奖。成功举办社区艺术节、沙头角鱼灯舞、疍家文化节、海洋文化论坛等特色文化活动，品牌影响日益扩大。持续壮大文化产业，组织辖区12家文化企业参加第十三届文博会，总成交金额超过22亿元，其中有3个亿元以上的成交项目。截至2018年，盐田人均文化设施面积达0.64平方米，居全市前列。区图书馆新馆建设全面完成并通过了地市级一级图书馆评定，全年共接待读者74.4万人次。2018年，盐田区正式启动第六届全国文明城市创建工作，完成区文化艺术中心、中英街历史博物馆改造项目，建成启用听海图书馆；"智慧图书馆服务平台"列入国家第四批公共文化服务体系示范项目创建名单，区档案馆获评全省首家国家级数字档案馆。2019年，区档案馆荣获"全国档案系统先进集体"称号，成为全市唯一获此殊荣的单位。

近年来，深港合作全面深化。盐田区抢抓历史机遇、主动担当作为，认真做好深港合作这篇大文章，全面开放新格局。2019年，首届深港澳青少年合唱展演、深港夏令营等活动顺利开展，深港合作全面走深走实。

（二）教育事业

盐田区委、区政府极为重视教育事业。2012年，盐田高级中学、梅沙幼儿园开工建设，乐群小学和盐港小学改扩建工程基本完成，新增基础教育学位1 000个，获评"全国'两基'工作先进区"。2015年，盐田实验学校完成主体结构，云海学校、沙头角中学总体改造等项目按期推进，中小学"清凉工程"全面完成，全区教学质量显著提高，中考平均得分率及高考"三线"上线率位居全市前列，获评全国义务教育发展基本均衡区。

2017年末，盐田区各级各类学校（不含简易民办）共46所，较上年增加3所。其中，普通中学4所，职业中学1所，小学11所，幼儿园30所。在校学生数总计28 750人，较上年增长6.2%。其中，普通中学7 149人，增长7.6%；职业中学2 114人，增长6.9%；小学12 498人，增长4.3%；幼儿园6 989人，增长7.9%。教职工数总计2 829人，增长8.4%。学校专任教师人数2 182人，增长9.9%，其中中学854人、小学777人、九年一贯制学校45人、幼儿园506人。学龄儿童入学率、小学毕业生升学率、初中毕业生升学率均为100%；高考升学率（大专及以上）为95.1%，较上年增长10.1%。高考全区参考人数744人，重点上线人数295人，比去年增加50人，重点率达到38.6%，较上年提高0.1%；本科上线人数653人，比去年增加106人，本科上线率达85.5%；上省专线744人，上线率100%。"三线"上线率继续名列全市行政区前茅。全年使用科技和企业发展资金10 438万元，比上年增长24.3%；区级科普经费22万元。经市科技局认证的国家高新技术企业有30个，较上年增长20%。

2018年，沙头角中学建成使用，田东中学教学楼重建等12个改扩建工程按期推进，盐田高级中学连续三年荣获高考卓越奖，获评全国中小学校责任督学挂牌督导创新区。

（三）体育事业

盐田区不断完善体育服务体系，拓展空间，不断完善场地设施建设，推动辖区体育设施均衡分布，进行公共服务均等化、服务主体多元化、健身指导科学化的合理布局，基本形成覆盖全人群、全生命周期、全健身过程的基本公共体育服务体系。

2012年，盐田区文体惠民工程和文化素养提升计划大力推进，社区文化活动、全民健身运动蓬勃开展，引进举办16场国内外精品演出，文化精品不断推出。举办"为爱奔跑"山地马拉松赛、"全民健身中国行"沙滩排球赛等特色体育赛事，获评"广东省体育先进区"。2015年，成功举办国际风筝节、山地越野赛等活动，开展公益文化培训活动1 000多场，文化惠民工程持续推进。2017年，区以上体委举办各类群众性体育活动60场次，参加人数10万人次。运动健儿在各项比赛中获国家、省、市以上奖牌156枚，同比增长15.6%。其中，金牌47枚、银牌52枚、铜牌57枚。2018年，盐田人均体育场地面积达2.7平方米，居全市第一。

近年来，盐田进一步优化全区体育产业结构，提升体育服务业比重，利用科技手段，更好满足健身休闲、竞赛表演、体育培训等体育服务需求，提高体育产业发展质量和效益。大力发展山地、海上运动产业，利用"全国群众沙滩排球赛""大梅沙国际风筝赛""为爱奔跑山地越野赛"等高端山海特色赛事，以赛事活动推动品牌传播，带动场馆、器材、俱乐部等相关行业发展，助力体育旅游文化融合发展。加强体育与健康产业的对接，探索"体医结合"商业机会。

2018年，盐田全区开展各类文化惠民活动3 000余场次，举办世界杯国标舞、全国帆船锦标赛等重大赛事；盐田交响乐团、"海之声"合唱团、盐田民乐团纷纷在国际音乐节上斩获金奖；陈佩娜荣获亚运会女子帆板冠军。这些在社会上都产生了较大的影响。2019年,继续深入推进文明城市创建工作,成立区海洋文化研究会理事会,开展百千万文化圆梦工程、第四届全民健身运动会等惠民文体活动1 500余场次,成功举办中华人民共和国成立70周年系列庆典活动;国家赛艇训练基地顺利落户,世界海岸赛艇沙滩冲刺赛总决赛、世界杯国标舞等赛事高品质举办。

四、政治建设勤政廉洁

中共十八大以来,盐田区始终把政治建设摆在首位,全面强化"四个意识",牢固树立"四个自信",严守党的政治纪律和政治规矩。严格落实"第一议题"学习制度,深入学习贯彻习近平新时代中国特色社会主义思想和中共十九大精神,与习近平总书记对广东重要讲话和对深圳重要批示指示精神一体学习、整体把握,做到"两个维护"。从严治党,加强党员管理和提升党建质量。充分发挥各级党群服务中心、基层党校和智慧党建平台的作用,实现基层党组织和党员管理全覆盖。加强党风建设,开展纪律、规矩教育。

近年来,主题教育不断深入开展。盐田区牢牢把握"守初心、担使命、找差距、抓落实"的总要求,做好"大学习、深调研、真落实"工作。2019年,组织"第一议题"学习5 545次,开展调研969次,整改问题3 630条,切实把主题教育成果转化为解决问题、推动发展、为民服务的实际行动。

在廉政建设方面,盐田区强化廉洁政府建设,落实党风廉政建设责任制,加强行政监察,坚持用制度管事、管权、管人,深化重点领域、关键环节、重要岗位权力运行的监督制约,坚决纠正不正之风,着力解决损害群众利益的突出问题,政府工作作风持续转变。坚决贯彻执行中央八项规定及实施细则精神,持之以恒纠正"四风",保持反腐败高压态势,配合做好国务院督查室驻点观察任务。加大财政资金的监督管理力度,坚持精打细算,厉行节约,坚决避免重复建设、资源浪费,严格控制"三公"经费支出。2015年,全区结合"三严三实"专题教育,深入查摆、及时整改不严不实问题。加大行政监察、督查、督办力度,继续整治公职人员"四风"问题。区财政预决算、部门财政预决算及"三公"经费预决算等财政信息全面向社会公开,公共预算和公务支出透明度进一步提高。积极推进审计监督全覆盖。2019年,办理督查事项2 371项,精简会议文件30%以上,实现"三公"经费零增长,审计核减政府项目投资额895.48万元。

近年来,盐田区政府作风建设持续加强,始终坚持党的领导,认真开展"大学习、深调研、真落实"工作,持之以恒转作风、优服务、提效能,努力建设人民满意政府。政府系统党的建设有效加强,作风建设不断深入,行政效能全面提高。2018年,盐田区委、区政府坚决贯彻落实中央八项规定及实施细则精神,抓好中央巡视反馈意见整改落实,高质量完成国务院大督查迎检工作,始终保持惩治腐败高压态势;进一步改善文风会风,公职人员工作作风持续向好。

盐田区政府还围绕服务工作的要求,加强政府的自身建设,行政服务质量全面提升。政府各部门按照"工作项目化、项目清单化、清单责任化"工作要求,将各项工作落实到单位和个人,确保工作成效。在工作过程中,完善激励约束、容错纠错机制,健全全程跟踪的督查督办、科学完善的绩效考核体系,旗帜鲜明地激励公职人员展现新时代新担当新作为。依法保障群众知情权、参与权、监督权,制定盐田区"政务公开1+4暂行管理规定",服务效能不断提升。2012年,盐田区大力加强政府自身建设,服务机制不断完善,政府效能有效提升。建立健全服务企业会商机制、领导挂点联系重点企业机制和重大项目并联审批机制,深化区港共建联席会议制度,实施扶持总部企业、推动股权投资企业发展、设立产业发展资金等服务企业举措,帮助企业积极应对复杂的经济形势,解决了一批困难问题。设立"人才发展专项资金",评选表彰盐田区首届"杰出人才奖"和"区长质量奖",营造了尊重人才、崇尚质量的良好氛围。大力推进依法行政,自觉接受区人大的法律监督、工作监督和区政协的民主监督,坚持重大事项主动向区人大及其常委会报告、向区政协通报,实行区政府主要领导领办重点提案,全年共办结人大代表建议168件、政协提案119件。盐田区还积极推进政务公开和电子政务。2015年,新的行政服务大厅建成启用,网上办事大厅实现区直各单位行政审批事项100%网上全流程办理,全区各街道、社区网上办事站(点)实现全覆盖。2018年,盐田区行政审批事项网上办理率达100%,全面推行"预约延时+上门服务",246项服务事项实现全城通办,基本形成"清晰办、顺畅办、快捷办"的政务服务格局。2019年,全年公开政府信息12 603条。创新推出全市首个AI智能语音咨询平台,华为、平安、腾讯三大企业首次联手中标,智慧城区和"数字政府"建设迈出新步伐。深化"放管服"改革,实现服务事项网上可办率100%,114个事项实现"秒批",行政许可办结时限压减76%。

在推动民主法治方面,盐田区的法治水平稳步提升,省级法治街道和法治社区实现全覆盖。2015年,盐田区进一步推行依法行政,将法治政府建设列入区政府绩效考核,在全市率先制定行政处罚自由裁量权标准。大力实施"法治惠民"工程,圆满完成"六五"普法,在3所学校建立青少年法治文化教育基地,建成东和法治文化主题公园二期"宪法墙","一社区一法律顾问"制度在全区全面推行。盐田区的民主法治建设工作取得了显著进步。坚决执行区人大及其常委会决议决定,定期向区人大报告工作、向区政协通报情况，通过持之以恒的努力，法治建设卓有成效。2019年，办理党代表提案27件、人大代表建议97件、政协提案86件。在全国率先出台合法性审查事务办理规则，全面推行行政执法三项制度，成立全省首个公共法律服务中心人民调解委员会；街道人民调解协会试点工作、社区矫正心理矫治服务被列为省司法行政示范项目，全年成功调解1 587宗案件，调解成功率达99%；深圳宪法公园获评广东省十佳法治文化主题公园。

五、生态文明建设绩效显著

在生态文明建设领域，优越的生态环境和资源禀赋，是盐田区最引以为豪的金字招牌。全区总面积74.99平方千米，基本生态控制线内面积却达到了51.4平方千米，小小的盐田是名副其实的"生态大区"。自建区以来，盐田历届区委、区政府"一张蓝图绘到底"，始终坚持发展与保护并重，牢固树立绿色发展理念，努力做好生态文明建设这篇大文章，坚决摒弃高污染、高消耗的粗放型发展方式，持之以恒地走"不求大而全、只求小而优"的特色发展之路。回顾过去的发展历程，盐田区没有因为经济体量小、空间约束紧，而走以牺牲生态环境为代价的发展道路；没有因为是一个小区，就降低工作的标准，放弃品质的追求。

盐田区深化体制创新，多项生态文明创新成果开全国之先河。通过建立健全的自然资源资产产权和管理制度；稳步实施生态环境损害责任追究制度；全面推行并落实"河长制"；严格落实固定源排污许可证管理等制度，全面推行绿色行政管理体制。2013年至2018年，连续六年实现GDP与GEP双提升；率先建立生态文明"碳币"服务平台，通过"互联网＋"手段实现居民绿色行为的数据化并赋予"碳币"奖励，实现以"小碳币"带动"大文明"。

2012年，盐田区全面实施"十大生态改善工程"，完成"两河一湾一网"整治，推进管网清源和排水达标小区创建工作，辖区污水处理率稳定在95%以上；全部学校建成绿色学校，全部社区被评为绿色社区、宜居社区，成功创建华南地区首个"国家生态区"。在城区建设中，突出"小而精、秀而美"的特色，强化循环经济和低碳发展理念，城区生态环境和功能面貌明显改观。2013年，区委、区政府做出"将创建国家生态文明示范区作为全区工作主轴"的战略部署，以一号文形式出台《关于建设国家生态文明示范区的决定》，成立建区以来最高规格的区生态文明建设工作领导小组，由区委书记、区长担任领导小组"双组长"，将生态办设为常设机构，编制实施《生态文明建设中长期规划（2013—2020年）》，全面提速盐田生态文明建设步伐。

2015年，盐田区的生态环境改善持续推进。支持盐田港集装箱码头完成2套移动式岸电设施建设，资助246台拖车"油改气"，完成50个快速充电桩和140个慢速充电桩建设任务。大力推进"雨污分流"改造，排水达标小区覆盖率提高至72%，城市污水集中处理率达98%。盐田区是全市唯一无黑臭水体的行政区，饮用水源、地表水、近岸海域等各类环境要素均达到功能区要求，盐田河继续保持为全市水质最好的河流之一。盐田区实现全市生态文明建设考核"四连冠"。

盐田区的城区综合管理也在持续推进。正坑、保惠等5座社区公园基本建成，烟墩山生态公园基本完工，新增立体绿化、屋顶绿化面积4.2万平方米，完成5.6千米绿道景观提升和500亩林相改造工作。2016年，盐田区委、区政府再次以一号文形式出台《关于加快建设国家生态文明先行示范区的决定》，配套制定了行动方案和全民行动计划，进一步推动全区生态文明建设向纵深发展。

2017年，进一步启动并完成《盐田区生态文明建设中长期规划（2013—2020年）》修编工作，深度梳理与衔接国家、省、市关于生态文明的六大系统建设，指导辖区生态文明建设再上新台阶。2018年，盐田区突出绿色发展理念，加快推进国家生态文明先行示范区建设，城区特色与神韵得到更好展现。生态环境持续优化。完成一级水源保护区内违法建筑拆除处置，中央环保督察"回头看"交办案件全部办结。建立三级河（湖）长制，率先编制排水户负面排水行为清单，完成治水提质任务53项，高标准提升河流景观3条，实现排水小区雨污分流全覆盖，成为全市首个自来水直饮示范区。

近年来，盐田区坚持源头严防、过程严管、损害严惩、责任严查，聚焦政府监管和社会监管两个重点，以法治化、制度化、社会化的监管模式对各类市场主体形成有效约束。

在产业发展规划上，盐田区认真处理好经济发展和环境保护的关系，坚持将生态保护、节能减排作为全区新设施、新项目、新产业的刚性指标，建区以来从未批准建设高污染企业。与此同时，严守生态红线，持续保持查违高压态势，坚决遏制新增违法建筑，特别是做好水源保护区等重点区域查违，辖区实现连续11年违法建筑零增长，形成了盐田特色的查违"1+5"模式，在全市查违共同责任考核中唯一连续四年优秀。

在环保政府监管方面，盐田区不断加大对各类污染环境、破坏生态和环境的隐患问题的现场检查、随机抽查力度。2013年以来，全区共出动环保执法8 800余人次，检查企业4 000余家次，立案查处环境违法行为140余宗，罚款超过300万元。除此之外，盐田区还建成了"智能监测做支撑、人工监测为辅助、专业巡查全覆盖"的地质灾害防控网络，危险性大的地质灾害点全部得到有效治理。

2018年，盐田区成功获评SUC国际可持续发展示范区，出台全国首个城市核算技术规范，成立全国首个生态文明全民参与专项基金会，发布生态安全港国家标准。全年空气优良天数达353天，PM2.5平均值为22微克/立方米，为全市最优。盐田河水质达到地表水Ⅲ类及以上标准，饮用水源、地表水、近岸海域水质100%达标，实现省级宜居社区全覆盖，荣获市生态文明建设考核与治污保洁考核两个"七连冠"。

盐田区以解决生态环境领域突出问题为导向，不断强化大气、水、土壤等环境综合治理，努力为辖区居民提供最优越的生态福利，创造宜居宜业的生态环境。盐田区以制订《大气环境质量提升计划实施细则》为抓手，积极推广新能源，减少大气污染物排放，统筹推进提升全区大气环境质量工作。

在水环境治理方面，盐田区完成"两河一湾"（盐田河、沙头角河、沙头角湾）和避风塘整治，严格落实"河长制"，通过"彻底截污、生态补水、贯通步道、建设公园、提升景观"五大举措，有效提升水质及水环境景观。开展河流水环境日常管治，对入河排放口实行编号管理，定期开展治污保洁，使辖区无黑臭水体，混流口全部完成治理。启动盐田污水处理厂提标提质改造工程，大力推进源头雨污分流，全区580个小区已完成471个雨污分流达标创建，覆盖率达81.2%，为全国领先。建成市政污水管网134.59千米，覆盖整个辖区，城市生活污水集中处理率稳定在100%。

土壤和地下水环境治理同样成效显著。盐田区全面梳理掌握辖区土壤和地下水环境质量状况，积极开展土壤和地下水环境质量状况调查与评价工作，调查评价显示，盐田区土壤质量良好，地下水监测均达标，其中恩上村的地下水质达到I类水质要求。目前，盐田区森林覆盖率高达65.62%，与全球排名第一的日本（67%）相媲美。辖区各类公园总数达61个，人均公园绿地面积达23.96平方米，基本实现居民出门1千米内有公园。全区228个住宅小区、城中村生活垃圾分类实现全覆盖，公共餐饮垃圾资源化处理率、生活垃圾无害化处理率、有害垃圾安全处理率均达100%。

在环保整治方面，盐田区可谓不遗余力。2013年至2016年，盐田区共开展环保类投资项目443项，支出24.7亿元，占政府投资比例超过45%。2019年，盐田生态品质高位进阶。盐田河景观综合提升等工程加快推进，珊瑚种植工作在央视直播。各项生态指标继续保持全市第一，得益于多年来持之以恒的努力。

盐田区生态文明建设成果一览

1. 高含金量"国字号"荣誉众多

盐田区先后获得了华南地区首个"国家生态区"，及"国家水土保持生态文明区""第二批国家生态文明先行示范区建设单位""中国人居环境范例奖"等多项高含金量"国字号"荣誉。

2. 生态环境福利媲美发达国家

2016年，盐田区环境空气优良率达到98.6%，PM2.5平均值为22微克/立方米；2017年，空气优良天数达355天，PM2.5平均值为24微克/立方米；2018年，空气优良天数为353天，PM2.5平均值为22微克/立方米，为全市最优，在全市率先实现河流、近岸海域、饮用水源水质100%达到功能区标准；2019年，PM2.5平均值为19微克/立方米，为深圳市史上首次区级年平均值低于20微克/立方米，空气优良天数为345天。2017年，森林覆盖率高达65.7%，建成绿道总长度253千米，人均公园绿地面积达23.96平方米，达到发达国家水平。

3. 生态经济绿色低碳发展

盐田港获评亚洲最佳码头及国家交通运输部码头船舶岸电示

范项目;"一街两制"中英街、"梅沙踏浪"、"梧桐烟云"、"黄金海岸"旅游名片驰名中外;辖区单位产值能耗、单位产值用水量领跑全国。

4. 考核督察成绩突出

盐田区连续两年获全省土地执法监察考核一等奖,2016年,中央环保督察组督办深圳311宗事项,无涉及盐田。2019年,获评全市河(湖)长制考核和治水提质考核第一名,蝉联市生态文明建设考核"八连冠"、治污保洁工程考核"八连冠"、污染减排考核"五连冠"。

5. 创新实践亮点纷呈

盐田区在全国首创生态文明"碳币"服务平台,创新构建生态文明全民行动机制;率先开展"GDP和GEP双核算、双运行、双提升",国内首个城市GEP核算体系获中国政府创新最佳实践奖;垃圾减量分类及餐厨垃圾处理项目获得该领域首个中国人居环境范例奖;在全国率先开展自然资源资产离任审计;公共自行车慢行系统、危险边坡及建筑挡墙远程监测预警系统、空气环境质量提升体系项目等荣获广东省宜居环境范例奖。

第七章 盐田的建设成就与开启新的征程

第二节 发展规划和新的征程

在中国特色社会主义进入新时代、全面建成小康社会进入决胜阶段的关键历史时刻，盐田区不满足于已取得的现有成就，继续瞄准了新的目标，制定了新的发展规划，进一步解放思想，深化改革，在新的起点上再起航，为全面建成小康社会、夺取新时代中国特色社会主义伟大胜利、实现中华民族伟大复兴的中国梦而不懈奋斗。

一、新的发展规划

中共十九大报告清晰地描绘了全面建成社会主义现代化强国的时间表和路线图，做出了分"两步走"的战略安排。广东省委对建设社会主义现代化进行了重大部署，深圳市委提出将分"三个阶段"建设社会主义现代化先行区。按照中央、省、市的要求，结合盐田区实际情况，将未来的发展建设定位为"加快建成宜居宜业宜游的现代化国际化创新型滨海城区"，并制定分阶段实施的战略目标和路线：2020年的总体目标是按照市委决策部署，抢抓粤港澳大湾区和中国特色社会主义先行示范区"双区驱动"重大历史机遇，加快推进区委五届十三次全会确定的各项工作安排，确保高质量全面建成小康社会和"十三五"规划圆满收官，为加快建成宜居宜业宜游的现代化国际化创新型滨海城区打下坚实基础，以优异成绩庆祝深圳经济特区建立40周年。到2035

年，建成社会主义现代化先行区的示范城区。到21世纪中叶，建成更可持续、更有影响力的先进城区，实现更高质量的社会主义现代化。2020年盐田区社会经济发展的战略定位和目标：地区生产总值增长6.5%左右，一般公共预算收入增长5%，税收收入增长5%，居民收入与经济增长基本同步。

（一）聚焦重大平台，加快建设深港深度合作先行区。坚守"一国"之本，善用"两制"之利，充分释放"双区驱动"的"化学反应""乘数效应"，实现重大平台建设全面突破，为推动香港融入国家发展大局做出盐田贡献。一是加快沙头角深港国际旅游消费合作区建设；二是巩固提升国际航运枢纽地位；三是探索建立自由贸易组合港。

（二）聚焦产业兴盐，加快建设特色科技产业创新区。坚定不移地把产业兴盐作为首要任务，把创新驱动作为主导战略，深化供给侧结构性改革，加快构建高端高质高新的现代产业体系，走出一条强产业、优经济、兴城区的高质量发展道路。一是全面深化招商引资工作；二是大力实施创新驱动发展战略；三是不断推动国土空间提质增效；四是营造国际一流的营商环境。

（三）聚焦供给升级，加快建设全域全季旅游示范区。坚持跳出旅游抓旅游，科学整合优化旅游景点、生态环境、产业发展等资源，着力提升旅游发展全域化、旅游供给全季化、旅游服务精细化水平，加快打造山海港城皆可观光、春夏秋冬皆可畅玩的全域全季旅游示范区。一是以全域理念统领旅游开发建设；二是以全季理念丰富旅游产品供给；三是以精细理念打造一流旅游服务。

（四）聚焦公平正义，加快建设民主法治建设先进区。坚持党的领导、人民当家作主、依法治国有机统一，全面提升民主法治建设水平，扩大人民有序政治参与渠道，加快法治中国示范城区建设，不断巩固团结和谐的良好局面。一是有序推进基层民主政治建设；二是凝聚盐田事业发展强大合力；三是打造一流法治中国示范城区。

（五）聚焦品质提升，加快建设可持续发展先锋区。坚持以山海港城融合发展为主线，加快建设SUC国际可持续发展示范区，全面建成国家生态文明先行示范区，助力深圳打造可持续发展先锋，为超大型城市可持续发展提供示范模板。一是坚持科学规划，提升城区内涵品质；二是下足"绣花"功夫，加强城市集约管理；三是强化生态优势，夯实绿色发展根基。

（六）聚焦均衡优质，加快建设民生幸福标杆引领区。坚持以人民为中心的发展思想，瞄准"七个有"目标，采取针对性更强、覆盖面更广、作用更直接、效果更明显的举措，实实在在帮群众解难题、为群众增福祉、让群众享公平，更好满足人民群众对美好生活的新期待。一是大力提升公共服务水平；二是培育厚植现代城市文明；三是不断增强社会治理能力；四是全力保障城区公共安全。

展望未来，任重而道远。盐田人将抓住粤港澳大湾区建设这一大有可为的发展机遇，结合盐田的客观实际和产业特点，将盐田的建设发展融入到粤港澳大湾区建设中去，扎扎实实地落实好上述规划，如期实现自己所制定的发展目标。

二、开启新的征程

改革在不断深化，事业在不断推进。盐田人在认真总结自己艰苦创业的实践经验与教训之后，又在继续开拓，奋力进取。他们集思广益，精心谋划，寻求新的战略定位，瞄准新的发展目标，在新一轮的改革发展进程中，满怀信心地站在新的起点上，开启了新的征程。

改革开放以来，经过几十年的艰辛经营与发展，盐田从一个南海边陲的小乡镇，变成了一个社会经济较为发达的宜居、宜业、宜游的现代化城区。尤其是中共十八大以来，盐田的发展更是日新月异，社会面貌发生了巨大变化。这一切都是习近平新时代中国特色社会主义思想科学指导的结果，是在中共中央、广东省委、深圳市委的坚强领导下，盐田老区的干部和人民群众艰苦奋斗的结果，也是盐田区历届党委、政府领导班子不懈努力的结果。这些可喜的成绩来之不易，值得庆贺。然而，成绩只能表明过去，盐田人更关注和放眼未来。他们按照中央、省、市的部署和要求，结合盐田区的实际情况，对盐田区未来的发展又确定了新的战略定位，制订了新的发展蓝图。

按照中共中央、广东省委和深圳市委的部署，把盐田改革发展置于党和国家工作全局中思考、谋划和推动，推出更具针对性的措施办法，增优势，补短板，强弱项，争取高质量、高水平，率先将盐田区全面建成小康社会。即在新一轮的竞争当中，努力使盐田区的综合经济实力显著提升，发展质量显著提高；努力实现地区生产总值、公共财政预算收入、居民人均收入增长"三同步"，力争以骄人的业绩，在"深圳努力创建社会主义现代化强国的城市范例"新征程中走在前列。

凭借盐田依山靠海、山清水秀的地理环境，充分发挥地处经济特区、毗邻港澳的区位和地缘优势，尤其是充分发挥自身独特的山海旅游、港口运输、生态环境等资源优势，继续加快推行高质量、高品位的"三区"建设：一是加快"全球航运物流枢纽城区"的建设。即不断优化盐田港口发展环境，进一步提升盐田港核心竞争力，努力扩展盐田河临港产业带建设规模，充分发挥盐田综合保税区的体制优势，促使港口物流产业向高端化发展，加快建成华南地区重要的物流产业基地和进口商品展示交易中心。

二是加快"国家生态文明先行示范区"建设。即坚持"绿水青山就是金山银山"的发展理念，努力使盐田城区生态环境优势进一步强化，生态安全有效巩固，生态经济持续发展，基本构建全社会参与生态文明建设长效机制，形成绿色发展新模式，努力建成国家生态文明先行示范区，打造经济发达地区生态文明建设的典范。三是加快"山海旅游美丽城区"的建设。即充分发挥盐田城区的山海资源优势，做"山"与"海"的大文章，合理规划，精心布局，大力发展"旅游＋"，实现旅游品质、品牌、环境全面提升，全力打造旅游区与产业区、城区"三区融合"的国际滨海休闲生态旅游城区。盐田区推行上述的"三区"建设，既可擦亮盐田区的资源品牌，扩大盐田区的知名度，同时也能增强盐田区的经济实力，极大地促进盐田区的发展。

以民生幸福为根本，紧扣群众重点关切，全力打造宜居、宜业的民生幸福的优质城区。即努力使盐田区的就业、教育、医疗、住房、养老公共服务体系更加健全，努力在教育、医疗卫生、文化等重点公共服务优质化方面取得突破；不断深化"一街道（社区）一品牌"建设，力争将盐田区建成"国家级和谐劳动关系示范区"；加强城区文明素质建设，努力大幅度提升城区文明和国际化水平；深化"平安建设示范区"创建活动，确保社会公众安全感和公安工作满意度持续保持全市前列，让社会建设的成果惠及城区民众。

展望未来，任重而道远。今天，盐田老区人民站在新的起点上，又满怀信心地"迈步从头越"，开启了新的奋斗征程。在未来新一轮的改革发展进程中，盐田人将以习近平新时代中国特色社会主义思想指导盐田新的改革、建设实践，不忘初心，牢记使命，奋力开拓，锐意进取，加快推进盐田老区的改革、建设步伐。特别是当今将会紧紧抓住粤港澳大湾区建设这一大有可为的发展机遇，结合盐田的客观实际和产业特点，将盐田的建设发展融入到粤港澳大湾区建设中去，脚踏实地落实好上述各项工作的规划目标，努力创造新的业绩，谱写盐田创新发展的新篇章，铸就盐田跨越发展的新辉煌！

附　录

　　盐田是革命战争年代中国共产党领导的人民武装活动的主要地区之一，境内留存着许多革命纪念遗址。中华人民共和国成立以后，各级党组织和人民政府又建立了许多革命纪念馆、纪念公园、纪念学校和历史博物馆等。这不仅为人们提供了纪念和缅怀革命先烈的场所，同时也为后人提供了进行爱国主义和革命传统教育的基地。

附录一 革命遗址

一、三洲田村落遗址

三洲田位于深圳市盐田区盐田街道碧三路，三洲田村落遗址也称为庚子首义旧址。

1899年11月，孙中山领导的资产阶级革命团体"兴中会"与会党"哥老会""三合会"代表在香港召开会议，成立"兴汉会"，推举孙中山为首领。为推翻清朝封建统治，孙中山决定在广东发动武装起义。1900年4月，香港的"兴中会"会员郑士良等人进入盐田附近的三洲田，以三洲田人廖毓坤在本村开设的"义合小铺"为据点，联络嘉应州三合会、新安县的绿林会党，在三洲田设立拳馆会做掩护，组织起义力量，下冲、碧岭等附近村民都自愿参加。7月，孙中山前往香港，两次在船上召开军事会议，部署三洲田起义事宜，任命郑士良为革命军司令，计划先占领惠州、宝安一带，等起义军打到福建厦门后，再由孙中山潜回内地直接指挥作战。

三洲田位于今深圳市盐田区北部，是一个肥沃的山间盆地，当时属惠州管辖，靠近大鹏湾，地势险要，历来为会党啸聚之地，正好作为"兴中会"依托香港、发动反清起义的根据地。三洲田是群山环绕的村寨，当时聚居着数十户人家，约400多人。此地距离海边不到5英里，离香港"新界"沙头角不到10英里，南抵新安县界，东南与海丰县毗连，西北与东莞县接壤，往北则可通往归善县城与惠州府城，通过东江还可到达70英里外的省会广州，从海路可经大鹏湾前往香港，舟行一日即到；独特的地理位置使之便于聚集起义力量，获取来自香港与海上的军火接济，成为孙中山与"兴中会"计划在粤东滨海乡村发动起义的理想之地。

郑士良受命后即回到三洲田，召集黄福、黄耀庭、江恭喜等人召开会议，部署起义准备工作。郑士良从清军营里秘密购买了一批枪械，并聚集人马，囤积武器粮草，等待孙中山发出起义的命令。两广总督德寿闻讯后十分紧张，立即命令水师提督何长清率领400多名清兵进驻深圳，命令陆路提督邓万林率领惠州防军镇守淡水、镇隆，准备夹击三洲田，围歼起义军。

形势危急，郑士良在香港急电孙中山速予饷械接济。此时，清军水师提督何长清部200多人已从深圳进驻沙湾，直逼三洲田。于是，起义军推举黄福为大元帅，临时指挥起义。10月6日夜，起义军在三洲田、马峦头誓师起义。黄福命令黄耀庭、廖庆发等人率领80名义军攻打沙湾，打死清军40余人，活捉30多人，取得了首战的胜利。起义爆发后，郑士良从香港赶回起义军驻地。他奉孙中山"若能突出，可直越厦门，至此即有接济"的电令，率领起义军转向惠阳、惠东方向进军。10月11日，郑士良率领的起义军到达惠阳新墟，队伍增至2 000余人。15日，起义军在镇隆大败清军于佛子坳，活捉归善县丞兼清军管带杜凤梧，击毙守备严宝泰，缴获枪支700多支、子弹5万余发。17日，起义军攻占永湖，清军陆路提督邓万林狼狈逃窜。20日，起义军到达崩冈墟，抢占制高点，击败隔河清军。起义军军纪严明，对老百姓秋毫无犯，受到沿途群众的热烈欢迎。24日，起义军到达三多祝白沙时，已发展到2万多人。郑士良安营扎寨，整编军队，筹集粮饷，准备乘胜进军。

此时，孙中山在台湾得到起义军连战大捷的电报后，抓紧筹集饷械接济起义军。但是，由于孙中山在菲律宾购买的军械全是废铁，而日本政府更换内阁总理，改变政策，不许军火出口，导致台总督派军事干部和军火支援起义军的计划失败。郑士良被迫于11月7日解散起义队伍，率少数骨干撤至香港，黄福、江恭喜、黄耀庭等人则撤往新加坡，继续从事反清革命宣传活动。

三洲田起义失败后，大批起义将士被清军屠杀，三洲田村民房先后遭受三次焚烧。清军连残垣断壁都不放过，用大竹缆绳牵倒残墙，铲刮成焦土，并且用株连九族的形式通缉起义人员，颁布封闭三洲田、禁耕禁住等布告。三洲田村民400余人无家可归，流离失所，沦为乞丐，或隐姓埋名，逃往他乡，年少者逃亡南洋海外，年迈者露宿山头，户口从原有的97户锐减到34户。

三洲田起义是孙中山先生成功策划的第一次武装起义，它动摇了清朝的统治，有力地推动了中国民主革命的发展，显示了深圳地区作为资产阶级革命策源地的重要地位。1905年，孙中山在日本东京发起成立资产阶级革命政党——中国同盟会，制定了"驱除鞑虏，恢复中华，创立民国，平均地权"的十六字革命纲领，首次提出以资产阶级民主共和国取代封建专制的清王朝的革命目标。

1912年，为纪念庚子首义中牺牲的烈士，孙中山派员、拨款重建三洲田村，抚恤起义遗属，创办三洲田学校。1925年，孙中山之子孙

三洲田小学（摄于2000年　沿港社区　供图）

科为三洲田学校题名:"庚子首义中山纪念学校"。1933年,广东省国民政府批准建立"三洲田庚子革命纪念亭"。1958年因水库建设,三洲田村落遗址及庚子首义中山纪念学校、三洲田庚子革命纪念亭等建筑,均被淹没于水下。1999年春,水库干涸,三洲田村落遗址露出水面。经文物工作者初步勘测,暴露出水面的部分遗址面积约有15 000平方米,主要建筑遗迹有民宅(墙体为三合土分筑)、禾坪、道路和学校,散落于遗址中的石制建筑构件有门框、门楣、门墩、石柱、柱础等,发现的加工工具有石臼、石磨盘等以及一些生活用品瓷器碎片。庚子首义的旧址现有两处,另一处位于坪山区马峦村的罗氏大屋,是后期司令部所在地和东路起义军出发地。

庚子首义旧址在中国近代史上具有重要地位,对研究近代史具有一定的价值和意义,也是对广大青少年进行革命教育和爱国主义教育的场所。2005年8月10日,三洲田村落遗址被盐田区政府列为区级文物保护单位。2005年,深圳市文物考古鉴定所在三洲田文物普查中发现22座清代古墓、11座窑址和2处东周遗址。三洲田旧村地块已被征用,不复存在。后经多方努力,盐田区于2009年12月正式开工建设庚子首义雕塑公园。

三洲田庚子首义在盐田区的遗址还有打鼓岭石墙。

打鼓岭石墙 位于盐田街道办三洲田村打鼓岭东半坡,周围环境主要以森林为主,居住人员稀少。打鼓岭石墙北面约600米处为横坪公路,东北面550米处为大水坑路。打鼓岭石墙建于清

打鼓岭石墙(崔忠宏摄于2008年)

朝,为石砌结构,长200米,高1米。1900年10月6日,孙中山领导的"兴中会"在三洲田发动反清武装起义,义军分东西两路进发,在荔子园、黄沙洋打败清军莫善积、吴祥达部队,先攻克沙湾、横岗、新墟、镇隆、多祝等地。义军转战20天,一度发展到2万人,后因弹药不继,被迫解散。而留守在三洲田的左路起义军,由于受到驻扎在新安县的水师提督何长清重兵的夹击,退守打鼓岭,后终因寡不敌众,弹尽粮绝被击败。打鼓岭石墙即为留守起义军曾经使用过,其整体形制和建筑规模保存情况一般,石墙蜿蜒200余米,主要受自然灾害的影响,如天旱、台风、暴雨和寒潮等,年久失修而有所毁损。2005年8月10日,盐田区政府公布其为区级文物保护单位。

二、小梅沙税站[①]

小梅沙税站旧址位于盐田区小梅沙社区。抗日战争时期,小梅沙税站是中国共产党领导的广东人民抗日游击队(东江纵队的前身)为部队筹集活动经费的一个重要税站。

小梅沙税站旧址

小梅沙税站遗址在20世纪90年代旧村改造时已毁,现已不复存在。

---

① 中共广东省委党史研究室、深圳市史志办公室编:《广东省革命遗址通览》,广东人民出版社2011年版,第76页。

三、恩上村[①]

盐田区沙头角街道辖区恩上村是一个有着光荣抗日历史的革命老区村庄。在抗日战争时期，恩上村是一个重要的情报联络站和交通站，为抗日战争的胜利做出了不可磨灭的贡献。

恩上村原来叫庵上村，已有200多年的历史，位于梧桐山南麓半山腰，海拔350米，是梧桐山海拔最高的村落。

恩上村38号，在1942年冬至1943年为广东人民抗日游击队总队（东江纵队前身）和惠

沙头角恩上村（摄于20世纪80年代，中英街历史博物馆供图）

阳大队总部所在地，总队队长曾生、惠阳大队政委谭天度经常在此进行革命活动。恩上村老村15号，恩上村3号、40号、48号也都是当年游击队进行抗日活动的联络站、堡垒户。

恩上村人民群众在抗日战争时期，多次掩护东江纵队惠阳大队秘密转移，充分体现了军民鱼水一家亲。恩上村东面是大窝山，1942年秋天，由于受国民党顽军疯狂"围剿"，惠阳大队主力从梧桐山麓的南山村撤退到庵上村，曾生司令员和惠阳大队队长高健指挥游击队与伪军一个团在此激战一天一夜。盐田和庵上的人民群众主动用三艘大木船搭载惠阳大队队长高健、政训室主任叶锋转移到海上。

---

① 中共广东省委党史研究室、深圳市史志办公室编：《广东省革命遗址通览》，广东人民出版社2011年版，第78页。

据统计，在抗日战争和解放战争期间，恩上村村民共有20多人参加游击队，出了3位烈士、2户烈属，另外还有革命军人10名、军属7户。

如今，恩上村的村民已整体搬迁出旧村，旧村遗址已不复存在。

四、中英街及中英街界碑

中英街 位于盐田区沙头角街道内，是鸦片战争后沿深圳与香港边界线沙头角段形成的一条小街。街道顺着逶迤的边界呈东北至西南走向，北起中英街桥头七号界碑处，南至三号界碑处，与环城路和港方车坪街交汇，全长268米，宽约3～4米。1984年，中英街被列为市级文物保护单位。

中英街因与香港紧紧相连的独特地理位置而不同寻常。中英街"一街两制"的特殊历史背景和人文景观，不仅在中国独一无二，在世界上也属罕见。1997年香港回归祖国前，街东侧属中方，街西侧属英方。1997年回归后东侧属深圳，西侧属香港。2012年，中英街被誉为"中国历史文化名街"，至今保留着八块界碑，既是英帝国主义侵略中国和中国人民蒙受屈辱的历史见证，又是改革开放带来经济繁荣的缩影，是两种制度、两种文化、两种思想的交汇点。由于中英街所处的地理位置特殊，素有"特区中的特区"之称，在国内外都有一定的知名度。

清代时沙头角又名"东和墟"，其西面的小河就是后来的中英街。光绪二十四年（1898年）中英双方签订了《拓展香港界址专条》，英国强制租借"新界"，将东和墟西面的小河划定为界河，树立界石。河流干枯后，部分旧河床被辟为菜地，低洼处改为水田，后又在界碑的两侧盖房子做商铺，中英街的雏形由此形成。

中英街全景——图中间位置斜线走向街道为中英街,图左下方为中英街关口,中英街左方区域为深圳市辖"边境特别管理区",中英街右方区域为香港特别行政区"新界"沙头角边境禁区(摄于2002年)

清光绪二十五年(1899年)中英边界线确定以后,沙头角镇的人口出现了前所未有的增长。中方设置海关,有海关官员近100人,驻兵30多人;港方设置警署,有警察20多人,且常有上级官员来此视察。港方定期汽船码头的建成,使从沙头角乘船往沙鱼涌的旅客增多,如遇风雨天,旅客必须在此滞留。人口增长促进了市场的繁荣,当地对煤炭、粮油、蔬菜和日用商品的需求量迅速增加,饮食店、旅店、烟酒店、裁缝店、理发店、鞋匠店、铁匠店、木匠店都较前有所增加,甚至出现吸鸦片烟馆、妓女馆。史料记载,光绪三十年(1904年),镇上开设1家赌场,上下两层,内设赌桌6张;1家妓院,是港人所开,有妓女12人。到1920年,中英街街区已有3家餐馆、4家旅馆、4家酒坊、2家烟草代理商、2家饼屋、1家理发店。

20世纪30年代,中英街初步形成规模,中方增建阳和街,共有店铺55间;英租界增建了车坪街、新楼街,共有店铺57间。中英双方店铺总数比划界前东和墟店铺总数翻番,从业人员有四五百人。据宝安县统计,抗日战争前全县同业公会共24个,沙头角商会是规模较大的同业公会之一。中英街中方的店铺多以经营农副产品和代办"洋货"为主，如位于中英街榕树头的惠新隆就专营各种"洋布"。而英租界的店铺则更多经营舶来品，如：位于新楼街的逸生昌就专营煤油（当时称之为"火水"或"洋油"）。较为集中的农贸交易活动吸引了"新界"和华界沙头角的乡民来到中英街购物。这一时期，中英街的商号主要有永乐园、鸣春园、琼芳园、胜发隆、义兴隆、泰新隆、劳安记、王兴记、济生堂、同仁堂、茂生堂、民泰、泰和、永泰、昆泰、伦泰、财记、宏记、合和、广裕、海山酒楼、永安祥布店、惠新隆布店、梁心牙医等。

1938—1945年，由于日军侵占沙头角，中英街的商业贸易中断。但是，在沙头角一带，土匪、国民党特务、汉奸、买办、官僚资产阶级勾结在一起，他们从粤北地区采集并走私国家稀有矿产资源——钨矿，将钨矿卖给日本商人以谋取暴利。抗日战争胜利后，中英街的民间商贸活动才逐步恢复，但生意也比较萧条，街上只有几家私人经营的老字号店铺，这些店铺不仅没有形成规模，而且经营的种类也较为单一，多为一些日用小百货店和中药店等。

中华人民共和国成立后，中英双方都把沙头角划为边防禁区。街两边居民可自由来往，但严格控制外来人进入。中英街受政治因素的影响，商贸业发展也受到一定限制，外地商人与中英街之间的贸易活动停止，中英街双方的店铺只经营一些当地人需要的日用品和生产资料。

20世纪50年代初，中英街中方除有三四间经营粮油酱醋之类的小商店外，还增设了沙头角综合商店和沙头角糖烟酒商店等国营商店。沙头角综合商店是1958年国务院特批的，是深圳最早建立的外贸商店，店内实行港元购物，主要为英租界一侧的居民提供购物的便利。

"文化大革命"期间,港方店铺生意惨淡,有的干脆关门停业。至1979年,中英街中方店铺的全年销售总额也仅有590万元。

改革开放后,由于国内商品经济不发达,中英街以免税边贸街物美价廉的商品,多种所有制并存的商贸模式,坚持"对外开放,对内搞活"的方针,成为国内著名的购物天堂。20世纪80年代重修中英街,统一铺成混凝土路面,中方的铺面也都重建,由原来的一二层改建为三四层的大型商铺。而香港方面却改变不大。每天前往中英街购物的人流不断,少时四五万人,多时八九万人。人们肩扛手拎公仔面、饼干、折骨伞、尼龙袜、洗头液、洗衣粉、布料、手袋、化妆品等,虽然挤得一身汗水,却也会因"大丰收"而满心欢喜。中英街由此成为改革开放以后闻名遐迩的"购物天堂"。如今,购物天堂优势不再,游客的兴趣也不仅仅在购物的喜悦和"过境游"的新奇,更多的是想亲眼看看这一特殊的"历史遗迹",并且到中英街历史博物馆搜寻一下这条小街上曾经发生的令人无法忘记的故事。

中英街界碑 位于盐田区沙头角街道中英街内。清光绪二十四年(1898年),中英双方签订了《拓展香港界址专条》,英国强行租借"新界"。次年两国派员(广东补用道王存善、英政府辅政司骆克)到沙头角勘界,1899年3月18日完成勘界,划定大鹏湾

1946年,英国军警在中英街界碑处,三号界碑旁边的石碑标明从粉岭到沙头角的英里数(中英街历史博物馆 供图)

至沙头角的边界线为东起大鹏湾北岸东端（东经11°30′）"潮涨能到处"，向西沿北岸水线一直到沙头角，且以沙头角西侧干涸的小河为界河，树立"大清国新安县界"木界桩。1905年，港英政府工务局将中英边境界桩换成界碑，界河中线上立了8块界碑（整个边界上共立20块）。界河后逐渐被填平，形成中英街，因此8块界碑也就成了中英街的中心线。

界碑是用青灰色花岗石凿制，上小下大呈方锥形，底部为40厘米见方，上端为30厘米见方。由于街道经多次整治，所以碑高也不一，从30厘米到70厘米不等。碑文以第二号界碑为例：面对深圳一侧刻"光绪二十四年/中英地界/第二号"，面向香港一侧刻"AHGLO CHINESE BOUNDARY 1898 NO.2"。1941年香港沦陷后，日军以妨碍交通为名，将中英街第三到第七号界碑拆除。1948年中英双方重新将5块界碑竖立原处，并分别在其上刻"中华民国三十七年四月十五日重竖"。至今中英街上还树立着8块刻有中英两国文字的石界碑：一号界碑位于中英街西南端的街心，第二至第六号界碑沿街中线布置，各碑之间的距离从30米到101米不等，七号碑在东北端鸿福桥桥头之街心，八号碑在鸿福桥下的河床中心。界碑以东属深圳沙头角，香港回归前称"华界沙头角"，当地人简称"华界"；界碑以西属英租界，至香港回归前称"英界沙头角""香港'新界'沙头角"，当地人简称"英界""番界"。

中英街界碑是帝国主义侵略、瓜分中国的历史见证，是香港回归祖国、实行

"文化大革命"期间沙头角的界河会上，一位客家妇女隔河呼唤对岸亲人（何煌友摄于1970年）

一国两制的见证,也是深港两地社会、经济、文化交往的历史见证。1989年6月29日,中英街界碑被列为省级文物保护单位。

五、东和义学和乐群小学

东和义学[①] 沙头角镇内的东和学校建于清咸丰四年(1854年),位于中英街北街口东侧的东和墟。"东和"是沙头角"十约"(乡盟组织)为东和墟起的墟名,为"东方和平市场"的寓意。当时,"十约"在镇内所建

东和义学旧址现貌

最大的建筑是东和学校和文武庙。学校由三个院子组成,设有办公室和议事厅。庙宇朝海而建,在建筑形式上比学校高数级,有一个较高的屋顶,并设有供学生住宿的阁楼。

民国时,沙头角"十约"重视教育,学校引进了师资力量,东和学校成为本地区最好的学校之一。

1940年底,日本军队占领了沙头角,并在中英街关口设防,构筑了工事和碉堡,沙头角乡将原东和学校改名为"东和义学",即开办义务教育。如今,在原东和义学附近还保留着一个日军构筑的碉堡,东和义学用日军炮弹改制的校钟现存放在中英街历史博物馆里。东和义学原址现是盐田区人民医院中英街社区健康中心。

---

① 中共广东省委党史研究室、深圳市史志办公室编:《广东省革命遗址通览》,广东人民出版社2011年版,第72页。

乐群小学[①] 1921年开办,是盐田一带最早的新式小学。1939年,地下党员刘德谦被中共组织派回盐田、沙头角地区,成立宝安青年会。刘德谦、何昌国、李秀灵先后到乐群小学、东和学校教

在原革命遗址上重建的乐群小学

书,以教师身份做掩护,发展了一批进步青年加入"宝青会",开展抗日救亡的宣传组织活动。乐群小学既是文化教育的中心和培育抗日爱国青少年的摇篮,又是宣传抗日救亡运动的革命斗争阵地。

抗战爆发后,东和乡民主政府就设在盐田的乐群小学。可以说,乐群小学在当时是盐田抗日民族统一战线的领导和组织中心。

六、中英街均利渔栏地下交通站

均利渔栏地下交通站原址位于盐田区沙头角中英街。

中英街原有13间老店铺,位于五号界碑附近的第二间店铺是水产店,叫"均利渔栏",它可追溯到清朝嘉庆年间。抗日战争时期,这家水产店的青年陈友参加了抗日游击队,陈友经常利用给日本兵送鱼的机会,到日军的碉堡上去调查日军的人员兵力部署,然后将情报送给驻扎在粉岭的抗日武装。这家水产店铺是中共地下组织的一个秘密交通站。香港沦陷后,党组织

---

① 中共广东省委党史研究室、深圳市史志办公室编:《广东省革命遗址通览》,广东人民出版社2011年版,第74页。

开展了进步文化人士大营救工作,其中一条秘密交通线——东线就是沙头角至惠阳沿海。为了营救这些进步文化人士,中英街上的这个交通站在地下党组织和抗日游击队的领导下,曾秘密把一批进步文化人士从香港转移到交通站,再由游击队护送到惠阳等地。

广东解放后,均利渔栏仍是水产店。而中英街

中英街秘密交通站旧址——均利渔栏(摘自《中英街革命遗址通览》)

的13间老店铺所在的骑楼后来全部拆除重建。2005年,盐田区政府对中方一边的骑楼进行了改造,旧貌只余港方店铺。现在中方骑楼已经被拆除。

七、沙头角关厂旧址

沙头角关厂旧址位于沙栏吓天后宫东南面,为连廊式平房,有小院、围墙和铁门,占地900平方米。清光绪二十四年(1898年),英国强租"新界";翌年,沙头角缉私关厂成立,搭临时棚屋办公,还在棚屋前的海边建了缉私汽艇码头。1917年关厂重建。1937年9月1日,棚屋被台风吹毁;灾后再建,为水泥混合结构。抗日战争期间日本占领沙头角时,海关人员撤离,该处曾为日本警备队队部,也是日伪乡公所的所在地。日本投降后,海关在此恢复办公。中华人民共和国成立后,海关搬往中英街桥头,此后该平房一度为东和乡政府所在地,后为驻守部队驻地。20世

纪70年代后,广东省边防总队第六支队十三中队中英街执勤排在此驻扎。

关厂旧址现在已经被拆除。

八、茂生堂和济生堂

茂生堂和济生堂原址属于中英街管理局范围,茂生堂位于中英街七号界碑附近,济生堂位于三号界碑附近。抗战时期,两家药堂不仅卖药,也有医生坐堂应诊,同时以卖药为掩护搜集日军情报。1939年8月日军占领沙头角中英街后,港九独立大队情报员何集庆利用茂生堂观察日军布防情况。

现在茂生堂和济生堂已经被拆除。

九、张丁贵大院和沙井头西村炮楼[①]

张丁贵大院和沙井头西村炮楼战斗原址位于盐田区海山街道。

1943年,广东人民抗日游击总队收复盐田后,日军在沙井头炮楼和沙头角桥头附近的张丁贵大院建立了两个外围据点。尤其是沙井头据点,它既阻挡抗日游击队对沙头角日军的突袭,又阻碍了盐田通往港九抗日游击基地的交通。曾生总队长命令惠阳大队拔掉这两个据点。1943年1月,惠阳大队派民运队叶波

张丁贵大院遗址

---

① 图、文均摘自中共广东省委党史研究室、深圳市史志办公室编:《广东省革命遗址通览》,广东人民出版社2011年版,第82页。

涛打进伪军中队，经过一段时间的策反工作，争取了伪军一个班长做内应。在盐田常备抗日自卫队的协助下，惠阳大队突然发起夜袭，结果不费一枪一弹，全歼伪军一个中队。6月，在盐田常备抗日自卫队和沙头角村民的协助下，再次发动夜袭，全歼张丁贵大院伪军一个中队。这两次战斗，虽说是针对伪军，却给驻防在沙头角的日军以严正警告，沙头角日军除盲目射击外，不敢出援。战斗结束后，日军不敢在外围建立据点，也不敢轻易向抗日游击总队驻地——盐田地区进犯。

张丁贵大院遗址现貌

沙井头西村炮楼（孙霄　供图）

沙井头西村炮楼位于沙井头村西南方向，建于民国时期，占地面积约700平方米。炮楼外部不设门，而是在炮楼底层南面有门与面阔三间两层高的住宅（其顶部栏杆正中书"爰得我所"四字）

底层的北门相通。炮楼高五层（19米）。底层东、北、西三方各开垂直排列两窗。第二层东、北、西三面各开一窗。三、四层的东、南、西、北四方各开一窗。顶层四周中间有一向外突出的封闭的方框燕子窝设施，方框两侧各有一小窗。楼顶四周有女儿墙。楼顶北面开有排水孔，出口做成鱼形，水从鱼口流出。此炮楼在20世纪80年代被拆除。

附录二 纪念场馆

一、中英街历史博物馆

中英街历史博物馆（原为中英街历史纪念馆）位于盐田区沙头角街道环城路9号。

中英街历史博物馆是由深圳市盐田区政府投资兴建的一座专题性地方志博物馆，1999年5月1日建成开馆，以翔实的史料和现代陈列手段展示了百年中英街历史变迁和发展的进程。

其展楼总建筑面积为1 688平方米，共分为五层：第一层为迎宾大厅，外设观海平台。第二、三层为"中英街历史"陈列厅，陈列厅共分六部分，依次是：热土、割占、抗争、变迁、发展、回归，展示1840年鸦片战争后香港被英国强行割占的屈辱史、抗战时期中英街人民英勇对敌的抗争史和广东解放后中英街繁荣昌盛的发展史。第三层还备有影视厅，可播放各种历史资料影片。第

中英街历史博物馆

237

中英街历史博物馆内部陈列

中英街历史博物馆内的沙头角革命烈士纪念碑

四层为临时展厅。第五层是博物馆办公场所。顶层是观景台，可鸟瞰大鹏湾和香港"新界"的自然风光。馆内现收藏有400余件近现代历史文物、民俗文物以及千余幅珍贵的历史照片资料，其中近现代文物的收藏最具特色。此外，博物馆广场还悬挂了中英街警示钟。

2005年中英街历史博物馆获中央文明委"未成年人教育创新奖"。2006年6月，中英街历史博物馆被深圳市委确定为深圳市爱国主义教育基地。2012年12月，该馆被深圳市委确定为深圳市第一批党史教育基地。该馆现为广东省爱国主义教育基地、深圳市党史教育基地和香港国情教育基地。

二、庚子首义雕塑纪念公园

三洲田起义，史称惠州起义，发生在1900年10月6日，由孙中山亲自策划和领导。三洲田是起义的策源地，起义爆发时有六七百人，后在向惠东进军途中发展壮大，队伍发展到两万多人。此次起义虽然失败了，但为以后的多次起义和辛亥革命的成功提供了经验。

为纪念这一重大历史事件，2001年盐田区委、区政府开始着手兴建庚子首义雕塑纪念公园；2002年至2003年，盐田区委宣传部（区文化局）组织开展了项目论证、选址、景园设计、雕塑招标等工作，但由于规划调整和征地等问题，公园建设工程一再延期。庚子首义雕塑公园最初选址在三洲田小南山，后因东部华侨城项目而迁址到目前所在的位置。2009年12月，经多方努力，盐田区正式开工建设庚子首义雕塑纪念公园，项目总用地面积69 195平方米，总投资1 342万元。

庚子首义雕塑"同志仍需努力"（谢建伟 摄）

庚子首义雕塑"激浪滔天"（郑忠辉 摄）

庚子首义雕塑纪念公园，安放庚子首义雕塑作品18座，再现了三洲田起义历史事件从策划到失败的主要过程。纪念园区内雕塑作品包括起义纪念碑和五大主题群雕，这些雕塑主要以铸铜为主，少量采用了石雕和钢材焊接制作而成。雕塑两边的柱子刻着孙中山的语录，雕塑的背景板上则刻着庚子首义英烈们的名字。

庚子首义雕塑纪念公园如今已成为深圳的爱国主义教育基地。

三、庚子首义中山纪念学校

庚子首义中山纪念学校是深圳市唯一以孙中山先生命名的一所学校。

辛亥革命成功后,孙中山先生念念不忘在庚子首义中牺牲的志士,在三洲田创建了"三洲田学校"。1925年,孙中山之子孙科为学校题写了校名:"庚子首义中山纪念学校"。学校的教育教学活动一直延续至2003年,因三洲田村民陆续搬迁至山下,学生人数少而临时停办。2005年,深圳市盐田区政府在新址重建了这所具有百年光荣革命历史的学校,并在校内广场上竖起了一尊孙中山先生纯铜雕像。

重建后的庚子首义中山纪念学校位于盐田区东海道,左揽大鹏湾,右枕梧桐山。校园占地面积约1.4万平方米,建筑面积9 000多平方米,设计大气,布局合理,功能齐全,设施完善,融现代简约式建筑与革命历史内涵于一体,在欣欣向荣的盐田港区中,独显出其清静秀丽的风貌和勃勃的生机。

庚子首义中山纪念学校

附 录

附录三

革命文物

一、小梅沙税站使用过的收税官印章

这枚收税官印章是抗日战争时期东江纵队曾在小梅沙税站使用过的,是东江纵队老战士何基捐献的。

何基于1924年出生在牙买加,原名何燕基。他的父亲要求他了解中国文化,于是他在小学五年级便回到宝安盐田老家读书。1941年,何燕基17岁,由于不肯领取日本的良民证,在一次日军检查中被发现,被日军在腰上狠狠划了一刀。那一刀让何燕基坚定了一定要亲手把日寇赶出中国的决心,于是他加入了东江纵队。

加入东江纵队后,何燕基的第一个工作便是保护在小梅沙税站进行商贸活动的商人和货物。每晚12点过后,商船一靠岸,税站就热闹得像个小集市:当地群众在靠近税站的草屋也搭起了草棚,卖茶水、点心和地瓜;挑夫涌向登陆点待雇;商贩们登岸,查点货物,雇请挑夫,排队过税、吃饭;税收人员就忙着开税票、收钱。税站的队员则在现场巡视、宣传,有的抓紧时间把船隐蔽、疏散。1942年,由于税站的商贸

东江纵队在小梅沙税站使用过的收税官印章

241

往来越来越多,何燕基的工作由武装队员变成了一名税官。为了辨识商贩手上的税票,使商贩在其他税站畅通无阻,需要在税票上盖上收税官的印章。因此,当何燕基改做税官时,上级就让刻章师傅给他刻了一个印章。印章一拿到手,何燕基发现自己的名字中间少了一个字,刻成了"何基",他询问刻章师傅后得知,由于"燕"字的笔画太多,很难刻,就省略了。自此,也改变了何燕基的名字,"何基"沿用至今。

二、军用书包和书籍

右图中的军用书包和书籍,是东江纵队港九大队老战士蓝奋中捐献的,收藏于中英街历史博物馆。

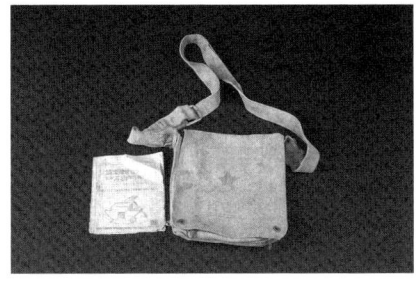

东江纵队港九大队老战士蓝奋中捐献的军用书包和书籍

三、临时党员证

下图中的临时党员证,是东江纵队老战士廖运捐献的,收藏于中英街历史博物馆。

东江纵队老战士捐献的临时党员证(孙霄 供图)

附录四 红色歌谣歌曲

呵呵鸡，成什么样？[1]

演唱：江水　　搜集：赖德术

呵呵鸡，成什么样？对付民众称霸王；敌来你走，敌走你来，贪生又怕死，烧杀抢掠真本事，哪里有面见东江父老。人民有谁不知道，曾王为国最忠勇，没有他们哪里有东江？

[注] 呵呵鸡：即发瘟鸡，此指专打内战、欺压百姓、消极抗日的国民党军队。

曾王：指曾生、王作尧。

打打游击真快乐[2]

演唱：江水　　搜集：赖德术

山林果，红了东山坡，山林果，红了西山脚；东山、西山庄稼汉子笑呵呵！东山、西山庄稼汉子笑呵呵！

春天栽秧秋天割，老老少少一齐来割禾。稻谷填满仓，牲畜放回窝，庄稼汉子笑呵呵！庄稼汉子笑呵呵！

---

[1][2] 苏伟光、杨宏海主编：《深圳民间歌谣》，海天出版社1991年版，第26页。

撩去犁耙、背上枪，走过东山坡，走过西山脚，打打游击真快乐！打打游击真快乐！

收复失地保家乡（粤语）①

演唱：江水　　搜集：赖德术

肚子饿，你话好凄凉，颈又渴，肚又饿，又冇碗来装。走向人家讨饭食，人家唔思量，你话凄凉唔凄凉。啊呀嗨！

想当日，越想泪越流，住好楼，着好衫，你话爱食乜。谁知日本仔打来了，百万家财都冇晒。单身只影去流浪，你话凄凉唔凄凉。

到今日，唯有去杀敌，拿起锄头扛起枪。奋勇上战场，前仆后继拼一命，把敌人一扫光。收复失地保家乡，民众大家乐洋洋。

［注］爱食乜：粤语，在此意为"爱吃什么，就有什么"。

冇晒：全完了，什么都没有。

同心协力一齐打豺狼②

演唱：江水　　搜集：赖德术

田里的谷粒黄又黄，老百姓田里割稻忙。日本仔啊打通广九路，又到我们家乡来"扫荡"。鸡飞狗走好惊慌，牵牛啊捉猪还要大姑娘。

他的手段好狠毒，我们不要上他当。搭起了山寮空了屋，藏好米谷藏好粮。青年壮丁快拿枪去打游击，姑娘父老在家中多种粮，同心协力一齐打豺狼。

---

①②　苏伟光、杨宏海主编：《深圳民间歌谣》，海天出版社 1991 年版，第27页。

星光映着大鹏湾[1]

演唱：江水　　搜集：赖德术

星光映着大鹏湾，月色蒙着梧桐山。我们雄壮革命铁流，英勇地冲到敌人碉堡下面。

我们马儿不嘶，我们轻装上前，冲过港九线！你看，山头火光引导我们上前方；你听，同志们的呼吸坚定而沉着，钢铁样有力；中华人民共和国长大在眼前！中华人民共和国长大在眼前！！

---

[1] 苏伟光、杨宏海主编：《深圳民间歌谣》，海天出版社1991年版，第28页。

附录五 革命人物

一、人物传略

罗汝澄

罗汝澄[①]（1921—1971），原名罗观松，东江纵队港九大队副大队长、粤赣湘边纵队独立第三团副团长，原籍香港"新界"沙头角南涌罗屋村。他1938年12月参加中共香港地下组织领导的抗日宣传队，1941年5月入伍，1941年7月加入中国共产党。从1943年3月起，他历任广东人民抗日游击总队港九大队战士、教官、中队长。1944年9月，他任东江纵队港九大队副大队长。

东江纵队北撤后，罗汝澄留在广东坚持斗争。1947年2月，他任惠东宝人民护乡团第一大队大队长兼政治委员。1948年3月，他任广东人民解放军江南支队第一团团长兼政治委员。1949年1月，他先后任粤赣湘边纵队东江第一支队第七团团长兼政治委员（并兼中共惠紫五边县委书记）、独立第三团副团长。1950年2月，他任广东军区西江军分区独立第十三团副团长。1950年3月，他转业到地方，曾任广东省广宁县县长、江门市市长、佛山和汕头市市委书记等职。"文革"期间，他受到迫害，于1971年12月31日病逝。

---

① 吴德文主编：《宝安军事人物》，中国文史出版社2007年版，第74页。

罗许月

罗许月（1917—2009），女，曾用名罗乙昭，别名月姐，香港"新界"沙头角南涌罗屋村人，东江纵队战士。她在家中排行第二，上面有一位大姐，下面是三个弟弟，还有个最小的妹妹。最初，是她二弟罗汝澄投入了革命队伍，随后三弟罗欧锋、大弟罗汝中都参加了革命斗争。1944年6月至1945年底，她担任港九大队交通总站站长。1950年东和乡政府成立，罗许月担任首任乡长（沙头角解放初期属惠阳县管理的东和乡）。

罗欧锋

罗欧锋[①]（1923—2009年），原名罗观容，1923年10月出生于香港"新界"沙头角南涌罗屋村的华侨家庭。他于1941年2月中断学业并瞒着家人参加了广东抗日游击队，同年7月加入中国共产党。他先后任港九大队副官、港九大队海上游击队小队长和中队长，带领队伍在大鹏湾一带的海上与日军、汉奸、伪军进行了英勇的斗争，有力打击了日军的海上运输线。广东解放后，他在广东省水产厅工作，历任水产厅办公室主任、副厅长；1983年离休，2009年去世。

何 基

何基（1925— ），原名何燕基，广东省宝安县盐田凹背村（现盐田三村）人，牙买加华侨。他于1936年回到深圳盐田沙头角；1942年11月入伍，参加广东人民抗日游击队；1943年任小梅沙税站税收组组长；1944年初调任东莞石牌税收组组长，1944年秋调至东江纵队湖东大队，负责大队部警卫工作，并担任短枪班班长；1945年3月加入中国共产党。

1945年秋，何基任粤北支队武工队小队长；1946年6月30

[①] 东江纵队粤赣湘边纵队研究会会长李建国提供资料。

日，他随东江纵队北撤山东烟台；1946年10月，他为华东军政大学炮兵队学员，1947年3月转为华东特种学校学员；1948年春至1953年秋，他先后任华东特纵榴弹炮团排长、副连长、连长、侦察股长、炮三师教导队参谋长，参加豫东、济南、淮海、渡江、淞沪、舟山等战役及入朝作战，立过三等、四等功。

1953年冬，他为高级炮兵学校学员；1955年春至1958年秋，他任锦州炮兵学院战术教员、主任教员，被评为沈阳军区先进工作者；1958年秋至1982年，他任南京炮兵学校战术系副主任、主任、训练部副部长；1982年离休。1986年，他回深圳定居，先后任深圳市东江纵队老战士联谊会副会长、会长等职。

1955年，何基被授予大尉军衔，1962年晋升为少校军衔。1988年获颁独立军功荣誉章。

吴永宏

吴永宏（1923—1974），深圳市沙头角镇沙栏吓村人。

1944年5月，他参加中共领导的广东人民抗日游击队东江纵队惠阳大队，先后任小梅沙税收站税收员、连队司务长。1946年6月，他随东江纵队北撤山东解放区后，到中国人民解放军华东军政大学学习。1947年3月，他调入中共领导的华东特种装甲部队，历任班长、排长、连长、坦克教导队队长、团技术处长。他先后参加解放济南、淮海、上海等战役及抗美援朝战争。

1957年，他获三级解放勋章。1962年，他调往解放军湖北省军区黄石市人民武装部任副部长（副师级），中校军衔。1974年12月，他因病去世。

刘焕光

刘焕光（1895—1983），深圳沙头角径口村人。

刘焕光性格谦和，少年聪颖，先在乡间私塾念书数年，后通过勤奋自学成才。他善撰诗联，精工书画，医术、武术也颇有造诣。1911年，16岁的他开始在"新界"船湾、坪洋等地教书。东和学校是沙头角"十约"办的地区性学校，沙头角地区的子弟都在那里求学，"十约"长老会为把东和学校办成当地一流的学校，对老师的挑选要求颇高。20世纪20年代初，东和学校共有5名教师，刘焕光就是其中之一，负责教中文和音乐；学校只有他和另外一名教古文的老师（李渭流，"新界"元朗人）是土生土长的。当时，东和学校已经向"新界"一流的学校看齐。刘焕光在东和学校执教至20世纪30年代末，后为校长。1937年，东和乡曾受强台风和海啸袭击，大批房屋倒塌，人员、牲畜多有死亡。灾后霍乱流行，刘焕光自制中成药丸，奔走于沙头角和盐田两地，免费为村民送医送药。1940年前后，因日本侵略深圳地区，刘焕光出港谋生，与朋友廖优生合股在"新界"沙头角新楼街开办星楼旅店。日军侵占香港后，星楼旅店遭劫破产结业，刘焕光以医谋生。

1942年至1945年8月，日军长期占领华界沙头角和"新界"沙头角，刘焕光受中共沙头角地下组织安排，潜入日伪沙头角乡府任文书，负责收集日伪情报和掩护地下党员开展工作。刘焕光全家冒着生命危险，在自己家设立秘密交通站，作为地下党员接头和互换情报的地点。抗日战争胜利后，沙头角召开庆祝大会，刘焕光被当地政府邀请坐在大会的主席台，其后他在沙头角及香港等处挂牌行医。

中华人民共和国成立后，刘焕光被错划成反革命，被判处有期徒刑3年。刑满释放后，县公安局给他签发边防通行证，他可以出港行医。1959年至1961年，他被选为宝安县政协委员（香港代表），并协助做统战工作，但仍在港执业行医。刘焕光平时喜好以诗会友，著有《消闲集》，收录他自1943年至20世纪60年代中后期的诗词作品100余首。1967年11月,他为诗集作序,此后藏笔。晚年他在"新界"沙头角联和墟开医寓,直至1983年12月在港病逝,享年88岁。

对刘焕光土地改革时被错判反革命恶霸罪一事,1986年其三子刘奇向深圳市沙头角区人民法院提出申诉。法院依法组成合议庭复审此案,认为被告人刘焕光在日伪乡府任文书期间,曾为中共沙头角地下组织做过有益工作,原审以反革命恶霸罪对被告定罪量刑属错判,重新判决如下:"一、撤销宝安县人民法院1952年刑字174号判决;二、宣告刘焕光无罪。"至此,刘焕光获彻底平反昭雪。

二、人物简表

姓名	生卒年	籍贯	简介
刘德谦	不详	沙头角径口村	地下党员。1939年曾受组织委派,从香港回到沙头角地区,以乐群小学、东和学校教师身份做掩护,成立中共沙头角支部,开展抗日救亡的宣传组织工作
薛 元	1919—1999	沙头角恩上村	东江纵队游击队员。1943年参加东江纵队,中华人民共和国成立后曾担任惠阳县吉隆公社副书记
吴桂兴	1921—?		1939年深圳沦陷后参加了东江纵队。广东解放初期曾任惠州税务局副局长、惠阳税务所所长、深圳土产公司经理等职务
李马生	1922—1955	沙头角恩上村	东江纵队游击队员。1941年参加游击队,1946年随东江纵队北撤山东。参加过淮海战役等,共打过36次仗,立功6次。中华人民共和国成立后,担任沙头角大队民兵队长
李新发	1923—1985	圆墩头村	东江纵队战士。1944年参加东江纵队,抗战胜利后复员回乡

（续上表）

姓名	生卒年	籍贯	简介
邱来兴	1927—1994	圆墩头村	东江纵队游击队员。1946年随东江纵队北撤山东，1949年后被授予中尉军衔
邱观带	1927—2008	圆墩头村	东江纵队战士。1945年加入东江纵队，参加了全国解放战争，1955年获授中尉军衔
黄冠玉	1927—？		中共党员，曾任东江纵队分队长和沙头角自卫队队长。15岁参加抗日游击队，经常带着队员在香港"新界"禾坑坳一带打伏击。抗战胜利后，在沙头角担任自卫队队长。1949年后先后任广东东兴边防部队公安十二师三十六团教导员、东兴县工交部部长等职
廖运	不详	盐田三洲田村人	中共党员。抗战爆发后参加东江纵队，担任卫生员。1946年随部队北撤山东，后部队改编为野战军，被任命为正排级，参加了淮海战役等众多战役

三、烈士名册

盐田是具有光荣革命历史的革命老区。1939年秋，在香港海员工会工作的刘德谦回到盐田，在沙盐地区成立了宝安青年会。地下党员刘德谦、何昌国、李秀灵先后到盐田，成立沙头角党支部，开展抗日救亡的宣传组织工作，暗中发展进步青年加入"宝青会"。党组织从星星之火，逐渐形成燎原之势。在长达20多年的峥嵘岁月里，盐田革命老区人民为了祖国的解放和民族的独立，在中国共产党的领导下，英勇顽强，前仆后继，进行了长期艰苦卓绝的斗争，有20多名英雄儿女献出了宝贵的生命。以下为盐田地区革命烈士名册：

盐田地区革命烈士名册[①]

姓名	生卒年	籍贯	简介
李介玉	1918—1940	沙头角恩上村	毕业于中山大学。在校思想进步，积极投身革命；回乡后参加中共地下组织，是盐田区较早的中共地下组织情报员。1940年参加抗日游击队，同年在盐田被侵华日军杀害
李当仁	1917—1941	沙头角恩上村	1940年参加惠宝人民抗日游击总队，为广东人民抗日游击总队税收员；1941年秋，在沙湾丹竹头税站与"围剿"税站的国民党顽军战斗中牺牲
张立青	1908—1942	沙头角沙井头村	中共党员。1939年参加东宝人民抗日游击大队，1942年在吉澳与侵华日军战斗中负重伤；于乌蛟腾牺牲，时任小队长
李水生	1920—1943	沙头角恩上村	1940年参加惠宝人民抗日游击总队，1943年在梧桐山马屎凤坳遭日军伏击牺牲
张丽华	1927—1943	盐田区龙眼园	1942年参加东江抗日游击队，1943年在梧桐山与侵华日军作战中牺牲
曾谭娇（曾运才）	1910—1944	盐田区朝阳围	1943年参加东江纵队，1944年在马屎凤坳侵华日军放火烧山围捕中牺牲
张 秀	1914—1944	盐田区龙眼园	1943年参加东江纵队，1944年在麻竹岭被侵华日军打成重伤后牺牲
何 铨（何亚全）	1915—1944	盐田区老塘	1943年参加东江纵队，1944年在马屎凤坳侵华日军放火烧山围捕中牺牲
何天信	1916—1944	盐田区四村西禾树	1943年参加东江纵队，1944年冬在梧桐山与国民党军作战时牺牲

[①] 深圳市史志办公室编：《深圳英烈（1900—1950）》，深圳报业集团出版社2016年版，第112—113页。

（续上表）

姓名	生卒年	籍贯	简介
沈马苏	1920—1944	沙头角沙井头村	1942年参加广东人民抗日游击队，1944年在盐田九径口与侵华日军作战时牺牲
万宽友（万观友）	1921—1944	盐田区龙眼园	1943年参加东江纵队；1944年在博罗县战斗中因抢救伤员而牺牲，时任东江纵队三支队卫生队主任
何明发	1922—1944	盐田区三村老围	1944年参加东江纵队，同年在马屎凤坳侵华日军放火烧山围捕中牺牲
罗 统（罗胜雄）	1925—1944	盐田区沥背	1941年参加惠东宝人民抗日游击队；1944年在沙鱼涌与侵华日军作战中牺牲，时为东江纵队排级干部
卓马友	1923—1944	沙头角沙井头村	东江纵队税收员。1942年参加广东人民抗日游击总队，1944年在惠州税站牺牲
吴云生（吴日生）	1909—1945	盐田区沥背	1941年参加惠东宝人民抗日游击队；1945年在盐田沥背牺牲，时为东江纵队战士
刘 才（刘 添）	1923—1945	沙头角沙栏吓村	1943年8月参加广东人民抗日游击队，为东江纵队税收员；1945年8月在东莞县清溪税站牺牲
骆 明	1930—1946	盐田区大梅沙	1943年参加东江纵队，1946年在坪山嶂顶战斗中牺牲
江官福	1920—1947	盐田区二村江屋	1943年参加东江纵队；1947年在葵涌作战中牺牲，时任护乡团三团班长
黄 田（林 田）	1925—1948	沙头角镇吉澳	1948年参加粤赣湘边纵队东一支队二团飞龙队；同年8月在龙岗红花岭战斗中牺牲，时任班长

(续上表)

姓名	生卒年	籍贯	简介
李 仔	？—1949	沙头角镇吉澳	1948年在吉澳参加工作；1949年在海陆丰战斗中牺牲，时为粤赣湘边纵队战士
何观生	1928—1950	盐田区黄必围	1943年参加东江纵队；1950年在朝鲜负伤入院医治无效牺牲，时为志愿军炮兵
张天生	1926—1967	沙头角镇暗径	沙头角镇公社民兵，中共党员。1967年7月在沙头角反英抗暴中牺牲

附录六 大事记

1925年

上半年，何友逊在宝安县第三区发展了一批党员。

6月19日　省港大罢工爆发。7月，香港海员张玉华（沙头角叶屋村人）受香港工团联合会（罢工委员会）委派，回沙头角一带活动，组织沙头角地区居民配合中共领导的革命武装——铁甲车队全面封锁香港，支援省港大罢工。

7月中旬，成立今深圳地区最早的党支部——中共宝安县支部。中共宝安支部的成立，使包括盐田地区在内的宝安县的革命斗争有了坚强的领导核心。

8月，宝安县第三区农民协会成立。

1938年

10月12日　侵华日军在大亚湾登陆，兵分两路入侵，一路进攻惠阳，一路进攻淡水至三洲田。日军在三洲田开枪扫射，村民纷纷躲进山林。村民廖九桥因脚有残疾躲避不及遭杀害，廖其恩、廖启全的房屋及三洲田学校被烧。

11月23日　占领广州的侵华日军对滞留广九铁路沿线的国民党军进行"扫荡"。国民党军旅长温淑海部两个团败退沙头角，连以上军官用钱、物、枪跟村民换衣服，扮成村民逃亡香港。

11月26日　遵照新四军军长叶挺和八路军驻香港办事处主任廖承志的指示，曾生率领四五十名惠阳青年工作团团员从香港回到沙头角，会合周伯明率领的抗日武工队，协助国民党营长麻玉标收编流散的千余名士兵。

1939年

5月　中共领导的惠宝人民抗日游击总队以华侨、港澳同胞群众抗日武装的名义，取得国民革命军番号，改称"国民革命军第四战区第三游击纵队新编大队"（简称"新编大队"），曾生任大队长，主要活动于宝安、惠阳地区。从夏天开始，新编大队在葵涌、盐田、沙头角、横岗一带积极开展游击战，与侵华日军作战30余次，多次获胜。

8月14日　侵华日军第十八师团重占宝安，全县沦陷。随后，日军占领沙头角，深圳河一侧村民纷纷到港方"新界"沙头角避难。

9月　地下党员刘德谦受组织委派，从香港回到盐田、沙头角，与地下党员李秀灵等以乐群小学、东和学校教师身份做掩护，成立沙头角党支部，开展抗日救亡的宣传组织活动。

9月12日　新编大队夜袭葵涌侵华日军，日军仓皇从海上逃窜。3日后，驻沙头角日军经盐田、梅沙进攻坪山，企图夺回葵涌、沙鱼涌等地。新编大队在民兵的配合，在马峦山、溪涌一带伏击日军，日军遭打击后退回沙头角。

1940年

1月　驻沙头角侵华日军暂时调防，撤离沙头角地区。

1941年

2月 侵华日军第三十八师团在大亚湾登陆,准备侵占香港。从葵涌、盐田到沙头角、大鹏湾沿岸各据点,都驻有大批日军。

11月3日 拂晓,中共领导的广东人民抗日游击队第五大队第二小队在横岗至盐田公路旁伏击县伪警察大队,只用了10多分钟,便毙伤县伪警8名、缴枪8支。

12月8日 侵华日军第三十八师团,在海军和空军的配合下,兵分两路越过深圳河攻打香港"新界"。驻沙头角日军从中英街港方街区的车坪街入侵"新界"沙头角。沙头角部分村民被日军抓去当挑夫。

12月9日 广东人民抗日游击队按照中共中央"到一切敌占区去开展抗日游击战争,建立抗日根据地"的战略方针,派第三大队黄冠芳、江水、刘黑仔(刘锦进)等率领武工队在盐田乘船,经"新界"沙头角吉澳岛进入香港西关地区,派林冲率领手枪队从沙头角与莲塘交界的伯公坳进入香港"新界"沙头角南涌村,派第五大队周伯明、曾鸿文、黄高阳等率领武工队由罗湖经"新界"上水进入香港元朗、锦田等地区开展抗日游击战争,并根据周恩来给八路军驻香港办事处的指示,接受营救被困在香港的爱国民主人士和文化界知名人士撤离港九的任务。

12月25日 香港沦陷,侵华日军在沙头角一带大肆搜捕抗日爱国人士。

1942年

2月3日 广东人民抗日游击总队港九大队成立。由林冲率领的武工队活跃在"新界"沙头角一带,原来16人的小分队迅速发展成100多人的队伍，被编为港九大队沙头角中队。沙头角中队与深圳中共地下组织及情报人员联系密切，互相配合打击驻沙头角侵华日军。

4月　惠阳大队派何武、王柏、刘文等20多名民运队队员，在东和乡（盐田）开展宣传、发动群众，组织青年会、妇女会、儿童团等抗日团体的工作，为惠阳大队挺进梧桐山地区，开展抗日游击战争做好了准备。

5月上旬　中共领导的惠阳大队袭击侵华日军设在沙头角附近的哨所和营房；第二天在沙头角至盐田交界的九径口阻击企图报复的日军，毙敌10余人。

10月　惠阳大队短枪队化装成商人和平民进入盐田地区，全歼在坳背桥头抢掠村民财物的一个伪军分队，迫使驻盐田海关的侵华日军一个小队连夜撤回沙头角。

1943年

1月　惠阳大队在盐田常备抗日自卫队和庵上村群众的配合下，夜袭沙头角侵华日军在沙井头村设的外围据点，全歼伪军一个中队。

1月　东和乡（含盐田、沙头角）抗日民主政府成立，何昌国任乡长。

1月后　惠阳大队总部设在梧桐山麓庵上村、南山村。广东人民抗日游击总队队长曾生、惠阳大队政委谭天度常常在此指挥抗日游击战。

6月7日　惠阳大队在盐田常备抗日自卫队和庵上村群众的配合下，夜袭侵华日军在中英街桥头附近的外围据点——张丁贵独立大院，全歼伪军一个中队。

9月17日　惠阳大队在三洲田伏击从坪山经碧岭进攻游击队

根据地的国民党军队，歼灭国民党独九旅一个正规连，毙俘国民党军几十人，缴获轻机枪两挺、弹药一批。惠阳大队在战斗中有3名指战员、2名战士牺牲。

12月2日 根据中共中央指示，广东人民抗日游击总队改称"广东人民抗日游击队东江纵队"，司令部设在土洋村。

是年 广东人民抗日游击总队及惠阳大队，在当地人民群众的支援下，先后五次粉碎日伪顽军向沙头角、盐田、土洋等地发动的"围剿"。

1944年

是年 惠阳大队派游击队队员吴贵兴回到老家沙头角沙栏吓村，秘密开展策反伪军的工作。一天深夜，沙头角伪乡公所联防队吴祥、吴永宏、吴马发、吴生、钟有、钟九等6人，携带10支红毛瑟步枪，随吴贵兴在沙栏吓码头乘船到盐田九径口，与接应船只会合，再赴小梅沙投奔东江纵队。

1945年

8月15日 日本宣布无条件投降，沙头角百姓燃放鞭炮庆祝。

9月13日 港九大队沙头角中队队长邓华带领中队进入中英街，中英街两边人民群众燃放鞭炮，夹道欢迎。进城仪式在东和义学举行。沙头角中队接管沙头角日军投降交出的武器、军马一批。东和乡民主政府宣布成立东和乡沙头角办事处，任命刘德谦为办事处主任、林传为沙头角自卫队队长、罗广志为指导员。

10月 国民党军开始向惠东宝解放区进攻。东江纵队敌工科转移到盐田地区。此时，新接收的侵华日军战俘和前来投降的日军士兵达300多人。

1946年

1月　国民党军六十三军一五四师四六二团两个营及宝安警察大队进驻沙头角、盐田、大小梅沙、沙鱼涌。

4月18日　国共双方代表经过反复谈判，就东江纵队北撤及相关问题达成初步协议。

5月20日　国共双方代表就东纵北撤问题达成最后协议。随后，北平军事调处执行部第八执行小组在广州召开记者招待会，发表北撤公报。

6月30日　东江纵队北撤部队2 583人在沙鱼涌分乘美国3艘登陆艇，北撤山东烟台，其中有沙头角、盐田、梅沙籍战士数十人。

7月　东江纵队北撤以后，中共江南地方组织转入地下活动。地下党员、原东和乡抗日民主政府乡长何昌国被宝安县国民党当局逮捕入狱。

1947年

2月　中共领导的惠东宝人民护乡团成立，带领群众开展反对国民党统治的斗争。是年夏，护乡团袭击盐田坳国民党宝安县警队，毙伤俘国民党军多名，缴获枪支弹药一批。

1948年

4月　惠东宝人民护乡团整编为广东人民解放军江南支队。

7月16日　江南支队集中一、二、三团主力连共1 000多人，全歼沙鱼涌国民党军的营部和加强连共300多人。翌日，沙头角、盐田、陈坑三地的国民党军撤回深圳。

7月下旬　国民党第一五四师和保安团数百人从深圳抵达盐

田，企图与横岗、约场、淡水三路国民党军共2 000多人"围剿"坪山江南支队。

7月23日　江南支队集中七个连队1 000多人，首先在山子下至三洲田路段伏击横岗一路来犯之国民党军，只40分钟歼国民党军数百人，残余国民党军80多人逃回深圳。其余三路国民党军不敢贸然进犯，从盐田一路撤回深圳，约场、淡水两路撤回原地。

1949年

1月　驻横岗的国民党军突袭盐田税站，站长曾振辉在突围时不幸牺牲。

1月　为配合南下野战军解放广东，中国人民解放军粤赣湘边纵队在安墩成立，江南支队改编为粤赣湘边纵队东江第一支队。该支队下辖的横沙盐武工队，由何昌柱任队长，黄生任指导员。该武工队以盐田为中心，在横岗至沙头角一带开展游击战争。

4月23日　拂晓，横沙盐武工队长枪班战士用机枪扫射一艘常在大鹏湾北岸骚扰游击区过往商旅的港英缉私炮艇。

4月25日　港英缉私炮艇几名华籍水兵暴动，把炮艇驶靠沙头角海岸，并携带艇上的枪支、弹药投奔横沙盐武工队。

7月15日　九龙关驻大梅沙、小梅沙支所关闭。

7月16日　九龙关驻盐田支关关闭。

10月10日　沙头角解放，中共惠阳县委领导人、横沙盐武工队接管沙头角镇（墟）；东和乡人民政府成立。

10月20日　中共宝安县委、县民主政府随中国人民解放军进驻县城南头，接管东和乡（含盐田、梅沙）党政事务。

10月21日　宝深军管会成立九龙关临时接管委员会，着手接管各支关。沙头角支关同时被接管，随后九龙关更名为"中华人民共和国九龙海关"。沙头角支关仍隶属九龙海关。

10月23日 在宝安县沙头角、深圳、南头三镇一线成立中共中央华南分局沙深宝边区委员会(相当于地级),边区委员会书记为祁烽,驻地在深圳罗湖山。

后记

2018年8月,根据广东省老区建设促进会和深圳市史志办的部署,盐田区组织开展《深圳市盐田区革命老区发展史》的编写。盐田区是东江纵队的根据地之一。据1990年宝安区老区村庄分布表统计数据显示,全市有368个自然村落被评划为革命老区,其中盐田区有29个村被评划为革命老区,占比7.9%,红色资源丰富。搜集革命老区的历史资料,真实地反映老区人民在党和政府的领导下艰苦奋斗、发展壮大的历史,对于发扬老区革命传统、传承红色基因、不忘初心、牢记使命,具有极为重要的意义。

盐田区是深圳市较年轻的行政区之一,一直以来对革命老区历史资料的搜集整理不够完备。此次由广东省老区建设促进会和深圳市史志办的部署编纂的《革命老区县发展史》丛书,给我们深入挖掘老区革命史料,总结盐田老区几十年来建设发展的成绩与经验,提供了一个绝好的机会。我区高度重视、认真落实此项工作。在时间紧迫、人员不足的情况下,组织专业写作班子,广泛征集老区革命历史资料。近一年来,编写人员从资料收集整理到实地走访考察,从篇目大纲的制订到书稿的撰写、修改、审核,无不殚精竭虑、全力以赴。由于盐田区域行政归属多次变更,给整理现有区划的老区史料造成了一定的难度。我们充分利用现有档案资料、图书馆藏,广泛搜求临近区县的档案馆藏史料，采访历史见证人，力求全面、真实地反映盐田老区革命历史，再现盐田老区人民在革命年代艰难抗争，在广东解放后翻身做主，在改革开放后发展经济，在中共十八大以后建设现代化国际化创新型城市、建设高质量小康社会的光辉历程。

经过近一年的调查走访，我们对全区红色革命人物、革命文物、革命史迹及老区的建设发展进行了充分的普查摸底；同时走访革命历史亲历者或知情者，搜集到了大量的文字和图片资料，对盐田红色历史及老区发展史进行了一次深入的挖掘整理和研究。在此基础上，我们认真遴选，严谨表述，终于在中华人民共和国成立70周年之际完成了编纂任务。

本书篇目设置严格按照广东省老区建设促进会〔2018〕9号文件的要求，结合盐田区的实际情况，采用史体的方法落实编写任务。大事记采用编年体的形式，章节则以时间为序记述。本书以革命人物、革命事件及老区的建设发展为载体，真实记录了发生在盐田境内的革命事迹和中华人民共和国成立后革命老区发展的情况。在内容构成中，则突出了老区革命精神和光荣传统的弘扬和宣传；文字表达通俗易懂，图文并茂，力求做到历史真实性、事件准确性与内容的可读性相统一。

本书的编辑出版，得到了盐田区各级领导的关心和支持，以及各区史志办、街道、社区、居民小组的大力配合和协助，尤其是孙霄、廖虹雷、李建国等同志提供了大量的原始素材及资料。在此，我们向所有参加本书编写工作的同志表示诚挚的谢意。

由于时间仓促和资料所限等原因，本书难免会存在不足之处，敬请广大读者批评指正。

《深圳市盐田区革命老区发展史》编委会
2021年6月

广东人民出版社 党政精品图书

围绕中心，服务大局，做最具高度、深度和温度的主题出版物

中宣部主题出版重点出版物

扫码关注更多主题出版物

《中华人民共和国通史》（七卷本）
· 全国第一部反映中华人民共和国70年光辉历程的多卷本通史性著作
· 中央党校、中央党史和文献研究院权威专家倾力打造

《账本里的中国》
一册册老账本，串起暖心回忆，讲述你我故事，体味民生变迁。

《全国革命老区县发展史丛书·广东卷》
· 挖掘广东120个革命地区的红色记忆
· 中国老区建设促进会牵头组织

《红色广东丛书》
· 广东省委宣传部重点主题出版物
· 传承红色基因，弘扬革命精神

本书配有智能阅读助手，为您1V1定制

《深圳市盐田区革命老区发展史》阅读计划

帮助您实现"时间花得少，阅读体验好"的阅读目的

建 议 配 合 二 维 码 一 起 使 用 本 书

您可根据自己的学习需求，量身定制专属于您的阅读计划：

阅读服务方案	阅读时长指数	为您提供的资源类型	帮助您达到以下学习目的
1. 高效阅读	阅读频次 较低　每次时长 较短 总共耗费时长	总结类	快速学习和掌握红色精神。
2. 轻松阅读	阅读频次 较高　每次时长 适中 总共耗费时长	基础类	简单了解革命老区的历史。
3. 深度阅读	阅读频次 较高　每次时长 较长 总共耗费时长	拓展类	继承和发扬红色精神，推动老区发展。

针对您选择的阅读计划，您可以享受以下权益：

立刻获得的主要权益
- 专享本书社群服务：提供创造价值与私密的深度共读服务，群内分享阅读干货，发起话题探讨
- 1套阅读工具：辅助您高效阅读本书，终身拥有

每周获得的主要权益
- 专属热点资讯：16周社科文学类资讯推送，每周2次
- 精选好书推荐：16周文学社科热门好书推荐，每周1次

长期获得的主要权益
- 线下读书活动推荐：精选活动，扩充知识开拓视野　不少于1次
- 抢兑礼品：免费抽取实物大礼　不少于2次限时抽奖

微信扫码 添加智能阅读助手

只需三步，获取以上所有权益：
1. 微信扫描二维码；
2. 添加智能阅读助手；
3. 获取本书权益，提高读书效率。

※ 鉴于版本更新，部分文字和界面可能会有细微调整，敬请包涵。